中国支付清算
发展报告
（2021）

主 编／杨 涛 程 炼

副主编／周莉萍 董 昀

社会科学文献出版社
SOCIAL SCIENCES ACADEMIC PRESS (CHINA)

编撰单位简介

2005 年，为适应支付清算理论和实践的发展需要，中国社会科学院批准设立了金融研究所支付清算研究中心，专门从事支付清算理论、政策、行业、技术等方面的重大问题研究。2012 年以来，各国加快落实《金融市场基础设施原则》（PFMI）。2013 年，党的十八届三中全会《关于全面深化改革若干重大问题的决定》指出，要"加强金融基础设施建设，保障金融市场安全高效运行和整体稳定"。之后，支付清算体系在现代金融理论、政策、实践等方面的重要性不断显现，研究中心的一系列成果也得到了各方的关注和好评。

2015 年 5 月 27 日，"国家金融与发展实验室"经中国社会科学院院务会批准设立。同年 11 月 10 日，中共中央全面深化改革领导小组第十八次会议批准国家金融与发展实验室为国家首批高端智库。根据中央以及中国社会科学院的安排，"中国社会科学院金融研究所支付清算研究中心"同时在实验室设置下属研究机构。

研究中心的团队由专职研究人员、特约研究员和博士后等组成。研究中心的主要宗旨是：跟踪研究国内外支付清算领域的前沿问题和动态、支付清算行业发展的新状况以及法规政策的变化，围绕支付清算体系的改革与发展开展各类学术研究和政策研究，推动支付清算市场的创新与发展，通过举办研讨会、开展课题研究、组织咨询和培训等形式促进支付清算系统及其监管的改革与发展。研究中心每年组织编写《中国支付清算发展报告》，每月组织编写《支付清算评论》。研究中心网站：http：//www.rcps.org.cn/。

主要编撰者简介

杨　涛　研究员，博士生导师，拥有中国注册会计师与律师资格证书。国家金融与发展实验室副主任，中国社会科学院产业金融研究基地主任、支付清算研究中心主任。兼任北京立言金融与发展研究院院长、北京金融科技研究院监事长、厦门鹭江金融科技研究院院长，以及中国人民银行支付结算司外部专家、中国人民银行清算总中心博士后工作站专家委员会委员、中国证券业协会学术专家、北京市金融学会学术委员等。主要研究领域为宏观金融与政策、金融市场、金融科技、支付清算等。长期从事金融理论、政策与实务研究，注重经济学、金融学、社会学、信息技术等跨学科交叉研究。近年来在各类学术期刊上发表大量学术论文，主编出版一系列重要报告与著作，主持众多具有理论和实践价值的研究课题，长期参与内报的写作并向相关部门提供政策咨询，积极面向行业和公众分析热点问题。荣获中央国家机关"五一劳动奖章"，中国社会科学院优秀决策信息对策研究类一等奖、二等奖、三等奖，中国人民银行金融科技研究课题一等奖，中国支付清算协会优秀论文等各类奖项。

程　炼　经济学博士，研究员。中国社会科学院金融研究所《金融评论》编辑部主任、支付清算研究中心副主任。主要研究领域为国际金融、金融地理与金融监管、支付清算等。

周莉萍　经济学博士，副研究员。中国社会科学院金融研究所支付清算研究中心副主任兼秘书长。主要研究领域为货币理论、支付清算、金融市场等。

董　昀　经济学博士，副研究员，硕士生导师。中国社会科学院产业金融研究基地副主任兼秘书长、支付清算研究中心副主任。主要研究领域为金融科技、创新发展等。

前　言

　　《中国支付清算发展报告（2021）》系中国社会科学院金融研究所支付清算研究中心（国家金融与发展实验室支付清算研究中心）推出的系列年度报告的第九本。报告旨在系统分析国内外支付清算行业与市场的发展状况，充分把握国内外支付清算领域的制度、规则和政策演进，深入发掘支付清算相关变量与宏观经济、金融及政策变量之间的内在关联，动态跟踪国内外支付清算研究的理论前沿。报告致力于为支付清算行业监管部门、自律组织及其他经济主管部门提供重要的决策参考，为支付清算组织和金融机构的相关决策提供基础材料，为支付清算领域的研究者提供文献素材。自2013年出版第一本报告之后，该系列报告引起了决策层、实务界和理论界的高度重视与社会的广泛关注。

　　以支付清算体系为核心的金融基础设施建设，是顺利推进金融改革的出发点与前提。正如经济增长离不开道路、机场、港口等基础设施一样，健全的金融体系也与金融基础设施的完善程度密切相关。当前，面临全新的国内外发展机遇与挑战，我们需要在开放视野下全面梳理我国支付清算市场的改革与发展情况。

一　支付市场开放是金融开放的核心环节

　　近年来，我国支付清算市场的对外开放稳步向前推进。就清算市场的开放来看，2014年10月，国务院常务会议决定进一步放开和规范银行卡清算市场。2015年4月，国务院发布《关于实施银行卡清算机构准入管理的决定》（以下简称《决定》），我国银行卡清算市场迎来全面对外开放。2016

年 6 月，中国人民银行和银监会发布《银行卡清算机构管理办法》，作为《决定》的配套文件。2017 年 6 月，中国人民银行发布《银行卡清算机构准入服务指南》，对相关工作程序和要求进行了细化。在 2017 年 11 月举办的第六届中国支付清算论坛上，央行副行长范一飞指出，党中央、国务院就我国对外开放做出了新的部署，特别是党的十九大报告提出要推动形成全面开放新格局，金融业是扩大对外开放的重要领域，我国将大幅放宽金融业市场准入，支付产业将在金融业对外开放中扮演重要角色。由此我们看到，通过对内资、外资企业提供同等国民待遇，放开外资机构准入，多主体同台竞争的双向开放市场环境正在形成，将给我国银行卡清算市场主体带来新的机遇和挑战。

一方面，支付清算市场是承载金融市场国际化最重要的基础设施。近年来，我国金融开放主要有三种途径：一是外资在我国发起和参股金融机构，在境内开展投融资业务；二是境内外市场互联互通，如沪港通、深港通、债券通、沪伦通等；三是境外投资者直接入市，如 QFII（合格境外机构投资者）、RQFII（人民币合格境外机构投资者）以及境外投资者直接进入银行间债券市场等。无论是哪种途径，都离不开底层支付清算通道在国际视野下的"重新架构"和"互联互通"。另一方面，我国经济社会数字化程度不断提高，数字化、新技术已经融入金融各领域，给金融活动带来深刻影响。其中，支付产业全面拥抱数字化，给企业和居民带来全新的福利改善。应该说，数字化趋势天然意味着开放条件下的融合、共赢和规模经济，因此在国际环境下也加快推动了全球支付体系的开放协同。

二 以"引进来"提升支付清算市场效率

现代支付清算市场已经成为金融基础设施的核心内容，而公众最关心的则是其中的零售支付市场，因为它与百姓的生活息息相关。从国际支付机构 PayPal"借道"国付宝进入国内市场，到万事达"牵手"网联筹备银行卡清算机构获准，再到运通的融入，都意味着境内支付清算市场的整体国际化程度不断提高，最终将给国内支付体系改革带来更多"鲇鱼效应"。

一是有助于经济的开放式、高质量发展。从全球来看，零售支付服务不仅着眼于支付本身，而且成为商业模式的重要组成部分。尤其是在中国，新兴支付手段与电子商务、数字经济的蓬勃发展密不可分。据统计，2019 年中国出口跨境电商交易规模达到 8.03 万亿元，增长超 13%。2020 年初在新冠肺炎疫情冲击下更是体现出了跨境电商的生命力，2020 年第一季度海关统计数据显示，电商进出口规模增长 34.7%，而同期我国外贸进出口规模整体下滑 6.4%。可见，国际支付清算组织参与 B2B 跨境支付领域，势必进一步助力中国跨境经济活动持续、快速、健康发展。

二是更好地满足居民多元化的支付需求。国际领先的支付清算组织通常具有扎实的商业基础、丰富的创新经验和规范的管理机制，"入华"之后同样可以发挥自身比较优势。例如，虽然 B2C 跨境支付领域的竞争日趋激烈，但仍然有诸多可创新的蓝海。在服务于中国居民"走出去"、海外居民"请进来"的过程中，海外支付清算组织同样可以努力抓住"痛点"来拓展业务。此外，在服务中国居民的本土需求方面，海外支付清算组织或许不具备短期优势，但通过市场化竞争来落地场景、增强客户黏性，最终还是有利于增进消费者福利，并普遍加强消费者利益保护的。

三是有利于优化支付市场结构，完善产业链布局。客观来看，在支付行业快速发展过程中，仍有许多不平衡不充分的矛盾需要解决，体现在供给侧、需求侧和中间环节。同时，行业利益与矛盾协调变得更加重要，尤其是从零售支付角度看，行业"蛋糕"高速膨胀时代难以持续，这时更需要完善"分蛋糕"的规则。为此，引入海外机构有助于弥补市场结构的缺陷，降低集中度风险，优化支付服务定价机制，促进整个零售支付产业链的进一步优化与重组。

四是推动"国际惯例"与"本土特色"相融合，增强市场内生活力。一方面，当前全球支付体系进入加速变革时期，在支付手段不断创新的同时，监管规则和业务标准也趋于完善，海外机构更加适应国际市场的"游戏规则"，也更加了解发达国家的消费者偏好与文化。另一方面，国内的

"支付＋"探索快速推进，即依托支付可以衍生出大量的附加金融和非金融服务，成为中国特色支付创新的重要内容之一，但也面临合规性挑战。由此来看，国际与本土特色的"近距离碰撞"，对于整个支付行业的管理、业务、模式、渠道创新来说显然都是利大于弊的，也有助于本土机构在竞争中提升"走出去"能力。

五是更加有效地进行多层次支付风险管理。近年来，我国支付市场在快速发展过程中也出现了一些风险与问题。海外机构在风险管理的技术、理念、规则等方面都有自身的"独到之处"，有助于我们在行业与监管互动中借鉴经验，更好地把握效率与安全的"跷跷板"，乃至推动支付类"监管沙盒"的创新尝试。

六是助推支付清算法律制度不断完善。支付服务市场开放需要国际化的制度规则，从而符合全球支付清算变革的大趋势。尤其是在中国，进一步开放有助于推动支付清算体系的上位法建设。因为总体上看现有规则的法律层级比较低，有些基础规则相对滞后，已经难以适应现代支付体系发展的需要，对侵犯金融消费者权益的处理标准和力度缺少威慑力，违法违规成本偏低，市场乱象屡禁不止。同时，还有许多支付清算设施尚未被纳入《金融市场基础设施原则》（PFMI）的评估范围，或难以适应规则要求。相信在双向开放环境下，这些制度"短板"将会加快完善。

三 厘清"走出去"发展跨境支付市场的重点

从严格意义上看，跨境支付体系的发展应包括三大层面：一是证券清算结算体系的跨境发展，如对沪港通、深港通、债券通等金融市场的开放探索，本质上都离不开证券清算机制的国际化安排；二是大额支付清算体系的跨境发展，过去曾经表现为人民币清算行、代理行模式，或人民币境外机构境内账户（NRA），现在则是以人民币跨境支付系统（CIPS）为重点；三是小额零售支付的跨境发展，也是当前各方关注的焦点。

在支付清算市场对外开放过程中，"引进来"和"走出去"同等重要。

我们看到，服务跨境、支持国际化的支付清算系统，是一国参与国际金融竞争的重要支撑。但某些观点认为，为了应对当前美国主导的国际货币金融体系的挑战、支持人民币国际化，应跳出现有国际支付清算基础设施的局囿，独立发展新系统、新设施，这在某种程度上还值得商榷。

一是跨境支付清算系统只是推动人民币国际化的必要条件，而非充分条件。其所发挥的作用，归根结底取决于在国际贸易、外汇储备、金融投资等领域，市场自身对人民币的需求程度。所以，寄希望于快速建设一个国际化支付清算系统，用于挑战美元的主导地位，显然并不现实。二是支付清算系统能否在国际市场上被各方所接受，还要看其结算信用最终的保障，这里同样需要考虑未来走向国际舞台的支付清算组织在治理机制、产权结构等方面能否被市场所认可。三是从长远来看，国际性支付清算组织自身应逐渐走向市场化、准公共化，而所谓的国家与政府影响力，更多地体现为国际法律、政治方面的博弈，而非只靠国有背景支持。如美国的"长臂管辖权原则"事实上对现有《金融市场基础设施原则》构成了挑战，即便是那些在美国没有分支机构的支付清算组织和银行，只要利用美元清算系统开展跨境业务，就有可能被美国法院施加一定的法律影响，更不用说还受反恐法案的约束。四是近年来热议的基于分布式技术来挑战现有国际支付清算体系以提升我国的话语权，无论是在技术上还是在逻辑上，都难以真正落地。五是虽然支付清算领域的技术创新日新月异，但从根本上看，决定支付核心竞争力的还是制度规则、信用与信心。

因此，所谓"走出去"不仅是推动境内支付机构、卡组织到海外开展业务，更重要的是在夯实国内市场基础的前提下，持续、稳妥地推动支付清算组织国际化服务能力的提升与渠道畅通，为跨境支付清算市场发展提供良好环境与要素保障。

四　全面练好金融基础设施的"内功"

当前亟须统筹发展国内金融市场基础设施，在"引进来"增加国际化

"色彩"的同时，要同步推动跨境支付清算服务"走出去"。对此，我们认为需要关注以下几个方面的问题。

首先，应推动多层次的金融基础设施建设。一是以支付清算市场为核心基础设施。根据中国人民银行等六部门联合印发的《统筹监管金融基础设施工作方案》，目前我国金融基础设施统筹监管范围包括金融资产登记托管系统、清算结算系统（包括开展集中清算业务的中央对手方）、交易设施、交易报告库、重要支付系统、基础征信系统六类设施及其运营机构。其中，前五类可以与《金融市场基础设施原则》中的分类设施相对应，但其具体界定仍具有一定的中国特色。二是重视金融科技时代的技术基础设施。根据相关国际组织的界定，技术市场设施通常包括客户身份认证、多维数据归集处理等可以跨行业通用的基础技术支持，也包括分布式账户、大数据、云计算等技术基础设施，此类业务大多属于金融机构的业务外包范畴。因此，监管机构普遍将其纳入金融机构外包风险的监管范畴，适用相应的监管规则。金融机构要更好地运用新技术，同样需要在基础设施层面夯实基础，推动重大底层共性技术的创新，提高金融应用水平。当然，面对全新的国际环境，合理推动数字化技术设施的自主可控建设，也是题中应有之义。三是数字化背景下的金融标准化建设是基础设施建设的重中之重。金融业务与产品标准化着眼于改善新技术在业务领域的应用效果，而技术标准化则是金融机构拥抱新技术和数字化的前提与保障。四是关注广义层面的金融基础设施建设。从严格意义上看，金融基础设施涉及金融稳定运行的各个方面，也包括货币体系、金融法律法规、会计制度、数据治理、信息披露原则、社会信用环境等制度安排。

其次，随着国内支付清算市场参与者的日益多样化，市场开放程度不断提升，也需要进一步探讨市场规则的完善与优化。当前，在发展金融"新基建"过程中，尤其需要注意自主可控与开放共赢、政府主导与市场治理、行政（市场）垄断与竞争、多头建设与统筹安排、效率优先与安全优先、规模驱动与质量驱动等矛盾的破解。

支付清算的严监管和扩开放并不矛盾，合理推动改革开放，反而更有助于把握支付效率与安全的"跷跷板"。这就需从"引进来"与"走出去"、对外开放与对内开放、壮大行业与加强消费者保护等不同层面，重新梳理与探讨新形势下的支付清算市场发展路径。

五　总结

应该说，无论是从理论层面还是实践层面来看，支付清算领域都有大量有价值的、前沿性的问题值得深入研究。本报告持续对支付清算体系的运行状况进行跟踪分析和描述，虽然在应用与实践研究方面做了一些专题性的深入尝试，但还有很多不足之处，尤其是在系统性的理论研究层面仍显薄弱，今后还需不断强化。

总之，《中国支付清算发展报告（2021）》继续从中国和全球两个维度，从理论、实践与政策多个视角，对支付清算领域的相关问题进行"点""面"结合的研究。本报告分为总报告和专题报告两个部分。

总报告为"我国支付清算体系的发展状况及经济含义"，全面分析了我国支付清算体系的发展历程、现状特点、存在问题及发展趋势，并且运用各类量化分析工具，对支付清算体系运行与宏观经济变量、区域经济和金融发展、金融系统稳定、货币政策等的内在关联进行了实证检验和深入剖析，具体包括"中央银行支付清算体系的建设与运行""第三方支付机构体系的建设与运行""证券清算结算体系的建设与运行""支付清算体系运行与宏观经济变量""支付清算体系运行与区域经济和金融发展""支付清算体系运行与金融系统稳定""支付清算体系运行与货币政策"。

专题报告为"支付清算体系热点考察、比较分析及理论探讨"，深入探讨了国际化背景下我国支付清算体系中的热点与难点问题，对全球支付市场发展中的创新前沿进行了动态跟踪，系统梳理了近年来支付领域重要的学术文献，具体包括"银行卡市场的发展与展望""网联平台的建设与运行""我国支付产业数字化问题研究""全球支付清算体系发展研究""以跨境支付助力双循环新发展格局研究""境外移动支付的互联互通研究""支付研究若干专题文献综述"。

《中国支付清算发展报告（2021）》是在国家金融与发展实验室李扬理事长的指导下完成的。本报告在写作过程中得到了中国人民银行支付结算司、中国支付清算协会、中国银联、Visa公司、中央结算公司、中国结算公司、社会科学文献出版社等各方的大力支持，在此一并表示诚挚的感谢。本报告由杨涛和程炼担任主编，负责全书的组织编写、部分章节的修改以及全书的统稿和审订工作；周莉萍和董昀担任副主编，负责部分章节的撰写和统编工作。各章执笔人分别为：第一章，宗韵、李月；第二章，王邦飞、郑良玉、张晓东；第三章，李鑫、赵亮；第四章，程炼；第五章，程炼；第六章，程炼；第七章，费兆奇、谷丹阳；第八章，张梦驰、邓珺、余海春；第九章，王子玥；第十章，陆强华；第十一章，周莉萍；第十二章，Visa课题组；第十三章，程华、陈丹丹；第十四章，董昀、章芯今。

支付清算是一个实务性较强的领域，不仅我国的支付清算体系建设不断出现各类新情况、新问题，而且各国都在此领域面临诸多技术和制度变革带来的新挑战。因研究储备有限，本报告可能存在一些不足或需完善的地方。我们期盼各界同人的批评和建议，并希望长期坚持这项工作，以此不断地抛砖引玉，促使学术界更加重视支付清算研究，促进研究者与监管者、从业者的深度交流，推动跨学科的交叉研究与探讨，真正使我国的支付经济学得到发展，使支付清算体系的政策与实务研究能够在全球范围内逐渐走向前沿，从而推动我国支付清算体系实现高效、健康、可持续和国际化发展。

目　录

总报告　我国支付清算体系的发展状况及经济含义

专题报告　支付清算体系热点考察、
比较分析及理论探讨

CONTENTS

General Reports: Development and Economic Implication of China's Payment and Settlement System

Special Topics: Hot Review, Comparative Analysis and Theoretical Discussion of Payment and Settlement Systems

CONTENTS

总报告│我国支付清算体系的发展状况及经济含义

General Reports: Development and Economic Implication

of China's Payment and Settlement System

第一章
中央银行支付清算体系的建设与运行

宗韵 李月*

摘　要：　2020年，我国中央银行支付清算体系运行呈现非现金支付工具稳步发展、人民币银行结算账户数量保持增长、中国人民银行支付清算系统业务量继续攀升等特点，特别是电子汇票、电子支付、小额批量支付等业务发展呈现新亮点。我国支付清算体系取得长足发展，支付清算制度建设进一步完善，市场参与者更加多元，外资支付机构在2020年实现实质性进入，以互联网企业为代表的第三方支付机构蓬勃发展。然而，当前我国支付清算市场发展仍面临一些突出问题，包括第三方支付领域的监管仍不足，支付行业治理现代化水平有待提升，一些新兴领域存在监管空白，等等，这些问题需要进行有针对性的积极应对。

关键词：　中央银行　支付清算体系　第三方支付

一　2020年基本情况及特点①

2020年，我国中央银行支付清算体系运行呈现非现金支付工具稳步发

---

*　宗韵，博士，中国外汇交易中心暨全国银行间同业拆借中心经理；李月，硕士，工银国际助理副总裁。本章内容不代表作者所在机构观点。

①　本部分数据如无特别说明，均来自中国人民银行支付结算司发布的2020年各季度和全年支付体系运行总体情况，详见中国人民银行网站。

展、人民币银行结算账户数量保持增长、中国人民银行支付清算系统业务量继续攀升等特点，特别是电子汇票、电子支付、小额批量支付等业务发展呈现新亮点。

（一）2020年我国非现金支付工具的基本情况

非现金支付工具对经济社会发展具有重要意义。当前，我国非现金支付工具主要有票据、银行卡及其他结算业务等。2020年，我国非现金支付业务呈现笔数和金额稳步增长、结构持续分化的态势，全国银行共办理非现金支付业务3547.21亿笔，金额4013.01万亿元，同比分别增长7.16%和6.18%。

一是电子商业汇票业务发展表现突出。2020年，全国共发生各类票据业务1.49亿笔，金额123.78万亿元，同比分别下降21.33%和7.49%。其中，支票业务、银行汇票业务、银行本票业务均有一定程度的下降。与之相反，电子商业汇票系统业务保持增长。截至2020年末，电子商业汇票系统出票2229.75万笔，金额21.36万亿元，同比分别增长12.04%和9.56%。此外，承兑、贴现、转贴现业务均有增长。

二是银行卡发卡量、交易量、联网机具数量保持稳定增长。从发卡量看，截至2020年末，全国银行卡在用发卡量为89.54亿张，同比增长6.36%。全国人均持有银行卡6.40张，同比增长6.01%。其中，人均持有信用卡和借贷合一卡0.56张，同比增长3.91%。从交易量看，银行卡交易量继续增长。2020年，全国共发生银行卡交易3454.26亿笔，金额888.00万亿元，同比分别增长7.28%和0.18%；日均交易9.44亿笔，金额2.43万亿元。特别地，银行卡信贷规模持续增长。截至2020年末，银行卡授信总额为18.96万亿元，同比增长9.18%；银行卡应偿信贷余额为7.91万亿元，同比增长4.26%；银行卡卡均授信额度为2.44万元，授信使用率为41.73%。从银行卡联网机具数量看，截至2020年末，银行卡跨行支付系统拥有联网商户2894.75万户、联网机具3833.03万台，较上年末分别增加257.15万户、331.34万台；拥有ATM机具101.39万台，较上年末减少 8.39 万台。

三是贷记转账等其他非现金结算业务总体保持平稳。2020 年，全国银行业金融机构共发生贷记转账、直接借记、托收承付、国内信用证等其他业务 91.46 亿笔，金额 3001.22 万亿元，同比分别增长 3.46% 和 8.77%。其中，贷记转账业务 87.56 亿笔，金额 2952.85 万亿元。

四是电子支付尤其是移动支付、电话支付业务继续保持迅猛增长势头。2020 年，全国银行共处理电子支付业务 2352.25 亿笔，金额 2711.81 万亿元。其中，网上支付业务 879.31 亿笔，金额 2174.54 万亿元，同比分别增长 12.46% 和 1.86%；移动支付业务 1232.20 亿笔，金额 432.16 万亿元，同比分别增长 21.48% 和 24.50%；电话支付业务 2.34 亿笔，金额 12.73 万亿元，同比分别增长 33.06% 和 31.69%。

（二）2020 年我国人民币银行结算账户运营情况

2020 年，我国人民币银行结算账户保持小幅增长。截至 2020 年末，全国共开立人民币银行结算账户 125.36 亿户，同比增长 10.43%，增速较上年末下降 1.64 个百分点。其中，单位银行结算账户 7481.30 万户，同比增长 9.43%，增速较上年末下降 2.31 个百分点；个人银行结算账户 124.61 亿户，同比增长 10.43%，增速较上年末下降 1.64 个百分点，人均拥有银行结算账户数达 8.90 个。

（三）2020 年我国支付系统运行情况

2020 年，我国支付系统稳健运行，共处理支付业务 7320.63 亿笔，金额 8195.29 万亿元，同比分别增长 28.77% 和 18.73%。其中，中国人民银行支付系统共处理支付业务 196.68 亿笔，金额 6016.91 万亿元，同比分别增长 9.16% 和 15.43%，占支付系统业务笔数和金额的 2.69% 和 73.42%；日均处理业务 5448.92 万笔，金额 23.71 万亿元。可以看出，中国人民银行支付系统笔数少、金额大，是支撑社会经济资金流转的主动脉。

二　2020年子系统运行情况

当前，我国支付清算体系包括中国人民银行大额实时支付系统等11个子系统。[①] 2020年，各支付清算子系统处理的业务总体保持稳定增长态势，受支付技术和社会主体支付习惯变化等因素影响，个别系统业务有所萎缩。

（一）中国人民银行支付系统[②]

1. 大额实时支付系统

2020年，大额实时支付系统业务稳步增长。全年共处理业务5.12亿笔，金额5647.73万亿元，同比分别下降53.17%和增长14.08%；日均处理业务205.78万笔，金额22.68万亿元。

分季度来看，处理业务笔数方面，大额实时支付系统业务笔数逐季攀升，但均较上年同期有大幅下降。第一季度，处理1.13亿笔，同比下降57.74%，日均处理191.04万笔。第二季度，处理1.24亿笔，同比下降54.16%，日均处理199.66万笔。第三季度，处理1.35亿笔，同比下降54.25%，日均处理201.40万笔。第四季度，处理1.41亿笔，同比下降46.31%，日均处理231.05万笔（见图1-1）。

处理业务金额方面，第一季度，处理1225.80万亿元，同比增长3.88%，日均处理20.78万亿元。第二季度，处理1500.15万亿元，同比增长20.47%，日均处理24.20万亿元。第三季度，处理1499.29万亿元，同比增长18.88%，日均处理22.38万亿元。第四季度，处理1422.48万亿元，同比增长12.52%，日均处理23.32万亿元（见图1-2）。

---

① 参照中国人民银行支付结算司的分类方法。
② 2020年大额实时支付系统、境内外币支付系统、同城票据清算系统、人民币跨境支付系统均实际运行249个工作日，境内外人民币支付系统实际运行250个工作日，其他支付系统均实际运行366个工作日，此处按实际运行工作日计算，下同。

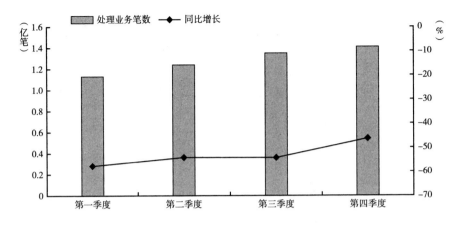

**图 1-1 2020 年各季度大额实时支付系统处理
业务笔数及其同比增长情况**

资料来源：中国人民银行支付结算司发布的 2020 年各季度支付体系运行总体情况，详
见中国人民银行网站。

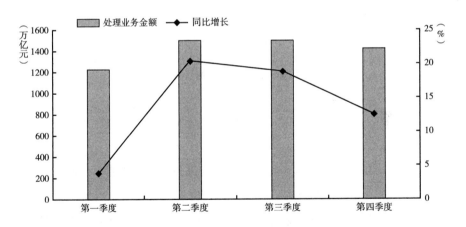

**图 1-2 2020 年各季度大额实时支付系统处理
业务金额及其同比增长情况**

资料来源：中国人民银行支付结算司发布的 2020 年各季度支付体系运行总体情况，详
见中国人民银行网站。

2. 小额批量支付系统

2020 年，小额批量支付系统业务快速增长。全年共处理业务 34.58 亿
笔，金额 146.87 万亿元，同比分别增长 31.63% 和 142.46%；日均处理业

务944.94万笔，金额4012.98亿元。

分季度来看，处理业务笔数方面，小额批量支付系统业务笔数持续增长。第一季度，处理6.96亿笔，同比增长26.21%，日均处理764.81万笔。第二季度，处理8.75亿笔，同比增长46.24%，日均处理961.23万笔。第三季度，处理9.14亿笔，同比增长34.38%，日均处理993.98万笔。第四季度，处理9.73亿笔，同比增长22.07%，日均处理1057.96万笔（见图1-3）。

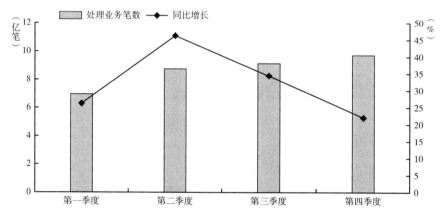

图1-3　2020年各季度小额批量支付系统处理业务笔数及其同比增长情况

资料来源：中国人民银行支付结算司发布的2020年各季度支付体系运行总体情况，详见中国人民银行网站。

处理业务金额方面，小额批量支付系统业务金额逐季攀升，较上年同期大幅增长。第一季度，处理31.13万亿元，同比增长144.27%，日均处理3420.53亿元。第二季度，处理37.17万亿元，同比增长204.22%，日均处理4084.25亿元。第三季度，处理37.91万亿元，同比增长202.94%，日均处理4120.81亿元。第四季度，处理40.67万亿元，同比增长76.04%，日均处理4420.65亿元（见图1-4）。

3. 网上支付跨行清算系统

2020年，网上支付跨行清算系统业务仍处于较快增长通道。全年共处理业务156.24亿笔，金额203.49万亿元，同比分别增长11.52%和83.71%；日均处理业务4268.93万笔，金额5559.86亿元。

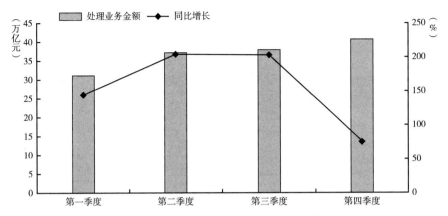

**图 1－4　2020 年各季度小额批量支付系统处理
业务金额及其同比增长情况**

资料来源：中国人民银行支付结算司发布的 2020 年各季度支付体系运行总体情况，详见中国人民银行网站。

分季度来看，处理业务笔数方面，网上支付跨行清算系统处理业务笔数保持增长。第一季度，处理 33.98 亿笔，同比增长 13.50%，日均处理 3734.33 万笔。第二季度，处理 38.07 亿笔，同比增长 12.60%，日均处理 4183.50 万笔。第三季度，处理 41.60 亿笔，同比增长 12.41%，日均处理 4521.31 万笔。第四季度，处理 42.59 亿笔，同比增长 8.23%，日均处理 4629.84 万笔。

处理业务金额方面，网上支付跨行清算系统处理业务金额同比、环比均实现快速增长。第一季度，处理 40.17 万亿元，同比增长 67.00%，日均处理 4414.53 亿元。第二季度，处理 47.60 万亿元，同比增长 86.53%，日均处理 5230.48 亿元。第三季度，处理 55.67 万亿元，同比增长 101.81%，日均处理 6051.63 亿元。第四季度，处理 60.05 万亿元，同比增长 78.67%，日均处理 6526.78 亿元（见图 1－5）。

4. 同城清算系统[①]

2020 年，同城清算系统业务大幅下滑，呈萎缩态势。全年共处理业务 0.70 亿笔，金额 8.54 万亿元，同比分别下降 75.11% 和 89.58%；日均处理业务 28.21 万笔，金额 342.84 亿元，同比均有较大幅度下降。

---

① 同城清算系统包括同城票据交换系统和同城电子清算系统。

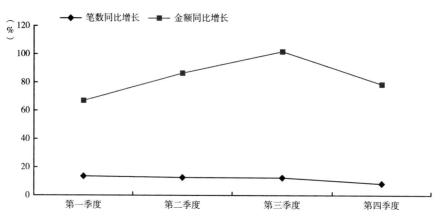

图1-5 2020年各季度网上支付跨行清算系统处理业务笔数和金额同比增长情况

资料来源：中国人民银行支付结算司发布的2020年各季度支付体系运行总体情况，详见中国人民银行网站。

从同城清算系统处理业务笔数的季度数据来看，第一季度，处理2617.14万笔，同比下降66.24%，日均处理44.36万笔。第二季度，处理2174.82万笔，同比下降70.06%，日均处理35.08万笔。第三季度，处理1796.81万笔，同比下降76.95%，日均处理26.82万笔。第四季度，处理435.35万笔，同比下降91.95%，日均处理7.14万笔（见图1-6）。

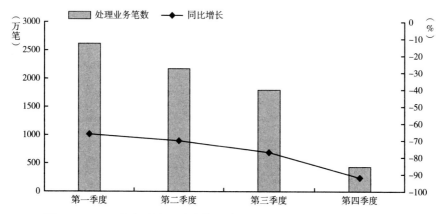

图1-6 2020年各季度同城清算系统处理业务笔数及其同比增长情况

资料来源：中国人民银行支付结算司发布的2020年各季度支付体系运行总体情况，详见中国人民银行网站。

从同城清算系统处理业务金额的季度数据来看，第一季度，处理2.44万亿元，同比下降90.16%，日均处理413.66亿元。第二季度，处理2.43万亿元，同比下降89.68%，日均处理391.75亿元。第三季度，处理1.97万亿元，同比下降91.15%，日均处理293.70亿元。第四季度，处理1.70万亿元，同比下降84.97%，日均处理278.60亿元。

5. 境内外币支付系统

2020年，境内外币支付系统业务平稳增长。全年共处理业务266.45万笔，金额1.50万亿美元（折合人民币约为10.27万亿元[①]），同比分别增长20.98%和21.57%；日均处理业务1.07万笔，金额60.03亿美元（折合人民币约为410.84亿元）。

分季度来看，第一季度，境内外币支付系统处理业务48.39万笔，金额3134.09亿美元（折合人民币约为2.22万亿元），同比分别下降3.92%和增长0.73%；日均处理业务8064.53笔，金额52.23亿美元（折合人民币约为370.09亿元）。第二季度，处理业务59.87万笔，金额3404.59亿美元（折合人民币约为2.41万亿元），同比分别增长11.41%和16.89%；日均处理业务9656.06笔，金额54.91亿美元（折合人民币约为388.75亿元）。第三季度，处理业务75.13万笔，金额4010.81亿美元（折合人民币约为2.73万亿元），同比分别增长29.23%和36.77%；日均处理业务1.12万笔，金额59.86亿美元（折合人民币约为407.67亿元）。第四季度，处理业务83.07万笔，金额4458.02亿美元（折合人民币约为2.91万亿元），同比分别增长43.17%和31.57%；日均处理业务1.36万笔，金额73.08亿美元（折合人民币约为476.85亿元）（见图1-7）。

---

① 境内外币支付系统业务量使用每个季度末最后一个交易日的汇率按季度折算为人民币，下同。

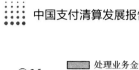

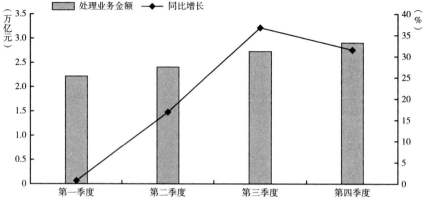

图 1 - 7　2020 年各季度境内外币支付系统处理业务金额及其同比增长情况

资料来源：中国人民银行支付结算司发布的 2020 年各季度支付体系运行总体情况，详见中国人民银行网站。

（二）其他机构支付系统①

1. 银行行内支付系统

2020 年，银行行内支付系统业务金额增长较快。全年共处理业务 169.19 亿笔，金额 1588.32 万亿元，同比分别增长 2.73% 和 30.33%；日均处理业务 4622.58 万笔，金额 4.34 万亿元。

分季度来看，第一季度，银行行内支付系统处理业务 38.44 亿笔，金额 297.79 万亿元，同比分别下降 11.29% 和 1.68%；日均处理业务 4224.16 万笔，金额 3.27 万亿元。第二季度，处理业务 41.86 亿笔，金额 338.27 万亿元，同比分别增长 10.81% 和 13.26%；日均处理业务 4599.82 万笔，金额 3.72 万亿元。第三季度，处理业务 44.03 亿笔，金额 444.51 万亿元，同比分别增长 9.14% 和 46.72%；日均处理业务 4786.05 万笔，金额 4.83 万亿

---

① 根据中国人民银行"断直连"工作要求，第三方支付机构全部接入银联或网联系统，商业银行与第三方支付机构之间的业务，以及城银清算服务有限责任公司和农信银资金清算中心成员机构与第三方支付机构之间的业务不再计入行内系统、城市商业银行支付清算系统和农信银支付清算系统业务量统计。

元。第四季度，处理业务44.86亿笔，金额507.75万亿元，同比分别增长3.73%和61.61%；日均处理业务4875.71万笔，金额5.52万亿元（见图1-8、图1-9）。

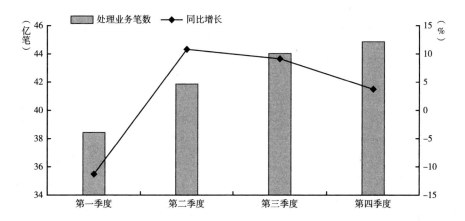

图1-8　2020年各季度银行行内支付系统处理业务笔数及其同比增长情况

资料来源：中国人民银行支付结算司发布的2020年各季度支付体系运行总体情况，详见中国人民银行网站。

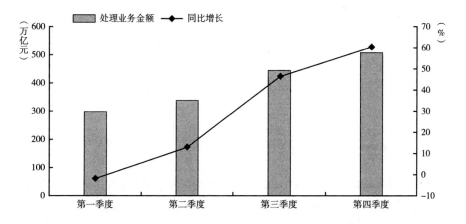

图1-9　2020年各季度银行行内支付系统处理业务金额及其同比增长情况

资料来源：中国人民银行支付结算司发布的2020年各季度支付体系运行总体情况，详见中国人民银行网站。

2. 银行卡跨行支付系统①

2020 年，银行卡跨行支付系统业务保持增长。全年共处理业务 1505.60 亿笔，金额 192.18 万亿元，同比分别增长 11.38% 和 10.70%；日均处理业务 4.11 亿笔，金额 5250.95 亿元。

分季度来看，第一季度，银行卡跨行支付系统处理业务 260.27 亿笔，金额 41.60 万亿元，同比分别增长 14.16% 和 8.72%；日均处理业务 2.86 亿笔，金额 4571.64 亿元。第二季度，处理业务 347.04 亿笔，金额 46.39 万亿元，同比分别增长 0.93% 和 3.83%；日均处理业务 3.81 亿笔，金额 5097.61 亿元。第三季度，处理业务 429.45 亿笔，金额 51.15 万亿元，同比分别增长 11.83% 和 13.87%；日均处理业务 4.67 亿笔，金额 5559.38 亿元。第四季度，处理业务 468.84 亿笔，金额 53.05 万亿元，同比分别增长 18.43% 和 15.97%；日均处理业务 5.10 亿笔，金额 5766.11 亿元（见图 1-10、图 1-11）。

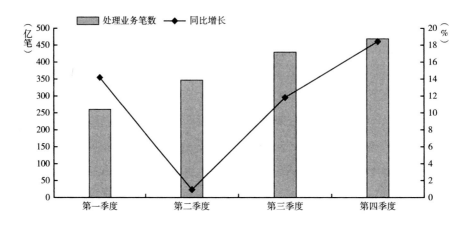

图 1-10 2020 年各季度银行卡跨行支付系统处理业务笔数及其同比增长情况

资料来源：中国人民银行支付结算司发布的 2020 年各季度支付体系运行总体情况，详见中国人民银行网站。

---

① 银行卡跨行支付系统数据来自中国银联股份有限公司。

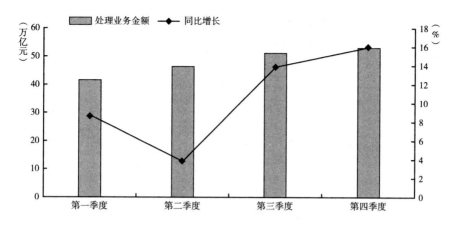

图 1-11　2020 年各季度银行卡跨行支付系统处理业务金额及其同比增长情况

资料来源：中国人民银行支付结算司发布的 2020 年各季度支付体系运行总体情况，详见中国人民银行网站。

3. 城市商业银行汇票处理系统和支付清算系统①

2020 年，城市商业银行汇票处理系统和支付清算系统业务大幅增长。全年共处理业务 755.90 万笔，金额 1.10 万亿元，同比分别增长 58.40% 和 50.31%；日均处理业务 2.07 万笔，金额 30.07 亿元。

分季度来看，第一季度，城市商业银行汇票处理系统和支付清算系统处理业务 101.25 万笔，金额 1738.32 亿元，同比分别下降 1.74% 和增长 11.30%；日均处理业务 1.11 万笔，金额 19.10 亿元。第二季度，处理业务 142.89 万笔，金额 2377.27 亿元，同比分别增长 22.61% 和 35.97%；日均处理业务 1.57 万笔，金额 26.12 亿元。第三季度，处理业务 213.65 万笔，金额 3081.62 亿元，同比分别增长 70.79% 和 62.04%；日均处理业务 2.32 万笔，金额 33.50 亿元。第四季度，处理业务 298.11 万笔，金额 3806.83 亿元，同比分别增长 124.96% 和 80.52%；日均处理业务 3.24 万笔，金额 41.38 亿元。

---

① 城市商业银行汇票处理系统和支付清算系统数据来自城银清算服务有限责任公司。

4. 农信银支付清算系统①

2020 年，农信银支付清算系统业务笔数增长，金额下降。全年共处理业务 17.38 亿笔，金额 2.64 万亿元，同比分别增长 33.45% 和下降 9.71%；日均处理业务 474.88 万笔，金额 72.25 亿元。

分季度来看，第一季度，农信银支付清算系统处理业务 3.22 亿笔，金额 6111.09 亿元，同比分别增长 46.62% 和下降 22.66%；日均处理业务 353.78 万笔，金额 67.15 亿元。第二季度，处理业务 4.54 亿笔，金额 6248.58 亿元，同比分别增长 58.82% 和下降 7.42%；日均处理业务 499.04 万笔，金额 70.64 亿元。第三季度，处理业务 4.79 亿笔，金额 6333.34 亿元，同比分别增长 24.71% 和下降 12.57%；日均处理业务 521.01 万笔，金额 68.84 亿元。第四季度，处理业务 4.83 亿笔，金额 7569.45 亿元，同比分别增长 17.00% 和 5.18%；日均处理业务 524.63 万笔，金额 82.28 亿元。

5. 人民币跨境支付系统②

2020 年，人民币跨境支付系统业务持续较快增长。全年共处理业务 220.49 万笔，金额 45.27 万亿元，同比分别增长 17.02% 和 33.44%；日均处理业务 8855.07 笔，金额 1818.15 亿元。

分季度来看，第一季度，人民币跨境支付系统处理业务 44.40 万笔，金额 9.58 万亿元，同比分别增长 14.51% 和 25.68%；日均处理业务 7525.76 笔，金额 1623.23 亿元。第二季度，处理业务 49.19 万笔，金额 10.05 万亿元，同比分别增长 8.83% 和 22.33%；日均处理业务 7934.29 笔，金额 1620.66 亿元。第三季度，处理业务 58.48 万笔，金额 12.14 万亿元，同比分别增长 14.11% 和 28.67%；日均处理业务 8728.61 笔，金额 1811.28 亿元。第四季度，处理业务 68.41 万笔，金额 13.51 万亿元，同比分别增长 28.61% 和 56.03%；日均处理业务 1.12 万笔，金额 2214.85 亿元。

6. 网联清算平台

2020 年，网联清算平台业务保持较快增长。全年共处理业务 5431.68

---

① 农信银支付清算系统数据来自农信银资金清算中心。
② 人民币跨境支付系统数据来自跨境银行间支付清算有限责任公司。

亿笔，金额 348.86 万亿元，同比分别增长 36.63% 和 34.26%；日均处理业务 14.84 亿笔，金额 9531.79 亿元。

分季度来看，第一季度，网联清算平台处理业务 884.41 亿笔，金额 63.63 万亿元，同比分别增长 16.65% 和 16.29%；日均处理业务 9.72 亿笔，金额 6992.40 亿元。第二季度，处理业务 1274.67 亿笔，金额 78.65 万亿元，同比分别增长 45.84% 和 36.48%；日均处理业务 14.01 亿笔，金额 8642.71 亿元。第三季度，处理业务 1561.22 亿笔，金额 97.21 万亿元，同比分别增长 43.82% 和 40.87%；日均处理业务 16.97 亿笔，金额 1.06 万亿元。第四季度，处理业务 1711.38 亿笔，金额 109.38 万亿元，同比分别增长 36.07% 和 39.35%；日均处理业务 18.60 亿笔，金额 1.19 万亿元。

三　2020年主要进展

2020 年，我国支付清算体系取得长足发展。支付清算制度建设进一步完善，市场参与者日趋多元化，外资支付机构在 2020 年实现实质性进入，以互联网企业为代表的第三方支付机构蓬勃发展。

（一）支付清算制度建设进一步完善

一是明确清算机构业务定位。长期以来，不同清算机构间业务重叠交错，不仅影响了支付效率，而且给监管带来了困难。2020 年上半年，监管层要求厘清中国人民银行清算总中心、跨境银行间支付清算有限责任公司、农信银资金清算中心等六类清算机构的业务定位和业务范围，并要求有序做好业务调整和承接工作。自 2021 年 1 月 1 日起，大额实时支付系统不再处理银行间跨境人民币支付业务，统一通过人民币跨境支付系统处理；城银清算服务有限责任公司和农信银资金清算中心不再开展超过特定成员机构间和 100 万元以上的贷记业务，逐笔转送至大额实时支付系统处理。另外，银联、网联停止新增银行间无交易背景的贷记业务种类，并于 2020 年底前将已开展的银行间无交易背景贷记业务（"云闪付"业务和 ATM 转账业务除外）的相关资金清算逐笔交由中国人民银行清算总中心处理。

二是优化非银行支付机构备付金管理办法。自 2021 年 3 月 1 日起，《非银行支付机构客户备付金存管办法》（以下简称《办法》）正式施行，相较于原备付金办法，《办法》明确了监管职责划分等问题，建立了由中国人民银行及其分支机构、清算机构和备付金银行组成的备付金监督管理体系。其中，中国人民银行及其分支机构负责进行全面监督管理和检查；清算机构负责对备付金的存放、使用和划转进行监督；备付金银行负责对预付卡备付金专用存款账户中备付金的相关活动进行监督。《办法》规定，对于与多个清算机构有业务往来的支付机构应选择一家清算机构作为主监督机构，其余合作清算机构和备付金银行应予以配合。

三是设立非银行支付行业保障基金。虽然非银行支付机构备付金的集中存管有效遏制了资金挪用风险，但没有解决支付机构经营风险，以及支付平台间风险传导带来的资金风险问题。为此，2020 年 10 月 13 日，中国人民银行起草了《非银行支付机构行业保障基金管理办法（征求意见稿）》［以下简称《办法（征求意见稿）》］，决定设立支付机构行业保障基金，为支付机构备付金上"保险"，确保支付机构因遭遇风险事件而出现备付金缺口时，最大限度地降低对其客户的影响，维护支付系统的稳定。同时，《办法（征求意见稿）》规定，基金来源主要为保证金利息按比例划入的资金，实行差别计提比例，计提比例区间为 9.5% ~ 12%，具体比例根据支付机构评级结果确定，引导支付机构依法合规展业。

四是对收单外包服务机构进行备案管理。2020 年 8 月底，中国支付清算协会发布了《收单外包服务机构备案管理办法（试行）》［以下简称《办法（试行）》］。2020 年 9 月 16 日，中国支付清算协会收单外包服务机构备案系统正式上线。收单外包服务机构原则上应于 2020 年 10 月底前提出备案申请，计划于 2021 年 6 月底前完成备案工作。《办法（试行）》为收单外包服务市场启动备案制管理提供了制度保障，是完善支付行业自律体系建设的重要举措，有利于强化收单市场风险控制，规范市场秩序，打击治理涉赌、涉黄等违法违规行为。

（二）支付清算市场参与者日趋多元化

一是银行卡清算市场对外开放迈出关键性一步。2020年8月28日，连通（杭州）技术服务有限公司（美国运通与连连集团在华合资清算机构）在杭州开业，成为继我国银联之后第二家银行卡清算组织，也是中国第一家中外合资的银行卡清算机构。这对我国银行卡清算市场形成了一定的补充，有助于市场实现差异化发展。

二是支付机构日趋多元化。在取得国内支付公司国付宝70%的控股权近一年后，2020年8月，PayPal确定中国区主帅，由其全权负责PayPal在中国的长期发展战略的制定和执行，标志着PayPal加快在华业务布局。2021年1月，PayPal进一步通过美银宝收购了国付宝其余30%的控股权，成为首家全资控股境内第三方支付机构的外资公司。此外，拼多多、字节跳动等互联网公司也在积极布局第三方支付。2020年1月，拼多多获得付费通的支付牌照。2020年9月，字节跳动和携程分别获得合众支付和东方汇融的支付牌照。2020年11月，快手获得易联支付的支付牌照。近期，B站等也在谋划布局第三方支付。

（三）支付清算行业数字化步伐明显加快

一是"银联无界卡"成功推出。2020年8月31日，中国银联携手商业银行、主流手机厂商等发布首款数字银行卡——"银联无界卡"，摆脱实物卡依赖，用户可以通过云商户App等多个平台实现申卡、交易管理、应用等全流程的"一站式"线上服务。"银联无界卡"能够为持卡人提供全面、安全、便捷的数字化服务，有助于降低市场成本，加快数字支付新生态的构建，为产业发展赋能。

二是"银联云"加快行业数字化转型。中国银联充分发挥其枢纽作用，积极把握金融科技发展趋势，依托多年积淀的技术基础和优秀的科技人才队伍，于2020年12月9日发布"银联云"，为金融业机构提供安全可靠、高效便捷的专业金融云服务。这是完善金融领域新基础设施建设的关键一步，有望加快推动行业数字化转型。截至 2020 年底，中国银联已经有超过 500 个系统依托云计算技术向全球提供持续稳定的支付服务，在多年的技术积淀和持续投入下，中国银行的云计算技术已经十分稳定可靠。金融云作为数字金融的核心基础设施载体，将为行业创新和服务水平提升提供坚实的基础。

三是数字人民币试点工作稳步推进。2020 年，中国人民银行分别于 10 月、12 月在深圳、苏州试点数字人民币红包，扩大数字人民币测试的应用场景，预示着正式推出数字人民币又前进了重要的一步。数字人民币标志着法定货币由实物形态向数字形态过渡，由中国人民银行直接记账，将更加便利日常支付，包括满足网络信号不佳场所的电子支付需求，未来还可以应用到跨境支付等更多场景中。

四 面临的挑战及完善思路

当前我国支付清算市场发展仍面临一些突出问题，包括第三方支付领域的监管仍不足，支付行业治理现代化水平有待提高，一些新兴领域存在监管空白，等等，这些问题需要进行有针对性的积极应对。

（一）第三方支付领域的监管仍不足

2021 年中国人民银行工作会议强调，要加强互联网平台公司金融活动的审慎监管。互联网平台公司已经成为支付市场的重要参与者，以其为代表的第三方支付虽然起步相对较晚，但依托互联网流量和技术创新，发展势头迅猛，深受年轻群体欢迎，也为传统金融市场未能服务到的群体提供了新的选择，在促进普惠金融和提高金融服务效率方面发挥了重要作用。但也应当看到，部分第三方支付机构存在重创新轻风控、重效率轻安全等问题，其对风险的控制和重视程度与银行还有较大差距，存在一定的安全隐忧，包括隐私安全、网络安全、交易安全和系统安全等。一些互联网平台通过创新业务形成大量资金交易体内循环，逃避监管，产生了不小的风险隐患。

（二）支付行业治理现代化水平有待提高

我国支付行业体量已经十分庞大，参与主体日趋多元化，金融科技的创新发展给行业带来了深刻变化，支付行业与其他金融、经济业务日趋交融，衍生出较为复杂的生态圈和产业链，支付行业面临的已不仅仅是传统风险，还有越来越多的交叉性风险和输入性风险，这给行业治理带来了不小的挑战。一些风险问题的源头并不在支付领域，只是通过支付反映出来，如果不进行源头治理，将治标不治本，难以根本性地解决问题，很多监管活动需要国家市场监督管理总局、公安部等其他政府部门的共同参与，亟须探索跨部门的监管机制。

（三）一些新兴领域存在监管空白

一方面，数字货币的支付管理给监管带来新挑战。我国数字货币探索走在世界前列，并已在多地完成测试，虽然全面推广日期仍未确定，但由于无经验可循，对法定数字货币的监管应该尽早开展，并向社会征求意见。另一方面，跨境支付业务监管法规较欠缺。近年来，我国支付清算市场在"引进来"方面取得了很大进展，外资在2020年已经处于实质性进入阶段。支付天然具有汇通天下的特性，从长远来看，我国支付机构"走出去"步伐势必加快，海外市场也将成为我国支付机构未来发展的新热土。国际规则和国内规则之间的碰撞不可避免，可能会引发新争议，这些问题需要提前研究和讨论。

鉴于此，建议有针对性地强化第三方支付领域监管，深入推进支付行业治理现代化。

一是强化第三方支付领域监管。安全问题是支付清算行业发展的根基，支付清算行业要实现长远发展，提升风险管理水平必须是第一原则。支付清算领域的风险问题是监管层最为关注的方面，2021年1月，《非银行支付机构条例（征求意见稿)》与《非银行支付机构客户备付金存管办法》先后出台，标志着监管层加强对高速发展的第三方支付的监管。为了规避第三方支付机构依靠技术优势和信息不对称优势，通过创新业务逃避监管和监管套利，监管机构可以通过提高监管审查频率，加大处罚力度，对于个别表现恶劣的企业甚至可以停发经营牌照，从而增强监管的震慑力。要正确处理鼓励创新与加强监管之间的关系，在鼓励支付创新业务发展、推动参与主体多元化和支付场景多样化的同时，要牢牢守住防风险的底线，引导支付机构回归业务本源，严肃查处侵害消费者权益的违法违规行为，敦促各市场参与主体明确分工定位，有序竞争。

二是深入推进支付行业治理现代化。党的十九届四中全会提出，要推动国家治理体系和治理能力现代化，推动各方面制度更加成熟、更加定型。2021年中国人民银行工作会议提出，要深入推进支付行业治理现代化。支付作为金融领域的基础性设施，是服务实体经济的重要载体，直接面向企业和个人提供服务。安全、高效的支付体系能够大大加快资金周转速度和提高使用效益，提升消费者体验。要落实党的十九届四中全会精神，以及中国人民银行工作会议要求，切实提高支付行业治理现代化水平，推动支付服务水平进一步提高，更加安全高效、更好地服务实体经济。要做好行业治理的顶层设计，明确支付安全治理的重要性，形成跨部门的监管协调机制，做到沟通顺畅、执行高效，推动行业治理能力现代化。

此外，要加强对数字货币和跨境业务监管的探索，提前探索包括如果数字货币对现有的电子钱包支付开放可能产生哪些新的风险等在内的问题，尽快制定《跨境支付业务管理办法》，规范跨境业务管理。引导支付机构在开展跨境业务时要坚守底线，不能成为逃脱我国外汇管理和境内外洗钱的帮凶，同时要遵守国外市场监管要求，规避政策风险。

参考文献

《2021年中国人民银行工作会议召开》，中国人民银行网站，2021年1月6日。

谢水旺：《支付清算2020年三大关键词：对外开放、制度建设、百舸争流》，《21世纪经济报道》2021年1月7日。

中国人民银行支付结算司：《2020年第一季度支付体系运行总体情况》，中国人民银行网站，2020年6月9日。

中国人民银行支付结算司：《2020 年第二季度支付体系运行总体情况》，中国人民银行网站，2020 年 8 月 20 日。

中国人民银行支付结算司：《2020 年第三季度支付体系运行总体情况》，中国人民银行网站，2020 年 11 月 27 日。

中国人民银行支付结算司：《2020 年第四季度支付体系运行总体情况》，中国人民银行网站，2021 年 3 月 24 日。

中国人民银行支付结算司：《2020 年支付体系运行总体情况》，中国人民银行网站，2021 年 3 月 24 日。

第二章
第三方支付机构体系的建设与运行

王邦飞　郑良玉　张晓东*

摘　要：　2020 年，我国第三方支付市场继续发展，用户习惯已基本建立，移动支付进入稳步增长阶段，但由于新冠肺炎疫情冲击，互联网支付规模明显下降。同时，监管机构进一步加强对第三方支付市场的监管，不断完善行业监管规则，持续加大行业监管力度，第三方支付行业进一步朝着合规化的方向有序发展。未来，条码支付互联互通的加速发展将重塑移动支付新格局，金融科技投入加大也将推动产业支付市场健康发展。

关键词：　第三方支付　移动支付　监管政策

一　2020年基本情况及特点

（一）移动支付：用户习惯已基本建立，进入稳步增长阶段

中国互联网络信息中心第 47 次《中国互联网络发展状况统计报告》数据显示，截至 2020 年 12 月末，我国手机网络用户规模达 9.86 亿人，较 2020 年 3 月

---

* 王邦飞，中国社会科学院金融研究所副研究员，主要研究领域为金融监管、金融风险管理、商业银行经营管理等；郑良玉，任职于农银理财有限责任公司，主要研究领域为债券市场、资产证券化；张晓东，任职于农银理财有限责任公司，主要研究领域为债券市场、公司金融。

末增加8885万人，网民中使用手机上网的比例提升至99.7%，较2020年3月末上升0.4个百分点。艾瑞咨询数据显示，2020年，我国第三方支付行业移动支付交易规模达到249.3万亿元，较上年同期增加23.1万亿元，同比增长10.2%（见图2-1）。其中，2020年第一季度第三方支付行业移动支付交易规模与上年同期相比下降4.0%，成为首个同比下降的季度，主要原因有：①受新冠肺炎疫情影响，居民外出减少，线下消费行为收缩；②疫情期间部分物流受阻，加之居民收入预期下降，导致线上消费行为减少、客单价下降。但随着疫情的逐步缓和，线下商业复苏明显，二维码支付交易规模反弹明显，2020年第二、第三季度第三方支付行业移动支付交易规模显著上涨，而第四季度是传统的电商促销季，线上消费规模如期上涨带动第三方移动支付交易规模继续回升。随着用户移动支付习惯的逐步建立以及移动支付场景覆盖率的不断提高，我国移动支付市场交易规模结束了快速增长期，进入稳步增长阶段。

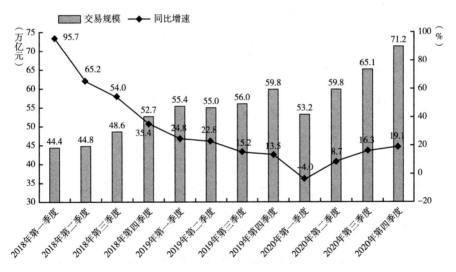

图2-1 2018年第一季度至2020年第四季度我国第三方
支付行业移动支付交易规模及其同比增速

注：已计入C端用户主动发起的虚拟账户间转账交易规模，历史数据已做相应调整；统计企业中不含银行，仅指规模以上非金融机构支付企业；艾瑞咨询根据掌握的最新市场情况，对历史数据进行修正。

资料来源：艾瑞咨询。

交易规模结构方面，我国第三方支付行业移动支付主要由个人应用、移动金融和移动消费三大板块构成。2020年，以转账、信用卡还款场景为主的个人应用类移动支付占比最高，但是个人应用类移动支付规模的同比增速自2018年以来明显放缓，占移动支付整体规模的比重从2018年第一季度的66.9%下降至2020年第四季度的53.1%。2020年第一季度，新冠肺炎疫情对居民消费行为产生较大冲击，导致移动消费板块占比出现明显下降，但疫情影响消退伴随的消费反弹，推动移动消费板块的占比接近疫情前的同期水平。同时，随着居民财富的持续积累、对自身财富管理关注程度的不断提升，以及个人线上消费信贷产品的普惠下沉，以理财、贷款场景为主的移动金融类支付进入长期快速增长车道，移动金融类支付有望成长为未来移动支付最重要的长期驱动力（见图2-2）。

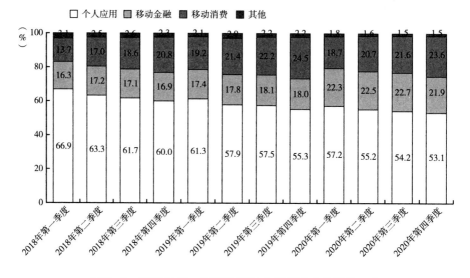

图2-2 2018年第一季度至2020年第四季度我国第三方支付行业移动支付交易规模结构

注：已计入C端用户主动发起的虚拟账户间转账交易规模，历史数据已做相应调整；移动消费包括移动电商、移动游戏、移动团购、网约车、移动航旅和二维码扫码，移动金融包括货币基金、P2P和其他口径内移动金融产品，个人应用包括信用卡还款、银行卡间转账、银行卡至虚拟账户转账、虚拟账户间转账，其他包括生活缴费、手机充值和其他口径内交易；艾瑞咨询根据掌握的最新市场情况，对历史数据进行调整。

资料来源：艾瑞咨询。

市场份额方面，2020 年上半年数据显示，我国第三方支付行业移动支付市场依然保持头部两家企业大幅领先的情况，第一梯队的支付宝和财付通分别占据了 55.51% 和 38.80% 的市场份额。第二梯队的支付企业在各自的细分领域发力。其中，壹钱包利用金融科技能力持续为零售、金融、商旅等行业客户提供数字化升级服务，降本增效，壹钱包 App 持续开展"5·20""6·18"等重磅营销活动，保证用户体验感与活跃度；联动优势受益于平台化、智能化、链化、国际化战略，推出面向行业的"支付＋供应链金融"综合服务，促进交易规模平稳增长；快钱在万达场景如购物中心、院线、文化旅游等快速扩展；苏宁支付致力于 O2O 化发展，为 C 端消费者和 B 端商户提供便捷、安全的覆盖线上线下的全场景支付服务（见图 2－3）。

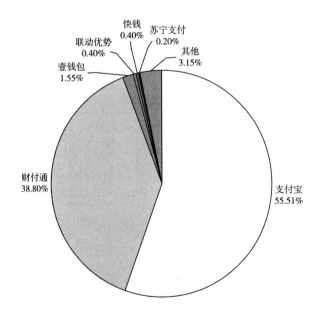

图 2－3 2020 年上半年我国第三方支付行业移动支付企业市场份额

注：因目前第三方支付企业实际业务具有多元化、集团化、跨行业的特征，核算数据仅代表艾瑞咨询针对支付交易规模这一业务维度的观点；交易规模统计口径为 C 端用户在移动端主动发起的 C2C、B2C、B2B2C 单边交易规模，不包括资金归集等 B2B 业务；交易规模核算范围为移动消费、移动金融、个人应用、其他；部分企业业务情况未单独披露；艾瑞咨询根据掌握的最新市场情况，对历史数据进行调整。

资料来源：艾瑞咨询。

二维码支付交易规模方面，2020 年，我国二维码支付交易规模为 35.2 万亿元，行业内的支付机构通过技术支持和手续费优惠减免等举措，助力中小微商户复商复市。其中，第一季度，受疫情影响，用户线下扫码支付行为减少，线下扫码支付市场交易规模环比出现较大幅度下降；第二季度，随着居民生活恢复正常，用户消费意愿增强，线下商业复苏带动了二维码支付交易规模的快速上升；第三、第四季度，消费市场进一步复苏，居民消费需求得到释放，叠加中秋和国庆双节需求拉动，二维码支付交易规模实现环比较快增长（见图 2-4）。随着线上线下商业的融合，支付机构及其服务商大力拓展支付前的线上化环节，如到店后通过扫码点餐，或者通过小程序提前点餐到店直接取餐等。

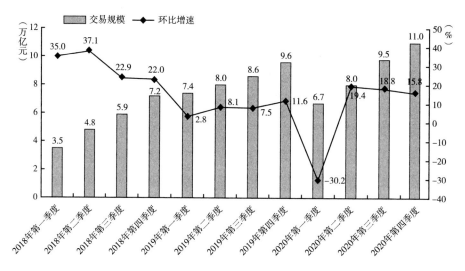

图 2-4 2018 年第一季度至 2020 年第四季度我国二维码
支付交易规模及其环比增速

资料来源：艾瑞咨询。

（二）互联网支付：年度交易规模明显下降，季度数据逐步恢复

截至 2020 年末，我国第三方支付行业互联网支付交易规模为 24.35 万亿元，较上年同期减少 4.24 万亿元，下降 14.8%（见图 2-5）。从季度数

据看，2020 年互联网支付交易规模下滑，主要是受新冠肺炎疫情冲击和影响，第一季度互联网支付交易规模出现大幅下降导致的；随着疫情防控取得良好成效，居民消费、投资等需求逐渐恢复并带动了互联网支付业务复苏，全年季度支付数据整体呈现逐渐恢复、稳步增长的良好态势。

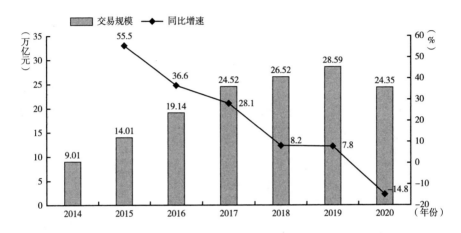

图 2－5　2014～2020 年我国第三方支付行业互联网支付交易规模及其同比增速

注：以上数据由易观根据厂商访谈、自有监测数据和研究评估模型估算获得；易观根据掌握的最新市场情况对历史数据进行修正，部分企业未涵盖。

资料来源：易观。

从交易规模变化情况来看，新冠肺炎疫情成为影响 2020 年交易规模变化的重要因素。2020 年第一季度，受突如其来的新冠肺炎疫情因素影响，居民的多种消费类需求在该季度下滑明显。航旅、酒店、线下娱乐等行业交易在一段时间内大幅下滑。传统 B2C 电商等行业也由于春节假期、物流配送、缺乏购物节引流等原因在第一季度表现相对疲软。尽管疫情期间居民居家在线消费普遍增加，在线教育、网络游戏、直播、在线医疗等线上行业的用户活跃度和交易规模攀升，但是由于生产、需求均明显收缩，市场总体交易规模还是出现明显下降，第一季度交易总规模仅为 5.71 万亿元，环比下滑 5.66%。从第二季度开始，随着逐步复工复产、疫情防控取得一定成效，居民在第一季度被抑制的多种消费需求逐渐复苏。清明、五一、端午、国庆等一系列节假日的到来也进一步激发了居民的消费欲望。特别是随着气温的回升，疫情防控取得有效进展，使得居民线上线下的消费进一步回暖，我国社会商品零售总额在8月和9月均实现了同比正向增长。暑假的到来也使得教育、航旅等相关行业获得了新一轮的流量红利，推动了上述领域互联网支付交易金额的上升；酒店、KTV等旅游及娱乐行业的居民消费开始回暖，网络零售B2C电商的同比、环比增速均实现了正向增长。网络借贷、消费金融等互联网金融类业务的相关需求也随着居民消费的恢复而开始增加。

从市场份额来看，2020年互联网支付市场仍然呈现寡头垄断的局面，而且行业集中度呈现进一步提升的趋势。支付宝、银联商务、腾讯金融的市场份额依然占据市场前三位（见图2-6），且三家支付机构的市场份额较2019年均有所提升，进一步巩固了其在第三方支付行业互联网支付领域的领先地位。特别是腾讯金融在2020年的市场份额超过15%，较2019年提升5.85个百分点。疫情冲击下，头部支付机构凭借其丰富的支付场景、强大的技术支持以及完善的客户体验，充分利用电商业务需求爆发、"6·18"购物节等年中大促以及各地政府消费券派发的契机，在该领域获得了更多客户的认可。

2020年，支付宝依靠电商和金融服务等行业的支撑，交易规模继续保持行业第一位。除了稳固自身在电商领域的优势地位之外，支付宝还在出行、航旅、教育、证券、保险等领域进行场景的深耕和业务的拓展，特别是2020年A股实现大幅增长，基金业绩突出，销售规模创历史新高，激发了居民对股票、基金等投资理财产品的购买热情，支付宝凭借其金融服务方面的优势，获得了大量用户的青睐，这也保证了支付宝2020年互联网支付总体交易规模和笔数的平稳增长。腾讯金融依托腾讯公司在游戏、社交领域的巨大优势，充分挖掘疫情期间游戏及在线社交的巨大需求，通过游戏、在线办公等方式，在商业支付和理财平台方面的业务继续保持强劲的增长态势，社交、游戏、数字内容等方面的支付业务继续实现稳健发展，互联网支付整体交易规模和交易笔数实现良好增长，实现了大幅度赶超。宝付支付抓住跨境电商新业态需求，通过"一站式"跨境收付服务助力跨

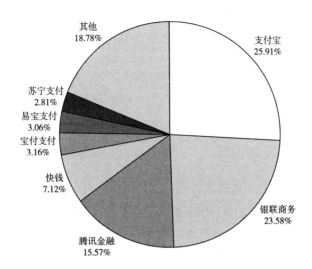

图 2 - 6　2020 年中国第三方支付行业互联网支付企业市场份额

注：以上数据由易观根据厂商访谈、自有监测数据和研究评估模型估算获得；易观根据掌握的最新市场情况对历史数据进行修正，部分企业未涵盖。

资料来源：易观。

境电商发挥稳外贸作用，有力地带动了跨境支付业务的增长。同时，宝付支付在继续深耕持牌金融机构以及物流等支柱行业的基础上，抓住产业数字化机遇，为中小微企业和新零售商户提供 SaaS 行业解决方案，从支付服务、营销助力、金融赋能等方面为商户赋能，为零售业商户提供急需的实现"线上＋线下"联动协同的转型升级服务，有效拓展企业增值业务，实现整体交易规模正向增长。

二　2020年监管环境分析

2020 年以来，监管机构对第三方支付行业的监管力度进一步加大，行业继续朝着合规化的方向有序发展。中国人民银行等监管机构结合行业发展现状，针对各个细分领域分别出台专项风险整治文件，从严惩处支付机构的违法违规行为，合规化、严监管成为第三方支付行业未来发展的必然趋势。

随着第三方支付行业的日益规范，支付机构不断加强内部管理，业务模式在摸索中逐渐明晰。2020年出台的与第三方支付行业有关的监管政策及采取的监管行动主要如下。

（一）不断完善行业监管规则

1. 强化备付金监管：中国人民银行发布《非银行支付机构客户备付金存管办法》

2020年1月22日，中国人民银行发布《非银行支付机构客户备付金存管办法》（以下简称《办法》），并于2020年3月1日起正式实施。这是非银行支付机构客户备付金于2019年1月全部集中存管后，为规范集中存管后备付金业务发布的部门规章。所谓客户备付金，是指非银行支付机构为办理客户委托的支付业务而实际收到的预收待付货币资金，不属于支付机构的自有财产。之所以要进行备付金集中存管，是因为此前各家支付机构将客户备付金以自身名义在多家银行开立账户存放，客户备付金的规模巨大、存放分散，存在一系列风险隐患，如此前曝出的客户备付金被部分支付机构挪用，一些支付机构违规占用客户备付金用于购买理财产品或进行其他高风险投资，等等。

除了要求支付机构客户备付金全部集中交存外，《办法》充分考虑市场机构诉求，优化了三类特定业务账户管理规定。具体来说，开展跨境人民币支付业务的支付机构，可以选择1家满足要求的商业银行开立1个跨境人民币支付业务待结算资金专用存款账户，确有特殊需要的，可以再选择1家满足要求的商业银行开立1个跨境人民币支付业务待结算资金专用存款账户作为备用账户；从事基金销售支付业务的支付机构，可在满足要求的商业银行开立1个基金销售支付业务待结算资金专用存款账户；开展跨境外汇支付业务的支付机构，原则上可以选择不超过2家满足要求的商业银行，每家银行可开立1个跨境外汇支付业务待结算资金专用存款账户。对于支付机构自有资金的提取，《办法》也提出明确流程，要求支付机构提取划转至备付金集中存管账户的手续费收入、因办理合规业务转入的自有资金等资金的，应当向备付金主监督机构提交表明相关资金真实性、合理性的材料，经备付金主监督机构审查通过后划转至备案自有资金账户。

2. 规范支付受理终端: 中国人民银行发布《关于加强支付受理终端及相关业务管理的通知（征求意见稿）》

2020年6月8日，中国人民银行发布《关于加强支付受理终端及相关业务管理的通知（征求意见稿）》（以下简称《征求意见稿》）。《征求意见稿》主要包括四方面内容。一是支付受理终端业务管理。从银行卡受理终端、条码支付受理终端、创新支付受理终端等方面提出管理要求。二是特约商户管理。细化并强调特约商户实名制管理要求，明确面对面、同步视频等商户信息核验方式和特约商户巡检要求。三是收单业务监测。从交易信息的真实性与完整性、终端位置监测、收单机构及清算机构的交易监测责任、特约商户资金结算监测等方面提出管理要求。四是监督管理。要求相关市场主体报送对《征求意见稿》的落实情况及工作计划，对银行、支付机构、清算机构违反《征求意见稿》的行为明确相关罚则。

《征求意见稿》起草说明指出，支付受理终端及相关业务的风险隐患逐步暴露出来，特别是移动受理终端、收款条码正在被跨境赌博等黑灰产业犯罪分子用以转移资金，反映出相关业务存在以下问题：一是收单机构对银行卡受理终端采购、登记、功能开通、信息变更、退出等全生命周期管理不严，导致买卖终端、移机、"一机多码"、"一机多户"等现象屡禁不止，为违法犯罪分子利用受理终端进行资金转移提供了便利；二是特约商户准入不严格，部分收单机构对商户的相关证明文件及其真实意愿、经营场所、终端布放位置等的核实流于形式，导致虚假商户问题仍然突出；三是部分收单机构、清算机构未结合条码支付业务特征健全条码支付受理终端、收款条码管理机制，导致条码支付业务涉黑灰产业的风险增大。

《征求意见稿》的发布有着深远影响。对于机具制造商而言，支付终端的出厂标准进一步提高，不合规厂商的生存空间被压缩，而合规厂商短期内或将迎来一批终端更新升级的需求；对于支付机构而言，《征求意见稿》进一步明确了相关业务的规范准则，加大了对违规行为的处罚力度，因此支付机构可能将付出更多的成本来保证相关业务的合规性；对于社会公众而言，跨境赌博、电信诈骗等违法犯罪活动的产业资金链被切断，社会公众的利益得到了进一步保障。

3. 明晰代收业务规则：中国人民银行发布《关于规范代收业务的通知》

2020年10月26日，中国人民银行发布《关于规范代收业务的通知》（银发〔2020〕248号）（以下简称《通知》）。代收业务是指经付款人同意，收款人委托代收机构按照约定的频率、额度等条件，从付款人开户机构扣划付款人账户资金给收款人，且付款人开户机构不再与付款人逐笔进行交易确认的支付业务。代收业务适用于收款人固定、付款频率或额度等条件事先约定且相对固定的特定场景。支付业务许可证许可的业务类型包括网络支付、预付卡的发行与受理以及银行卡收单。取得网络支付业务许可的支付机构可为网络特约商户提供代收服务，取得银行卡收单业务许可的支付机构可为实体特约商户提供代收服务。

相比此前的征求意见稿，《通知》在代收业务适用场景上新增了"银行账户充值"，即"限定为定期或者在Ⅱ类或Ⅲ类银行账户余额低于约定额度时，通过本人Ⅰ类银行账户向本人同名Ⅱ类或Ⅲ类银行账户进行充值"，并细化了适用场景的相关描述。与此同时，《通知》对一些规范内容进行了合并或细化的描述，如在"监督管理"的章节，对违规机构的行为轻重进行了区分。违规行为轻微的，《通知》仅要求进行通报并勒令整改，而此前的征求意见稿则直接是"予以处罚"。在执法上，《通知》比此前的征求意见稿更加有层次感。

4. 加强网络安全管理：中国人民银行发布《金融行业网络安全等级保护实施指引》

2020年11月11日，中国人民银行正式批准发布金融行业标准《金融行业网络安全等级保护实施指引》（JR/T 0071—2020），规范了金融行业网络安全保障框架和不同安全等级对应的安全要求、金融行业网络安全等级保护工作的基础框架和术语定义、金融机构网络安全岗位设置要求、网络安全岗位能力要求以及网络安全人员能力评价要求、金融机构网络安全培训相关要求、金融机构网络安全等级保护工作实施审计的要求等，该标准适用于指导金融机构、测评机构和金融行业网络安全等级保护的主管部门实施网络安全等级保护工作。该标准由全国金融标准化技术委员会归口管理，由中国人民银行科技司提出并负责起草，中国银行保险监督管理委员会统计信息与风险监测部、中国金融电子化公司、北京中金国盛认证有限公司等行业内有关单位共同参与。该标准经过广泛征求意见和论证，并通过了全国金融标准化技术委员会审查。该标准的发布有助于金融行业网络安全等级保护工作的开展，为金融行业的网络安全建设提供方法论、具体的建设措施及技术指导，完善金融行业网络安全等级保护体系，为金融行业推进 IT 架构转型提供安全指导，更好地适应新技术在金融行业的应用，全面提升金融行业系统网络安全整体防护水平。

5. 将非银行支付机构纳入反洗钱和反恐怖融资管控范围：中国人民银行发布《金融机构反洗钱和反恐怖融资监督管理办法（修订草案征求意见稿）》

2020 年 12 月 30 日，为防范化解金融风险，提高反洗钱监管有效性，提升金融机构反洗钱工作水平，中国人民银行组织起草了《金融机构反洗钱和反恐怖融资监督管理办法（修订草案征求意见稿）》（以下简称《修订草案》），针对原《金融机构反洗钱监督管理办法（试行）》（以下简称《管理办法》）的部分内容做出修订。

《修订草案》起草说明指出，近年来，国内外反洗钱形势不断变化，国际反洗钱要求趋严，监管规则更加强调风险为本，各国反洗钱监管压力增大，需要进一步梳理明确国内反洗钱监管措施。同时，随着金融领域的不断创新，出现了各类新型金融业态，需要明确反洗钱监管范围，增加非银行支付机构、从事网络小额贷款业务的小额贷款公司、消费金融公司、银行理财子公司等机构。

与《管理办法》相比，《修订草案》新增了对非传统金融机构的反洗钱监管，将所有从事金融服务的机构纳入国家反洗钱的监督管理体系中，进一步扩大对反洗钱和反恐怖融资的有效管控范围。在具体条款对比方面，《管理办法》第四十三条规定，"支付机构、银行卡组织、资金清算中心、从事汇兑业务和基金销售业务的机构适用本办法"。而《修订草案》第三十八条则扩大了上述范围，规定"非银行支付机构、银行卡组织、资金清算中心、从事网络小额贷款业务的小额贷款公司以及从事汇兑业务、基金销售业务、保险专业代理和保险经纪业务的机构适用本办法"。

6. 打击跨境赌博犯罪："两高一部"发布新规，为跨境赌博提供支付结算帮助的，构成赌博犯罪共犯

2020 年 10 月 16 日，最高人民法院、最高人民检察院、公安部联合发布《办理跨境赌博犯罪案件若干问题的意见》。其中，在"关于跨境赌博共同犯罪的认定"部分，明确了"（三）明知是赌博网站、应用程序，有下列情形之一的，以开设赌场罪的共犯论处：1. 为赌博网站、应用程序提供……资金支付结算等服务的"等内容；在"关于跨境赌博关联犯罪的认定"部分，明确了"为网络赌博犯罪……或者提供广告推广、支付结算等帮助，构成赌博犯罪共犯，同时构成非法利用信息网络罪、帮助信息网络犯罪活动罪等罪的，依照处罚较重的规定定罪处罚"等内容。

（二）持续加大行业监管力度

1. 继续推进监管整顿工作

（1）加强对刷脸支付的监管

在 2019 年刷脸支付成为行业风口并快速推广的背景下，2020 年 1 月 20 日，中国支付清算协会发布《人脸识别线下支付行业自律公约（试行）》（以下简称《公约》），对人脸识别线下支付安全管理、终端管理、风险管理、用户权益保护等做出相关规定，规范刷脸支付创新发展，防范刷脸支付风险，以行业自律促进刷脸支付合规发展。

《公约》明确提出，用户进行刷脸支付时，会员单位应采用支付口令或其他可靠的技术手段（通过国家统一推行的金融科技产品认证）实现本人主动确权；会员单位应建立人脸信息全生命周期安全管理机制，对采集、存储和使用等具体环节做出相关规定。同时，《公约》也对会员单位的风险处置机制、业务处理等多个环节做出了约束。

《公约》的出台，有利于保障支付用户的合法权益，使刷脸支付的风险进一步下降，这也为刷脸支付的进一步推广做了良好铺垫；对于支付机构而言，《公约》限制了支付企业的冲动违规行为，增加了违规成本，推动支付企业加大技术投入、保障支付安全、优化产品体验，实现刷脸支付业务和技术的可持续发展。

（2）加强非银行支付机构的统一监管

2020年1月20日，为加强对非银行支付机构的监督管理，规范非银行支付机构行为，防范支付风险，保障当事人合法权益，促进支付服务市场健康发展，中国人民银行会同有关部门研究起草了《非银行支付机构条例（征求意见稿）》（以下简称《征求意见稿》）并公开征求意见。尽管尚未定稿颁布，但可以预见，非银行支付行业即将告别2010年6月发布的《非金融机构支付服务管理办法》（以下简称《办法》）的监管阶段，步入"强监管"的新时代。

2010年6月，中国人民银行制定《非金融机构支付服务管理办法》，奠定了非银行支付机构监管基础。支付服务市场经过10多年的发展，创新层出不穷，风险复杂多变，机构退出和处置面临新的要求，过去的支付业务定义和框架已经跟不上支付业务的创新。

相较于原来的《办法》，《征求意见稿》的内容发生了较大的变动。一是《征求意见稿》改变了原来第三方支付关于"网络支付、预付卡的发行与受理、银行卡收单"的业务分类口径，重新划分为储值账户运营业务和支付交易处理业务两类。二是明确了"双罚要求"，设置了"双罚条款"，处罚范围大幅扩大，处罚标准大大提高。三是创新性地提出了反垄断条款。《征求意见稿》明确提出，"禁止采用滥用市场支配地位等方式开展不正当竞争"，要服从"公平竞争要求"，并明确了市场支配地位的预警措施、市场支配地位的情形认定、市场支配地位的监管措施等。

（3）加强支付机构风险保障管理

2020年10月13日，中国人民银行发布《非银行支付机构行业保障基金管理办法（征求意见稿）》（以下简称《办法》），向社会公开征求意见。建立非银行支付机构行业保障基金，是中国人民银行在对支付机构备付金实施集中存管后，在非银行支付行业探索建立的又一制度。给支付行业再上一份"保险"，旨在保障支付机构客户的合法权益，维护金融稳定，促进支付行业持续健康发展。

支付机构行业保障基金是指按照《办法》规定筹集形成的，用于化解和处置支付机构客户备付金缺口导致的行业风险的非政府性行业互助资金。根据《办法》的内容，行业保障基金的来源包括计提的支付机构清算保证金利息、参与清算财产分配获得的受偿资金、社会捐赠、运用基金获得的收益等。《办法》指出，根据支付机构分类评级结果实行差别计提比例的方式，有助于引导支付机构依法合规开展支付业务。对于广大用户来说，建立非银行支付行业保障基金，是更好地保护用户合法权益、确保支付行业平稳发展的举措。行业保障基金主要来自客户备付金利息，不会增加支付机构支出，也不会增加用户负担。这有利于提高支付行业安全运行效率，同时减少对支付机构自身资金的占用。

（4）加强支付机构备付金管理工作

2020年1月，中国人民银行对第三方支付备付金相关政策进行了调整，从原来的不计利息，变成三年内中国人民银行按0.35%的年利率按季结息，但其中10%要用作行业保障金。该政策的实施时间为2019年8月1日至2022年7月31日，后续将根据评估情况进行调整。

一方面，备付金重新计息，对于支付机构而言可以产生金额庞大的预计收入，从而激励支付机构不断开展支付方案创新，适度减少违法经营活动。另一方面，对于部分中小支付机构来说，备付金利息在利润中占比很大，如果不派息，巨大的竞争和经营压力可能导致市场完全走向寡头垄断，不利于中小支付机构的生存和创新。虽然中小支付机构目前也在慢慢转型去深耕B端商户，但短时间内还不能完全替代占利润较大比例的备付金派息收入。因此，重新计息有利于中小支付机构的持续经营，形成对市场的有效补充。

2. 进一步加大违规处罚力度

2020年支付监管高压态势持续。据《证券日报》报道，截至2020年12月31日，中国人民银行对第三方支付行业共开出罚单68张，累计罚没金额超3.2亿元。值得注意的是，千万元级罚单已不再是"稀缺"案例，其中有近半罚单涉及"双罚"，除了支付机构自身面临处罚外，监管部门对违规机构相关责任人的处罚力度也在持续加大。

从具体被罚原因来看，反洗钱、可疑交易监测不到位、违规开展业务以及未履行支付企业确认交易真实性职责等成为重点处罚领域。近年来，一些机构无序创新，支付渠道成为犯罪活动资金转移的通道，特别是反洗钱、为非法交易提供支付服务等成为监管部门监管的重点领域。支付是重要的金融基础设施，也是防范风险的关口，未来支付行业仍将继续保持监管高压态势。

从罚款金额来看，2020 年支付机构所收大额罚单持续增多。据《证券日报》报道，在 2020 年中国人民银行对第三方支付行业开出的 68 张罚单中，包括 1 张亿元级罚单、5 张千万元级罚单以及多张百万元级罚单。其中，商银信支付服务有限责任公司因 16 项违规行为被监管部门一次性罚没 1.16 亿元，刷新了支付机构最高罚单纪录。此外，包括银盈通支付、开联通支付、裕福支付在内的多家支付机构被中国人民银行开出千万元级罚单。

在超千万元级罚单中，不乏知名支付机构的相关责任人被问责。这也进一步体现出第三方支付行业已经进入转型发展的深水区，"双罚条款"已经在实践中得以运用。国家对第三方支付行业的管控力度加大、监管从严，通过行政处罚加快支付市场出清，推动第三方支付行业向下一阶段健康发展。

从处罚结果来看，主要呈现以下几个特征：一是处罚频次增加，伴随监管制度的日益完善和监管科技水平的不断精进，违规支付机构"打擦边球"的行为已难以藏身；二是处罚力度不断加大，对于情形恶劣、违规次数较多的机构，监管部门通过重罚表明其根治乱象的决心；三是"双罚"趋势显著，被处罚的个人既有管理层（如公司总经理、副总经理等），也有业务部门负责人，涉及风控、运营等关键部门，表明监管的靶向性和精准性不断提升。

三　面临的问题与挑战

（一）支付机构经营乱象犹存

1. 违规行为时有发生

当前，第三方支付行业中支付用户与支付企业之间仍然存在较为严重的信息不对称现象，支付企业的违规行为仍时有发生。据 21CN 聚投诉统计，

2020 年上半年，21CN 聚投诉受理全国消费者对第三方支付行业有效投诉量达 15114 件，当期确认投诉解决量为 8422 件，解决率为 55.7%，较 2019 年略有下降。整体来看，支付企业侵害用户权益的行为仍然屡禁不止。

据统计，2020 年客户投诉及企业违规行为中，资金到账延迟、支付企业恶意克扣用户资金、未经用户允许确认交易等现象成为 2020 年新的投诉热点。此外，2019 年暴露出的反洗钱履职不到位、存在风险控制漏洞等问题尚未得到有效改善，其中违反银行卡收单、反洗钱规定两类行为最为突出，"客户身份识别""为身份不明客户提供服务或发生交易"是频繁出现的处罚名目，第三方支付机构违规现象进一步凸显。

2. 支付受理终端市场管理粗放

随着支付业务的发展和市场环境的变化，支付受理终端及相关业务进入繁荣阶段。近年来，我国移动支付快速发展，条码支付技术不断提高，特别是自中国人民银行提出"条码支付互联互通"以来，条码支付进入了新的发展阶段。

但是，在市场繁荣的同时，支付受理终端总体管理较为粗放，违规现象丛生。2019 年中国人民银行全系统共开展了 658 项反洗钱专项执法检查和 1086 项含反洗钱内容的综合执法检查。其中，检查银行业机构 1321 家，处罚违规机构 422 家，罚款 1.44 亿元；处罚个人 690 人，罚款 957 万元。罚款合计约 1.54 亿元，占总罚款金额的七成以上。据不完全统计，仅 2020 年 1~4 月支付结算违法违规行为举报机制受理的投诉举报事件中，涉及条码支付的占比就达 42%，同比增长 27%。各类支付乱象亟待解决。

目前支付受理终端存在的主要问题如下：一是收单机构对银行卡受理终端采购、登记、功能开通、信息变更、退出等全生命周期管理不严；二是部分收单机构对特约商户身份识别流于形式，对商户相关证明文件及其真实意愿、经营场所、终端布放位置等的核实流于形式，导致虚假商户问题仍然突出，给不法分子虚假申请特约商户用于资金转移以可乘之机；三是部分收单机构、清算机构未结合条码支付业务特征健全条码支付受理终端、收款条码管理机制，导致条码支付业务涉黑灰产业的风险增大。

（二）市场竞争格局亟待完善，减少阻碍创新的因素

1. 优化竞争与反垄断并存

目前，我国第三方支付市场中，少数头部机构处于优势地位。特别是2020年初新冠肺炎疫情突袭而至，头部机构凭借其强大的业务资源整合能力和较高的抗风险能力，进一步集中市场资源。而由于疫情"黑天鹅"对消费市场造成重创，作为与消费市场强相关的行业，第三方支付的不少中小机构出现交易量陡降、收入缩水的问题，加之行业严监管趋势不减、早期监管红利消失，中小支付机构生存更加艰难。在经营受压下，部分中小支付机构选择退出市场，将支付牌照及业务统一并购甚至注销。

2. 机构业绩分化加剧，创新驱动不足

根据部分支付公司2020年的业绩数据，从经营情况来看，诸多机构出现亏损，仅少数支付公司实现盈利或增长。未来支付机构业绩仍将进一步分化，受疫情、转型不及时、频频被罚等因素影响，一些机构营收下降或成本上升，进而带来业绩亏损，从市场退出的机构将进一步增加。长期来看，缺乏数量众多的中小机构渗透细分市场，服务细分行业和企业，抑制了支付行业的创新。

（三）业务发展与监管体系存在错配

目前第三方支付行业面临监管和业务不匹配以及商业模式和牌照的种类、业务实施标准错配等问题。虽然近年来国内监管机构持续加大对第三方支付行业的监管力度，包括整治清理P2P等互联网借贷业务、出台非银行支付机构管理办法等条例，但总体来看，监管政策与市场业务发展还存在一定程度的脱节，容易形成法律漏洞，产生业务纠纷并带来重大风险。

（四）支付机构和体系"赋能"不足

当前支付体系"赋能"明显不足，特别是在行业增速逐渐放缓、规模红利下降的背景下，行业布局及发展程度不均衡，金融科技应用水平有限，同质

化竞争严重。支付机构集中布局支付场景，对 B 端服务不足。此外，支付机构的金融科技投入相对较低，智能化水平不高，仍然存在进一步成长的空间。

四　发展趋势及前景

（一）"非接触式"办税缴费常态化，第三方支付开启办税缴费新时代

新冠肺炎疫情发生后，为切实降低疫情传播风险，国家税务总局迅速发布了"非接触式"网上办税缴费清单，梳理明确了 185 个可在网上办理的涉税缴费事项。随后，国家税务总局发布《关于开展 2020 年"便民办税春风行动"的意见》，要求大力推广"非接触式"办税缴费服务，依托电子税务局、自助办税终端，进一步拓展网上办税缴费事项范围，推广电子税务局移动端缴纳税费业务的第三方支付。国家税务总局公布的数据显示，截至 2020 年 11 月末，在全国累计办理主要涉税业务中，"非接触式"办理的占比已近九成。

此前，万亿元级缴税场景已经充分吸引了第三方支付机构，在银联、支付宝、微信支付三大支付巨头的带动下，多家支付机构已经开展相关便民缴税业务，但是传统 B 端缴税场景利润太低，拓展难度大，中小支付机构很难进入。

自 2020 年起，根据中国人民银行印发的《国库资金经收支付服务管理办法（试行）》（银发〔2019〕292 号），持有中国人民银行颁发的支付业务许可证，遵守中国人民银行有关国库业务、非银行支付机构业务各项管理规定和该办法规定，能够提供国库资金经收支付服务所必需的技术支持与系统改造服务，获得互联网支付或移动电话支付业务许可，最近三年分类评级均为 B 类及以上，且未发生重大违法违规行为的非银行支付机构，均可参与提供国库资金经收支付服务。此后，第三方支付机构将办税缴费场景应用逐步转向 C 端的个税代征代缴市场，目前包括易宝支付、通联支付、首信易

支付、汇聚支付、现代金控、开联通、汇潮支付等在内的数十家支付机构已经开始开展个税代征代缴业务。

第三方支付机构参与办税缴费包括两种业务模式：一是第三方支付机构通过清算机构与商业银行连接，依托商业银行直连国库的网络通道提供经收支付服务；二是第三方支付机构依托清算机构直连国库的网络通道提供经收支付服务。第三方支付机构在提供国库资金经收支付服务时，资金应当从缴款人个人银行结算账户扣划后直接汇划至国库账户，不能使用 App 中的"零钱""余额"等缴款，不能参与提供资金退库业务。第三方支付机构进军个税代征代缴的优势是基于现有支付体系，在中国人民银行监管下确保资金流安全，确保每笔资金的安全性，从根本上杜绝跑路及资金挪用风险。纳税缴费的第三方支付方式推广迅速，目前已有 90% 以上的个人纳税人通过微信支付、支付宝等方式办理代开发票缴税、社保缴费、车购税和房地产过户缴税等业务，避免了现金支付出现假钞、找零等导致办税时间延长的问题。

目前，上海、新疆、海南、湖北等地已推出了第三方移动支付纳税缴费业务，纳税人完成纳税申报后可自主选择微信支付、支付宝、云闪付、银联进行在线支付，税款直接缴入国库，安全便捷。随着"非接触式"办税缴费常态化，预计将有更多基层税务部门开通第三方支付纳税缴费业务，大量中小支付机构和第三方企业服务平台也将不断涌入相关服务市场。

（二）"条码支付互联互通"提速，重塑移动支付新格局

"条码支付互联互通"最初由中国人民银行在《金融科技（FinTech）发展规划（2019～2021 年）》中提出，即通过制定统一的条码支付编码规则、构建"条码支付互联互通"技术体系，实现不同 App 和商户条码标识互认互扫。2020 年 1 月 13 日，中国银行与中国银联、财付通合作，率先实现手机银行扫描微信"面对面二维码"收款码的支付功能，成为首家与微信实现互认互扫的银行。在"条码支付互联互通"的大趋势下，支付产业预计会出现如下变化。

一是支付行业面临重新洗牌，特别是聚合支付规模可能显著下降。支付

条码的统一意味着用户可以用不同的支付 App 扫描同一个商户的收款码进行支付，对于支付宝和微信支付两大支付巨头而言，"条码支付互联互通"将进一步提高市场竞争程度。在支付产业中，聚合支付机构主要提供商户拓展、支付渠道整合、集合对账等服务，其主要业务目标是解决不同支付平台之间支付条码无法互相识别的问题；而"条码支付互联互通"让聚合支付码失去存在的意义，预期将对聚合支付商形成重大打击。

二是移动支付产业科技水平与业务效率显著提升。互联互通的实现，对于移动支付的收单机构而言，一次对接、所属商户不换码、极小改造即可通过网联互联互通受理市场包括银行与机构在内的所有钱包。对于账户机构而言，网联互联互通将一举突破原本银行及中小支付机构无商户受理环境的无奈现状，一次接入即可在互联互通收单网络中实现扫码支付。因此，支付条码的统一有助于为移动支付行业不断增长的支付规模提供更高的效率保障，并改善用户体验。

三是降低移动支付行业门槛，有助于移动支付的进一步推广。部分偏远地区的业务推广成本高、市场规模有限，因此市场化的支付机构参与意愿普遍较低。条码支付的互联互通，降低了条码支付的行业门槛，有助于在欠发达地区快速普及移动支付业务而不改变用户原有的支付平台，显著降低了移动支付业务推广的门槛。

（三）第三方支付将加大金融科技投入，推动产业支付市场发展

支付清算结算系统属于第三方支付机构的基础设施，在行业竞争升级、科技浪潮来袭和监管政策引导下，金融科技渗透于第三方支付行业，正重塑第三方支付行业的展业模式。例如，区块链技术为跨境电商出口贸易、供应链金融等领域提供更多可能性，云计算、人工智能和多方安全计算等金融科技也在第三方跨境支付领域逐步投入应用。

以区块链为例，区块链技术具有共享账本、分布式架构等特点，在跨境支付领域的应用，能够使银行和银行之间直接打造点对点的支付方式，省去了传统中介提供信用证明和记账服务等第三方中间环节，大大提升了跨境支

付的效率，实现了全天候支付、实时到账、便捷提现。2018 年 6 月，香港电子钱包 AlipayHK 和菲律宾电子钱包 GCash 之间率先实现了由区块链技术支持的跨境汇款服务。该服务为菲律宾在港务工者提供了 7 × 24 小时更快捷、更安全的跨境汇款体验，交易时间从之前的 3 天多缩短至不到 30 秒。2020 年，摩根大通成立新区块链部门，其内部的数字货币 JPM Coin 也被一家大型跨国科技公司用于跨境支付。在我国，跨境金融区块链服务平台进一步扩大试点范围至全国之后，截至 2020 年 10 月 31 日，自愿参与的法人银行超过 270 家，服务企业超过 5100 家，其中中小企业占比为 75%。平台累计完成融资放款金额折合 526.9 亿美元，融资放款笔数超过 6.2 万笔。

目前，支付机构的金融科技资金投入水平整体较低，规划情况呈现两极分化，技术应用布局有限，在科技业务发展方式上以内部孵化为主。中国支付清算协会的数据显示，仅 29% 的支付机构制定了完整的金融科技规划并按规划开展行动，而在支付机构金融科技资金投入方面，43.75% 的机构资金投入规模在 100 万元及以下，30.56% 的机构资金投入规模为 100 万 ~ 1000 万元，20.14% 的机构资金投入规模为 1000 万 ~ 1 亿元，仅 5.55% 的机构资金投入规模在 1 亿元以上。同样，支付机构在金融科技发展应用方面也处于起步阶段，根据中国支付清算协会的统计，在区块链、分布式数据库、人工智能、云计算等技术的应用方面，仍有半数以上的支付机构暂未布局（见图 2 – 7）。

受新冠肺炎疫情影响，消费者的线上渠道消费需求增长，部分商户的线下获客渠道被动收窄，而疫情前已经完成"线上 + 线下"布局的商户只占整体较小的比重，因此疫情期间集中产生了大量的商户依托产业支付服务商进行数字化升级、构建线上云店铺的需求。疫情客观上加速了商户的数字化升级进程，布局"支付 +"的产业支付服务商将迎来一波快速发展的机会。因此，在产业互联网蓄势待发、产业支付成为行业新风口的背景下，随着金融科技的不断发展，预计第三方支付机构将持续加大科技投入，在跨境支付反洗钱、反欺诈、风控、支付体验、产品升级等领域更加广泛地运用金融科技，加快支付数字化新基建与潜能释放，使自身更加智能化、数字化，深入行业，深度赋能商户企业，构筑产业支付时代的核心竞争力。

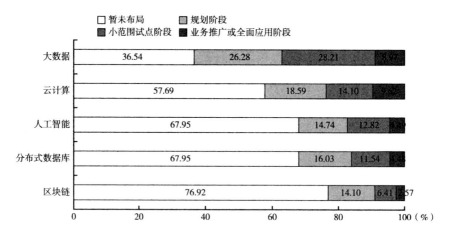

图2-7 支付机构技术发展应用阶段

资料来源：中国支付清算协会。

参考文献

21CN聚投诉，http：//ts. 21cn. com/。

艾瑞网，http：//www. iresearch. cn/。

移动支付网，http：//www. mpaypass. com. cn/。

易宝支付网，https：//www. yeepay. com/。

易观分析网，https：//www. analysys. cn/。

中国互联网络信息中心第46次、第47次《中国互联网络发展状况统计报告》。

中国人民银行网站，http：//www. pbc. gov. cn/。

中国支付清算协会网站，http：//www. pcac. org. cn/。

第三章
证券清算结算体系的建设与运行

李鑫 赵亮[*]

摘　要：　我国证券清算结算体系在2020年总体保持了运行平稳、业务规模增长迅速的局面。同时，证券清算结算体系建设也在全面推进，诸多领域取得突破性进展，证券清算结算体系的效率和安全均有所改善，国际化进程继续推进。本章对我国2020年证券清算结算体系的建设与运行进行了细致的梳理，并针对我国证券清算结算体系面临的主要问题提出了相应的改进建议。

关键词：　清算　结算　股票　债券

一　2020年基本情况及特点

从中央债券综合业务系统、中国证券登记结算系统以及银行间市场清算所股份有限公司业务系统来看，2020年证券清算结算体系总体运行平稳。

（一）中央债券综合业务系统

1. 年度发行总量大幅增加

2020年，在中央国债登记结算有限责任公司（以下简称中央结算公司）登记新发债券面额共计21.87万亿元，较上年增加6.56万亿元，同比增长

---

* 李鑫，中国民生银行研究院研究员；赵亮，中国社会科学院大学博士研究生。

42.85%（见图3-1）。政府债券发行13.46万亿元，同比增长60.80%（其中，记账式国债发行6.91万亿元，同比增长83.91%；地方政府债发行6.44万亿元，同比增长47.71%）；政策性银行债发行4.90万亿元，同比增长33.95%；政府支持机构债券发行1730.00亿元，同比增长4.85%；商业银行债券发行1.94万亿元，同比增长21.13%（其中，普通债发行6754.80亿元，同比增长56.02%；二级资本工具发行6112.90亿元，同比增长2.74%）；非银行金融机构债券发行2034.00亿元，同比增长8.51%；企业债券发行3947.89亿元，同比增长9.38%；资产支持证券发行8041.90亿元，同比减少16.53%。2020年中央结算公司各券种累计发行量占比见图3-2。

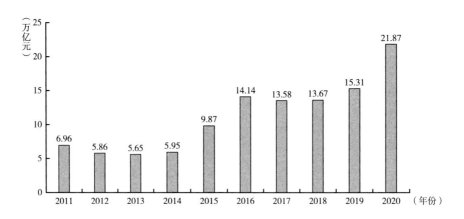

图3-1　2011~2020年中央结算公司债券发行量变化趋势

资料来源：中国债券信息网。

2. 托管总量持续增长

截至2020年末，中央结算公司托管的债券总量为77.14万亿元，较上年增加12.16万亿元，同比增长18.71%（见图3-3）。政府债券托管量为45.63万亿元，同比增长22.59%（其中，记账式国债托管量为19.44万亿元，同比增长26.99%；地方政府债托管量为25.45万亿元，同比增长20.52%）；央行票据托管量为150.00亿元，同比减少31.82%；政策性银行债托管量为18.04万亿元，同比增长14.95%；政府支持机构债券托管量

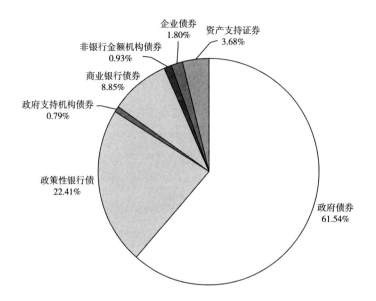

图 3 - 2　2020 年中央结算公司各券种累计发行量占比

资料来源：中国债券信息网。

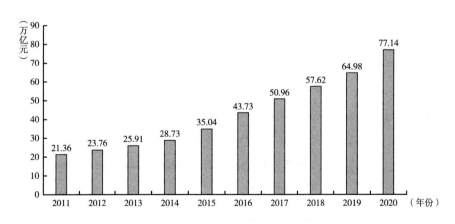

图 3 - 3　2011 ～ 2020 年中央结算公司债券托管量变化趋势

资料来源：中国债券信息网。

为 1.72 万亿元，同比增长 2.99%；商业银行债券托管量为 5.86 万亿元，同

比增长 24.82%（其中，普通债托管量为 1.81 万亿元，同比增长 14.79%；

二级资本工具托管量为 2.35 万亿元，同比增长 17.32%；其他一级资本工具托管量为 1.22 万亿元，同比增长 113.83%）；非银行金融机构债券托管量为 6429.00 亿元，同比增长 15.64%；企业债券托管量为 2.94 万亿元，同比减少 1.32%；资产支持证券托管量为 2.18 万亿元，同比增长 10.66%；中期票据托管量为 973.63 亿元，同比减少 37.10%；国际机构债券托管量为 30.00 亿元，其他债券托管量为 59.72 亿元，均与上年持平。2020 年中央结算公司各券种托管量占比见图 3－4。

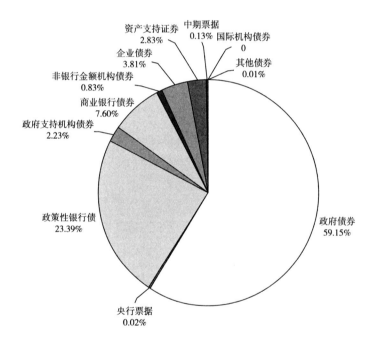

图 3－4　2020 年中央结算公司各券种托管量占比

资料来源：中国债券信息网。

3. 现券、回购结算量双双增加

2020 年，中央结算公司的债券结算量为 943.23 万亿元，同比增长 15.91%。其中，现券结算量为 153.16 万亿元，同比增长 9.87%；回购结算量为 782.96 万亿元，同比增长 16.82%（见图 3－5）；债券借贷结算量为 7.11 万亿元，同比增长 69.98%。

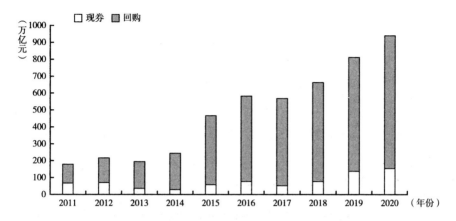

图3-5 2011～2020年中央结算公司现券、回购结算量变化趋势

资料来源：中国债券信息网。

（二）中国证券登记结算系统

1.投资者情况

截至2020年末，期末投资者总数为17777.49万户。自然人有17735.77万户，其中已开立A股账户的投资者有17676.13万户，已开立B股账户的投资者有237.55万户；非自然人有41.72万户，其中已开立A股账户的投资者有39.59万户，已开立B股账户的投资者有2.16万户。2020年每月新增投资者数量变化情况见图3-6。

2.登记存管的主要证券数量继续增加

截至2020年末，中国证券登记结算有限公司（以下简称中国结算公司）登记存管的证券数量达到25992只，比上年增加5207只（见图3-7）。其中，A股4146只，比上年增加382只；B股93只，比上年减少4只；国债416只，比上年增加76只；地方债2016只，比上年增加570只；政策性金融债24只，比上年增加8只；企业债1974只，比上年增加92只；公司债9167只，比上年增加2626只；可转债378只，比上年增加155只；中小企业私募债764只，比上年减少45只；封闭式基金1只，比上年减少2只；ETF 379只，比上年增加96只；LOF 627只，比上年减少92只；实时申赎

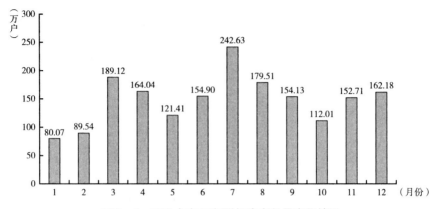

图 3 - 6　2020 年每月新增投资者数量变化情况

资料来源：中国结算公司网站。

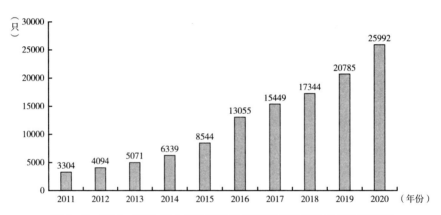

图 3 - 7　2011～2020 年中国结算公司登记存管的证券数量变化趋势

资料来源：中国结算公司网站。

货币基金 9 只，与上年持平；资产证券化产品 5998 只，比上年增加 1345
只。2020 年中国结算公司登记存管的证券数量占比见图 3 - 8。

截至 2020 年末，中国结算公司登记存管的证券总市值为 96.75 万亿元。
其中，A 股市值为 79.62 万亿元，B 股市值为 1214.37 亿元，国债市值为
7588.51 亿元，地方债市值为 6897.08 亿元，政策性金融债市值为 1415.31
亿元，企业债市值为 7708.70 亿元，公司债市值为 10.14 万亿元，可转债市
值为 5490.25 亿元，中小企业私募债市值为 7271.15 亿元，封闭式基金市值

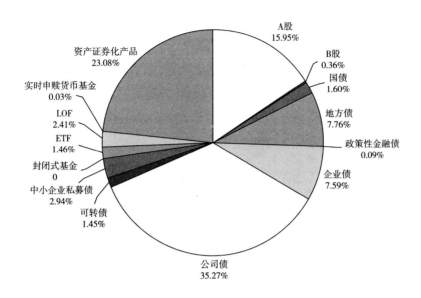

图 3 - 8 2020 年中国结算公司登记存管的证券数量占比

资料来源：中国结算公司网站。

为 8.05 亿元，ETF 市值为 1.10 万亿元，LOF 市值为 942.54 亿元，实时申赎货币基金市值为 155.02 亿元，资产证券化产品市值为 2.02 万亿元。2020 年中国结算公司登记存管的证券市值占比见图 3 - 9。

3. 人民币结算总额、结算净额双双增长

2020 年，中国结算公司资金结算总额为 1609.25 万亿元，较上年增加 372.83 万亿元，同比增长 30.15%（见图 3 - 10）。其中，人民币结算总额为 1609.13 万亿元，较上年增加 372.82 万亿元；美元结算总额为 113.18 亿美元，较上年增加 1.82 亿美元；港元结算总额为 524.34 亿港元，较上年减少 12.86 亿港元。2020 年，中国结算公司资金结算净额为 56.97 万亿元，较上年增加 7.40 万亿元，同比增长 14.93%。其中，人民币结算净额为 56.95 万亿元，较上年增加 7.40 万亿元；美元结算净额为 14.73 亿美元，较上年增加 0.99 亿美元；港元结算净额为 139.46 亿港元，较上年减少 56.80 亿港元。

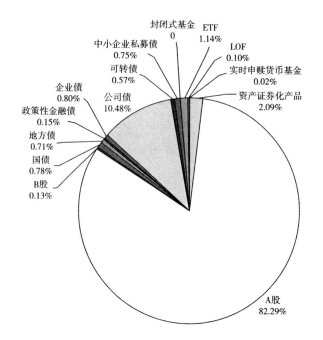

图 3 – 9　2020 年中国结算公司登记存管的证券市值占比

资料来源：中国结算公司网站。

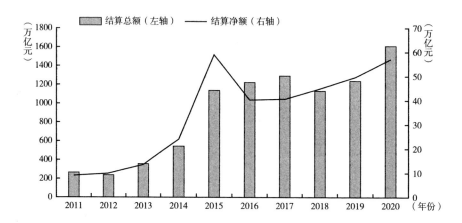

图 3 – 10　2011～2020 年中国结算公司人民币结算总额和结算净额变化趋势

资料来源：中国结算公司网站。

（三）银行间市场清算所股份有限公司业务系统

1. 年度发行总量有所增长

2020 年，在银行间市场清算所股份有限公司（以下简称上海清算所）登记新发债券 38127 只，较上年增加 3256 只，同比增长 9.34%；发行面额共计 28.66 万亿元，较上年增加 3.48 万亿元，同比增长 13.82%（见图 3 - 11）。其中，公司信用类债券方面，超短期融资券发行 44980.65 亿元，非公开定向债务融资工具发行 6904.85 亿元，短期融资券发行 4924.78 亿元，非金融企业资产支持票据发行 5107.87 亿元，中期票据发行 22935.42 亿元，项目收益票据发行 12.00 亿元，绿色债务融资工具发行 403.00 亿元。金融债券方面，政策性银行债券发行 2412.50 亿元，证券公司短期融资券发行 7983.00 亿元，非银行金融机构债发行 585.00 亿元。此外，同业存单发行 189719.80 亿元，熊猫债发行 553.50 亿元，标准化票据发行 61.18 亿元。[①] 2020 年上海清算所各券种累计发行面额占比见图 3 - 12。

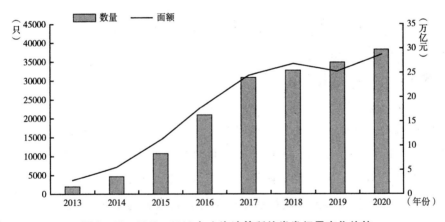

图 3 - 11　2013 ~ 2020 年上海清算所债券发行量变化趋势

资料来源：上海清算所网站。

2. 托管总量继续增长

截至 2020 年末，在上海清算所托管的债券余额为 24.52 万亿元，较上

---

① 各类债券数据并未与上年做比较，是因为部分类型债券统计口径有所调整。

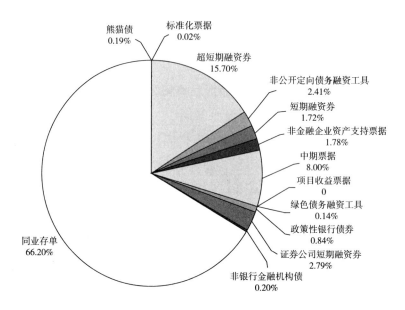

图 3 - 12　2020 年上海清算所各券种累计发行面额占比

资料来源：上海清算所网站。

年增加 2.17 万亿元，同比增长 9.71%（见图 3 - 13）。其中，公司信用类债券方面，超短期融资券托管余额为 16485.44 亿元，同比增长 7.32%；非公开定向债务融资工具托管余额为 21429.08 亿元，同比增长 5.18%；短期融资券托管余额为 5039.22 亿元，同比增长 2.79%；非金融企业资产支持票据托管余额为 7011.63 亿元，同比增长 73.90%；中期票据托管余额为 72831.55 亿元，同比增长 15.08%；项目收益票据托管余额为 78.60 亿元，同比减少 25.00%；绿色债务融资工具托管余额为 993.80 亿元，同比增长 54.13%。金融债券方面，政策性银行债券托管余额为 2962.50 亿元，同比增长 438.64%；证券公司短期融资券托管余额为 1429.00 亿元，同比减少 18.11%；非银行金融机构债托管余额为 3405.00 亿元，同比增长 6.07%。此外，同业存单托管余额为 111536.66 亿元，同比增长 4.01%；熊猫债托管余额为 1558.00 亿元，同比减少 4.36%；资产支持证券托管余额为 402.97 亿元，同比减少 2.06%；标准化票据托管余额为 28.92 亿元，同比增长 2791.64%。2020 年上海清算所各券种托管余额占比见图 3 - 14。

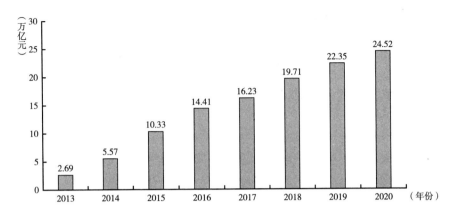

图 3 – 13 2013～2020 年上海清算所债券托管余额变化趋势

资料来源：上海清算所网站。

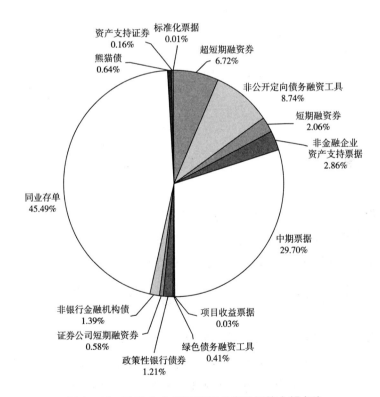

图 3 – 14 2020 年上海清算所各券种托管余额占比

资料来源：上海清算所网站。

3. 现券、回购清算量双双增加

2020 年，上海清算所交易清算总量为 304.72 万亿元，同比增长 18.77%。其中，现券清算量为 76.57 万亿元，同比增长 7.58%；回购清算量为 225.69 万亿元，同比增长 23.28%（见图 3 - 15）。

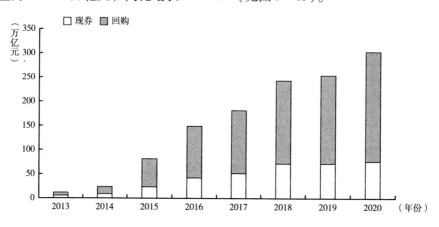

图 3 - 15 2013 ~ 2020 年上海清算所现券、回购清算量变化趋势

资料来源：上海清算所网站。

二 2020年主要进展

2020 年，我国证券清算结算体系建设全面推进，诸多领域取得突破性进展，证券清算结算体系的效率和安全均有所改善，国际化进程也有所加快。其中，最主要的进展体现在以下三个方面。

（一）推进业务提质增效，服务市场改革创新

中央结算公司进一步完善结算系统，运行效率显著提升。2020 年，中央结算公司自主研发的中债新一代综合业务平台成功上线，制定了统一的业务标准和业务流程，规划了统一的技术平台和 IT 综合治理体系，建设了统一的客户账户管理体系、登记体系、托管结算体系等，为发行人和投资人提供标准化、可配置服务；首创国产加密算法，有效提高了金融信息系统风险

防范能力；拓展基础服务运行时长，对部分业务提供 7 × 24 小时服务，方便跨时区境外客户办理相关业务。此外，中央结算公司数据中心建设取得重要突破，高标准的北京和上海数据中心已投入运行，均获得了国家 A 级机房认证，公司多地多中心的统一运维体系逐步成形。

中国结算公司在优化服务、提升效率方面同样取得了诸多进展，主要体现在以下几个方面。一是进一步优化证券质押业务流程。发布《证券质押登记业务实施细则（2020 年修订版）》，适应相关政策法规和业务发展变化新要求，同时满足市场主体对证券质押业务的合理需求，提高证券质押登记要素采集质量。二是多措并举，不断优化证券查询服务。包括免除各类证券查询服务收费，切实减轻投资者费用负担；成功应用电子凭证功能，助力查询业务更加安全便捷；通柜查询不同市场各类证券品种，全面实现查询业务统一。

（二）全面加强风险管理，有效防范结算风险

中央结算公司全面加强风险管理，为市场提供有力的风险管理手段。积极履行一线监测职能，加强统计监测指标体系和风险预警系统建设。优化债券信用风险监测服务，落实产业基金风险排查，开展地方隐性债务风险防范、企业债务风险预警等重要课题研究。持续丰富中债风险管理指标体系，推出中债预期信用损失、中债市场隐含违约率等产品。此外，2020 年 8 月，中央结算公司与上海清算所联合发布《全国银行间债券市场债券托管结算机构到期违约债券转让结算业务规则》，标志着银行间市场到期违约债券转让结算机制的建立。

为有效防控结算风险，提高市场效率，中国结算公司积极推动沪市交易型开放式证券投资基金（ETF）结算模式调整，并在前期深市 ETF 结算模式调整的基础上，制定两市统一适用的《中国证券登记结算有限责任公司关于交易所交易型开放式证券投资基金登记结算业务实施细则》。此外，为进一步加强和完善证券账户非现场开户管理工作，中国结算公司发布了新修订的《证券账户非现场开户实施细则》，强化开户代理机构通过非现场方式办理证券账户业务的风控要求，细化非现场办理证券账户业务的流程，加强

投资者身份识别，并允许开户代理机构在加强合规管理和内部风控的前提下自主选择开户方式。

（三）深化跨境互联互通，促进市场高质量开放

中央结算公司以金融基础设施跨境合作构筑债市开放的坚实基础，推进与欧清银行合作互联，与国际掉期业务及衍生投资工具协会联合发布白皮书，与新加坡交易所签署合作备忘录，中债 ETF 产品在新加坡交易所挂牌上市。以优质国际服务助力国内国际双循环格局，完善自贸区境外发行方案，支持灵活结算机制，加大境外客户的精准化营销力度。在跨境结算服务方面，2020 年 3 月，中央结算公司为境外投资者推出循环结算和延长结算周期的灵活结算服务，有助于满足境外投资者多样化的结算需求。

为完善合格境外机构投资者（QFII）和人民币合格境外机构投资者（RQFII）境内证券投资登记结算业务相关规则，防范和化解相关业务结算风险，支持资本市场双向开放，中国结算公司发布了《合格境外机构投资者和人民币合格境外机构投资者境内证券投资登记结算业务实施细则》，对 QFII、RQFII 相关登记结算业务予以统一规定，并扩大了 QFII、RQFII 可选择的结算参与人类型，同时涵盖了 QFII、RQFII 委托商业银行、证券公司等机构办理资金结算业务的情形，并明确不同证券账户可以选择不同的结算参与人。

三　面临的挑战及完善思路

经过多年的不懈努力，我国证券清算结算体系建设取得了较大成就，效率和安全持续改善，国际化进程稳步推进。尽管如此，我国证券清算结算体系仍存在一些不足之处，主要集中在以下几个方面。

一是债券市场分割特别是债券市场金融基础设施的碎片化问题仍然存在。近年来，交易所债券市场与银行间债券市场互联互通虽然取得了一定进展，但与市场预期效果仍存在差距，在一定程度上影响了债券市场功能的发挥，也影响了金融体系整体效率的提升。

　　二是货银对付（DVP）结算制度仍有进一步拓展的空间。目前银行间债券市场交易均采用 DVP 结算机制，保障了债券交易的安全高效，但 A 股的 DVP 结算仍有待进一步落实。此外，在债券发行承销环节也可适时引入 DVP 机制。

　　三是境外投资者投资国内债券市场仍存在一些障碍。目前我国债券市场信息披露、违约处理、债券评级等制度仍然存在诸多不足之处，交易工具也不够丰富。此外，国内市场相较于国际成熟市场的活跃度和流动性仍然偏低。

　　针对上述提及的主要问题，未来可着重从以下几个方面进一步完善。

　　第一，协调监管，打通壁垒，参照"平安银行 1 号小额消费贷款资产支持证券"① 的做法，并遵循市场发展规律和国际趋势，优化债券市场基础设施布局，进一步推进债券市场基础设施互联互通，通过"后台一体化"解决市场分割带来的监管套利、定价扭曲问题，提升市场运行的透明度、有效性和安全性，助力形成清晰高效的债券市场结构，降低多系统连接风险。

　　第二，稳步推进落实 A 股 DVP 结算制度改革，进一步健全完善登记结算基础制度。同时，在银行间市场债券发行承销环节适时引入 DVP 机制，推动实现债券发行缴款 DVP 结算，以提升一级市场发行效率。此外，在风险管理方面，要加强债券质押回购等重点领域的风险研判处置工作，积极推动三方回购、债券借贷业务落地，防范流动性风险，降低结算失败的概率。

　　第三，对境外商业机构逐步放开回购业务，满足其流动性管理需求，逐步解决国际通用回购协议（GMRA）和国内回购主协议的等效性问题，促进国内外规则对接。稳妥放开境外机构参与国债期货，便于其开展标准化利率风险对冲和套期保值操作。比照境外机构债券交易税收政策，对参与债券市场的境内机构减免资本利得税，从而增强市场机构交易意愿，促进市场活跃度和流动性提升。此外，积极推动境内中央托管机构和境内外交易平台直联，探索更多的跨境互联渠道和机制，丰富境外投资者入市渠道。

---

① 2014 年"平安银行 1 号小额消费贷款资产支持证券"在上交所上市，由中央结算公司对接上交所，进行登记、托管和结算，是资产证券化市场互联互通的有益尝试。

第四章
支付清算体系运行与宏观经济变量

程　炼[*]

摘　要：　2020 年的新冠肺炎疫情对我国的经济与金融运行造成了较大
冲击，这也在支付清算系统的各项指标中得到了反映。本章
基于 2007~2020 年的季度和年度数据考察了我国支付清算指
标与宏观经济运行之间的关联，并且就 2008 年全球金融危机
和 2020 年新冠肺炎疫情下支付清算指标的不同反应及其含义
进行了对比和讨论。

关键词：　非现金支付工具　支付系统业务　银行结算账户　宏观经济

一　支付业务总体发展态势

2020 年，在新冠肺炎疫情的冲击下，我国国民经济和相应的支付业务
仍然实现了增长，全国银行业金融机构共办理非现金支付业务 3547. 21 亿
笔，金额 4013. 01 万亿元，同比分别增长 7. 16% 和 6. 18%；支付系统共处
理业务 7320. 63 亿笔，金额 8195. 29 万亿元，同比分别增长 28. 77% 和
18. 73%（见图 4 - 1）。与往年情况相比，2020 年非现金支付业务笔数增长
率有所下降，这反映了疫情对实体经济及其交易方式的冲击；支付系统业务

* 程炼，经济学博士，研究员，中国社会科学院金融研究所《金融评论》编辑部主任、支付清
算研究中心副主任，主要研究领域为国际金融、金融地理与金融监管、支付清算等。

笔数增长率较 2018 年和 2019 年急剧下降，主要是因为网联清算平台稳定运行之后，其处理的业务笔数增长回归常态，如果与更早时期相比，2020 年支付系统业务笔数增长率则处于正常水平。从交易金融角度来看，非现金支付业务和支付系统业务都较近几年的平均水平有明显上升，反映了实体经济的增长潜力和流动性的相对宽松。

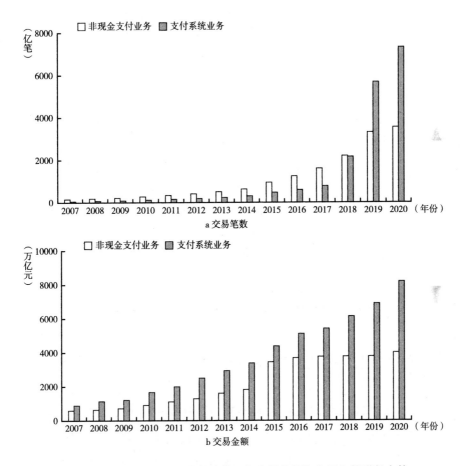

图 4 - 1 2007 ～ 2020 年支付清算业务交易笔数和交易金额增长态势

尽管支付业务笔数的增长势头有所放缓，非现金支付业务和支付系统业务的交易笔数增速仍超过交易金额增速，使得两者的平均交易规模继续下降。2020 年，非现金支付业务的平均交易规模为 1.13 万元/笔，较 2019 年的 1.14 万元/笔下降了 0.92%①；支付系统业务的平均交易规模为 1.12 万元/笔，较 2019 年的 1.21 万元/笔下降了 7.79%（见图 4 - 2）。从降速来看，支付系统业务仍然快于非现金支付业务。对比自 2007 年以来非现金支付业务和支付系统业务平均交易规模的变化，可以看到明显的收敛趋势，而这种趋势自 2018 年网联清算平台投入运行以来进一步加速，到 2020 年二者的平均交易规模已经相差无几。这种趋同现象有力地证明了新兴支付方式和支付机构在国民经济运行中的作用。

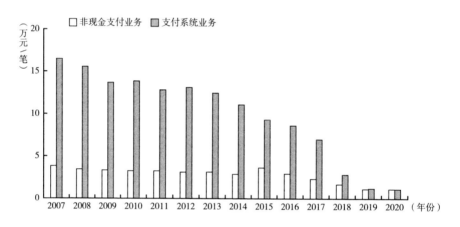

图 4 - 2　2007~2020 年支付清算业务平均交易规模

在非现金支付业务内部的细分层面，票据的平均交易规模保持了近年来的上升趋势，并且 2020 年的增速达到 17.96%，是自 2016 年以来的最高值，这主要是由于票据交易笔数在 2020 年加速下降。与此相反，银行卡的平均交易规模延续了自 2012 年以来的下降趋势。受疫情冲击影响，2020 年，银行卡业务交易笔数和交易金额的增速都较 2019 年明显下降，但交易笔数的增速仍超过交易金额的增速，使得其平均交易规模进一步下降。贷记转账等其他支付方式的平均交易规模则延续了自 2018 年以来的上升趋势，其交易笔数和交易金额在 2020 年都有所增长，且交易金额增长更为显著（见图 4 - 3）。

---

①　此处的降幅数据均按照原始数据计算，与文中保留两位小数的数据计算结果略有偏差，下同。

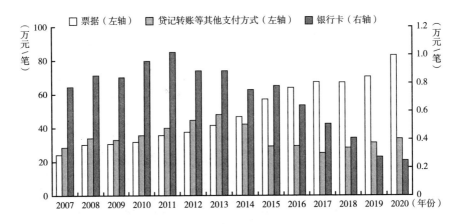

图 4-3　2007~2020 年非现金支付业务平均交易规模

2020 年的电子支付业务依然保持增长势头，且交易金额增速有所回升。2020 年，银行业金融机构共处理电子支付业务 2352.25 亿笔，金额 2711.81 万亿元，同比分别增长 5.30% 和 4.02%。相比之下，2019 年二者的增速分别为 27.51% 和 2.65%。非银行支付机构共处理网络支付业务 8272.97 亿笔，金额 294.56 万亿元，同比分别增长 14.90% 和 17.88%，增速低于上年的 35.69% 和 20.10%。考虑到近年来电子支付增速持续下降的趋势，2020 年的业务总量和平均业务规模并没有显得特殊，但在季度层面，我们则能够明显地看到新冠肺炎疫情的影响。移动支付交易金额自 2016 年以来一直呈现第一季度较高、第二季度回落、之后两个季度再次上升的模式，但 2020 年则变成了第一至第四季度逐步上升的模式，其原因显然在于第一季度受疫情冲击的影响。类似地，网上支付的交易金额在 2020 年第一季度也出现了一个波谷，不仅低于当年各季度，而且低于 2019 年第四季度，从而破坏了以往的季节模式（见图 4-4）。

在平均交易规模方面，2020 年非银行支付机构处理的网络支付业务暂缓了自 2016 年以来的下降趋势，在第一季度反弹至 425 元/笔，是 2018 年第二季度以来的最高值。从结构上看，这一反弹是非银行支付机构处理的网络支付交易笔数自 2014 年以来首次出现季度同比下降导致的，相比之下，其网络支付交易

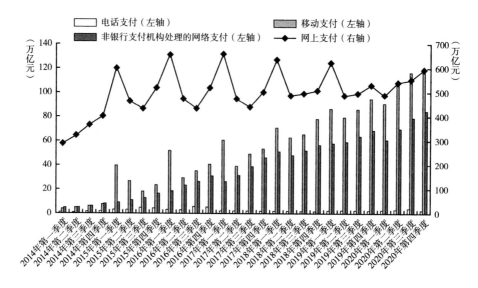

图 4-4 2014～2020 年电子支付业务季度交易规模

金额一直保持同比正增长。因此，这一变化背后的原因很可能是在新冠肺炎疫情冲击下，人们出于社会隔离与防疫的考虑而减少了与这些支付相关的经济活动的频率，从而以较少的交易次数来实现同样的交易规模。银行业金融机构处理的网上支付和移动支付在 2020 年的平均规模分别为 2.47 万元/笔和 0.35 万元/笔，前者略低于 2019 年，后者则与 2019 年基本持平。在季节模式上，二者都与往年类似，第一季度的平均交易金额显著超出其他季度（见图 4-5）。

在支付系统内部，2020 年交易金额居主导地位的大额实时支付系统业务的平均交易规模较 2019 年大幅上升，从 452.53 万元/笔变为 1103.07 万元/笔，增长了 1.44 倍。这一变化是大额实时支付系统业务笔数的收缩导致的。在 2020 年各季度，大额实时支付系统业务交易笔数都只有上年同期的一半左右，而交易金额则都有所增长。行内支付系统业务在 2020 年的平均交易规模也延续了上年的上升势头，从 2019 年的 7.40 万元/笔变为 9.39 万元/笔，原因在于交易金额较交易笔数呈现更快的增长趋势。银行卡跨行支付系统在 2020 年的平均交易规模与上年持平，均为 0.13 万元/笔，其交易笔数和交易金额都较上年有所增长（见图 4-6）。

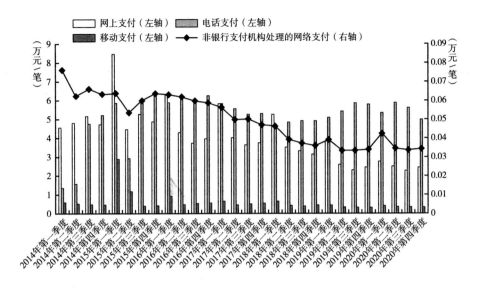

图 4 - 5 2014~2020 年电子支付业务季度平均交易规模

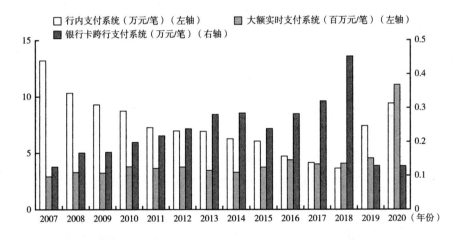

图 4 - 6 2007~2020 年各支付系统业务平均交易规模

2020 年，网联清算平台共处理业务 5431.68 亿笔，金额 348.86 万亿元，分别占支付系统业务总量的 74.20% 和 4.26%，较 2019 年的 69.93% 和 3.76% 均有所上升。从平均交易规模来看，2020 年网联清算平台的平均交易规模为 642.27 元/笔，较 2019 年的 653.62 元/笔稍有下降。分季度来看，2020 年第一季度，网联清算平台的业务改变了其投入运行以来不断增长的趋势，交易笔数和交易金额都与 2019 年相近，因此平均交易规模也与其类似，为 719.46 元/笔；第二季度，网联清算平台业务重拾增长势头，并且交易笔数较交易金额增长更快，使得平均交易规模下降至 617.02 元/笔；但随后两个季度交易金额增速再次超过交易笔数增速，使得平均交易规模又有所回升（见图 4 - 7）。

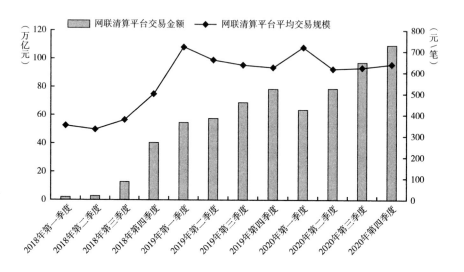

图 4 - 7　2018 ~ 2020 年网联清算平台业务季度交易金额与平均交易规模

在银行结算账户方面，截至 2020 年末，全国共开立个人银行结算账户 114.61 亿户，同比增长 10.43%，增速低于 2019 年的 12.07%；全国共开立单位银行结算账户 7481.30 万户，同比增长 9.43%，增速同样低于 2019 年的 11.73%。由于银行结算账户在 2013 年之后的增速总体呈下降趋势，仅最近两年稍有回升，因此很难说 2020 年增速的下降是新冠肺炎疫情冲击的结果。在单位银行结算账户增长率再次低于个人银行结算账户增长率的情况下，2020 年单位银行结算账户在银行结算账户总量中所占的比例继续下降，为 0.60%（见图 4 - 8）。

在非现金支付业务交易金额增速持续低于支付系统业务交易金额增速的情况下，基于二者计算的货币流通速度差异不断拉大。2020 年末，我国 M2 存

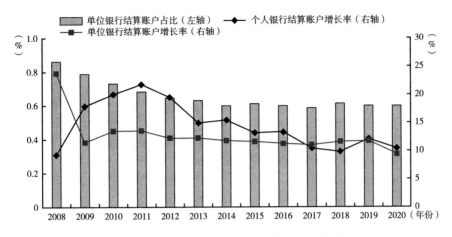

图 4 – 8　2008～2020 年银行结算账户占比及其增长率

量为 218.70 万亿元，较 2019 年末的 198.6 万亿元增长 10.12%，增速不仅超出了上年的 8.71%，也是自 2017 年以来首次超出 10%。2020 年，非现金支付业务交易规模与 M2 的比值为 18.35，较 2019 年的 19.03 进一步下降；支付系统业务交易规模与 M2 的比值为 37.48，较 2019 年的 34.75 进一步上升（见图4－9）。

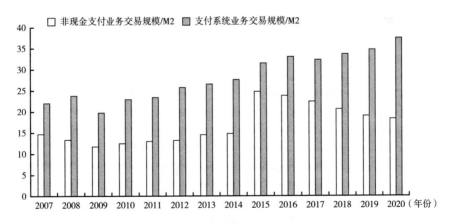

图 4 – 9　2007～2020 年基于支付清算业务交易规模估算的货币流通速度

在创造 GDP 所需的平均交易规模方面，非现金支付业务和支付系统业务的分化趋势则有所改变。2020 年，创造 1 元 GDP 所对应的支付系统业务交易金额为 80.66 元，较 2019 年的 69.83 元大幅上升，创下历史新高；创造 1 元 GDP 所对应的非现金支付业务交易金额为 39.50 元，较 2019 年的 38.24 元有所上升，并且扭转了自 2017 年以来的下降趋势（见图 4-10）。考虑到 2020 年 GDP 增速较往年大幅下降，创造 1 元 GDP 所需的支付交易金额上升反映了货币政策对企业和经济活动资金的支持效果。

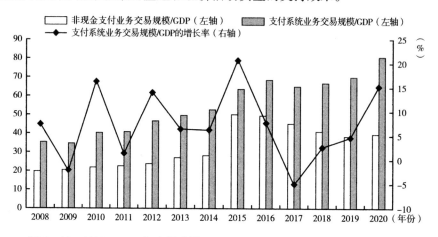

图 4-10　2008~2020 年支付清算业务交易规模与 GDP 的比值及其增长率

在季节性特征方面，非现金支付业务交易规模与 GDP 的比值在 2020 年延续了自 2011 年以来的模式，即从第一季度到第四季度呈递减态势。2020 年支付系统业务交易规模与 GDP 比值的季节性特征模式则与 2019 年不同，而是回到了 2016~2018 年的模式，即在第一季度最高，第二季度下降，第三季度有所回升，第四季度最低（见图 4-11）。从这一点看，尽管受到疫情冲击，支付体系与实体经济的关系并没有发生显著改变。

在支付系统业务交易金额占比方面，大额实时支付系统一直居主导地位，自 2012 年以来基本围绕 70% 上下波动。2020 年，大额实时支付系统在支付系统业务中的交易金额占比为 68.91%，较 2019 年的 71.73% 有所下降。在支付系统业务交易金额占比中居第二位的行内支付系统在 2020 年的占比为 19.38%，较 2019 年的 17.66% 有所上升。2020 年网联清算平台在支付系统业务中的交易金额占比为 4.26%，较 2019 年的 3.76% 有进一步的提

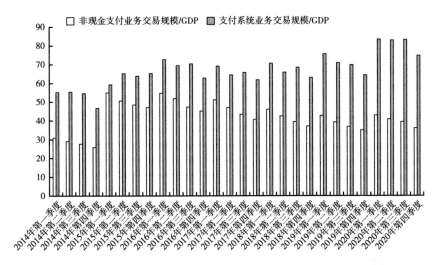

图 4 - 11　2014 ~ 2020 年支付清算业务季度交易规模与 GDP 的比值

升。值得注意的是,虽然目前小额批量支付系统在支付系统业务中的交易金额占比不高,但其占比自 2017 年以来总体呈上升态势,2020 年达到 1.79%,是 2019 年(0.88%)的 2.03 倍。另外,其他支付系统的交易金额占比也保持了上升势头,2020 年为 7.46%,较 2019 年的 6.04% 提升了 1.42 个百分点(见图 4 - 12)。

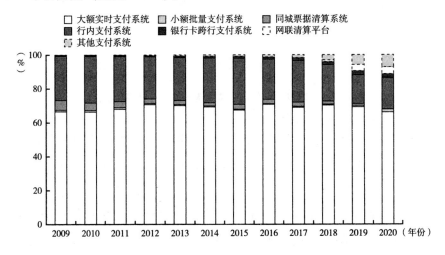

图 4 - 12　2009 ~ 2020 年各支付系统业务交易金额占比

在支付系统业务交易笔数占比方面，近年来网联清算平台依然处于主导地位，2020 年的交易笔数占比为 74.20%，较 2019 年的 69.93% 又有进一步提升。居第二位的银行卡跨行支付系统在 2020 年的交易笔数占比为 20.57%，较 2019 年的 23.78% 有所下降。行内支付系统在 2020 年的交易笔数占比为 2.31%，也低于 2019 年的 2.90%。类似地，同城票据清算系统的交易笔数占比从 2019 年的 0.05% 下跌至 2020 年的 0.01%，几乎可以忽略。其他支付系统在 2020 年的交易笔数占比为 2.37%，也低于 2019 年的 2.70%。另外，虽然小额批量支付系统的交易金额占比有显著提升，但是交易笔数占比则变化不大，2020 年为 0.47%，稍高于 2019 年的 0.46%（见图 4-13）。

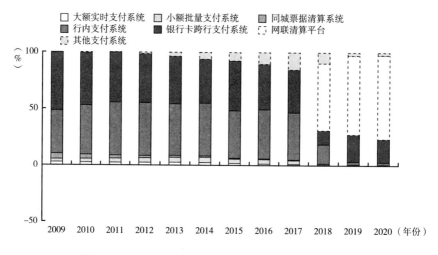

图 4-13　2009～2020 年各支付系统业务交易笔数占比

在非现金支付业务交易金额构成方面，2020 年的格局与 2019 年相比没有太大变化。贷记转账等其他支付方式仍然居于主导地位，2020 年的占比为 73.58%，略高于 2019 年的 73.01%。银行卡交易金额占比在 2020 年为 22.13%，稍低于 2019 年的 23.45%。票据交易金额占比继续下降，从 2019 年的 3.54% 变为 2020 年的 3.08%（见图 4-14）。

在非现金支付业务交易笔数占比方面，其基本格局没有什么变化。银行

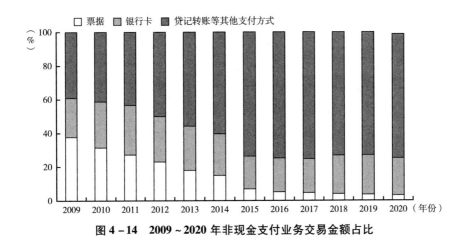

图 4 - 14　2009 ~ 2020 年非现金支付业务交易金额占比

卡仍然占据绝对主导地位，2020 年银行卡交易笔数占比为 97.38%，略高于 2019 年的 97.27%。贷记转账等其他支付方式交易笔数占比延续了自 2016 年以来的下降趋势，2020 年为 2.47%，比 2019 年的 2.67% 下降了 0.2 个百分点。票据交易笔数占比也在 2019 年 0.06% 的基础上继续下降，2020 年为 0.04%（见图 4 - 15）。

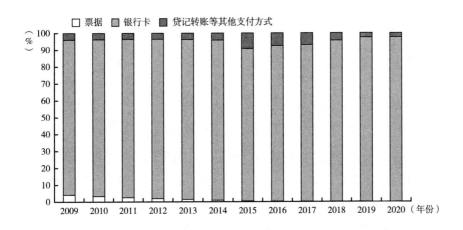

图 4 - 15　2009 ~ 2020 年非现金支付业务交易笔数占比

自 2008 年以来，非现金支付业务与支付系统业务交易金额季度同比增长率总体上保持相同趋势，然而也存在显著的季度差异，尤其是 2012 ~

2016 年这种差异更为明显。2017 年前三季度，非现金支付业务与支付系统业务交易金额季度同比增长率有收敛的迹象，但从第四季度开始再次大幅拉开差距。值得注意的是，在 2020 年的四个季度中，二者虽然在具体数据上存在差异，但是在变动趋势上高度一致，都是在第一季度下挫，之后第二、第三季度回升，第四季度再次下降（见图 4－16）。这种增长率变化趋势的一致性在 2008 年全球金融危机期间也表现得非常突出，显示了支付系统对外部冲击的敏感性。

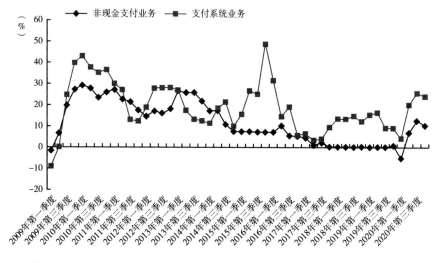

图 4－16 2009～2020 年支付清算业务交易金额季度同比增长率变化情况

但是具体到支付系统内部，不同支付系统平台的交易金额增长率则存在很大差异。在支付系统业务交易金额中居主导地位的大额实时支付系统基本复制了支付系统业务的季度同比增长率走势，只是波动幅度相对较小，银行卡跨行支付系统交易金额季度同比增长率也是如此。居于次席的行内支付系统交易金额季度同比增长率自 2019 年第三季度以来一直呈上升趋势，并且在 2020 年第二季度之后上升趋势更为明显，基本看不到新冠肺炎疫情冲击的影响。小额批量支付系统交易金额季度同比增长率从 2019 年第四季度开始飙升，直至 2020 年第三季度稳定下来，第四季度又有所回落。同城票据清算系统交易金额季度同比增长率几乎是小额批量支付系统的镜像，从

2019 年第四季度开始骤降，2020 年第一季度继续下降，并且没有明显的回升趋势（见图 4 – 17）。

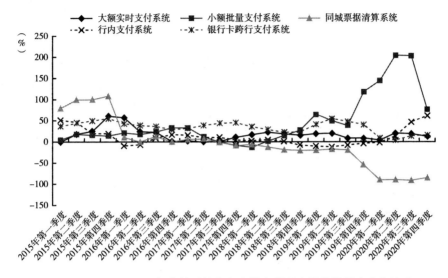

图 4 – 17 2015 ~ 2020 年支付系统业务交易金额季度同比增长率变化情况

在银行结算账户季度增量方面，单位银行结算账户以往的季节增长模式是账户增量在第二季度最高，第三、第四季度逐步下调，次年第一季度回升。2020 年第一季度，由于疫情冲击效应，单位银行结算账户的增量反而低于 2019 年第四季度，但之后的变化趋势则恢复了正常。个人银行结算账户的增量没有明显的季节性特征，但受疫情影响，2020 年第一季度的账户增量仅为 1.61 亿户，比 2019 年同期下降了 50.61%，也创下了自 2013 年第一季度以来的最低值（见图 4 – 18）。

二　支付清算指标与经济增长的联系

受新冠肺炎疫情冲击，2020 年我国经济增速大幅放缓，GDP 为 1015986 亿元，实际 GDP 增长率为 2.3%，并且前三季度的名义 GDP 增长率和实际 GDP 增长率均显著低于上年同期值。在价格水平方面，PPI 自 2019 年第三

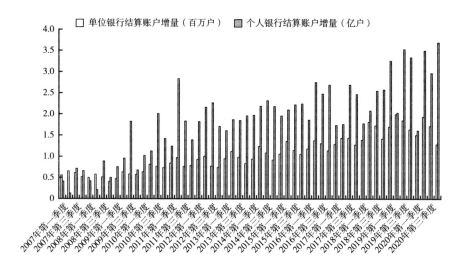

图 4 – 18　2007～2020 年银行结算账户季度增量

季度以来一直处于负增长状态，不过在 2020 年第三、第四季度跌幅有放缓趋势。CPI 在 2020 年第一季度延续了 2019 年的上升趋势，增速达到 4.97%，是自 2011 年第四季度以来的最高值，但增速在 2020 年的后三个季度则持续下降，至第四季度仅为 0.07%，是自 2010 年第一季度以来的最低值。长期以来，PPI、名义 GDP、实际 GDP 的季度同比增长率构成了显著的协整关系，PPI 季度同比增长率不仅能较为精确地拟合名义 GDP 与实际 GDP 季度同比增长率的差值，而且对经济增速的总体走势也有较大的指示作用。但从 2019 年第四季度开始，名义 GDP 与实际 GDP 季度同比增长率的差值走向则与 PPI 季度同比增长率发生了背离，反而与 CPI 季度同比增长率更为接近（见图 4 – 19）。从时序关系来看，这一现象应该与疫情冲击无关，其深层原因还需要进一步分析。

在 2008 年全球金融危机期间，支付清算业务的季度指标对 GDP 和 CPI 等宏观经济变量具有良好的预测效果，但是在此之后，支付清算业务与宏观经济指标在季度频率上逐渐失去了相关性。从图 4 – 20 可以看到，基于支付系统业务交易金额与单位银行结算账户增量并结合名义 GDP 季度同比增长率滞后值的预测，在 2008 年第二季度至 2012 年第三季度期间能够很好地拟

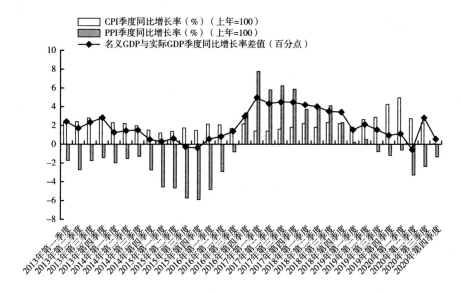

图 4-19　2013~2020 年名义 GDP 与实际 GDP 季度同比增长率
差值与价格指数季度同比增长率的关系

合一个季度之后的名义 GDP 季度同比增长率实际值，但是在此之后，这一拟合关系则逐渐恶化，并且被名义 GDP 季度同比增长率的滞后值所主导。

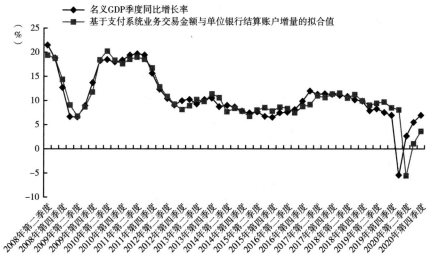

图 4-20　2008 年第二季度至 2020 年第四季度基于支付系统业务交易金额与
单位银行结算账户增量的名义 GDP 季度同比增长率拟合

对比 2008 年全球金融危机期间与 2020 年新冠肺炎疫情期间的支付清算指标和名义 GDP 季度同比增长率的动态可以看到，2008 年全球金融危机期间，支付清算指标的变动具有领先性，并且非现金支付业务与支付系统业务的动态并不同步，非现金支付业务的变化较支付系统业务的变化领先一个季度。2020 年新冠肺炎疫情期间，这三个指标则具有完全的同步性，都在 2020 年第一季度大幅下跌，然后迅速回调。此外，在 2008 年全球金融危机期间，名义 GDP 季度同比增长率的波动幅度远小于支付清算指标；而在 2020 年新冠肺炎疫情期间，名义 GDP 季度同比增长率的下跌幅度则要大于支付清算指标（见图 4 - 21）。这两个时期的差异可能来源于经济与金融体系遭受冲击的性质：2008 年全球金融危机是外部传染性冲击，国内对此已经有一定预期；2020 年新冠肺炎疫情则是突发性的，并且直接作用于实体经济的供需两端，金融体系难以做出事先反应。

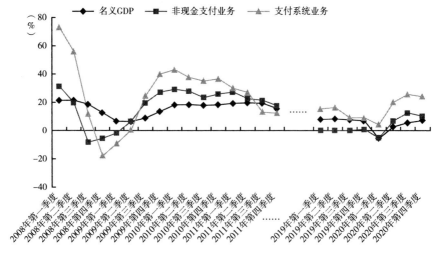

图 4 - 21 2008 年全球金融危机期间与 2020 年新冠肺炎疫情期间的支付清算指标和名义 GDP 动态对比

注：图中指标为季度同比增长率。

两次重要经济金融冲击的差异也在 CPI 季度同比增长率的动态变化中得到了印证。在 2008 年全球金融危机期间，CPI 季度同比增长率出现了较大幅度的下跌,而在 2020 年新冠肺炎疫情暴发后,CPI 季度同比增长率则反而继续上行,原因在于前者主要是需求冲击,后者则作用于供需两端,甚至在生产端的影响更为严重,再加上猪肉价格等外生因素影响,使 CPI 偏离了经济基本面。因此,在基于单位银行结算账户的拟合中,2008 ~ 2012 年,虽然拟合值的波动幅度小于 CPI 季度同比增长率实际值,但在变动趋势上二者是高度吻合的。相比之下,2019 年第二季度之后,拟合值不仅波动幅度小于 CPI 季度同比增长率实际值,在变动趋势上也滞后于 CPI 季度同比增长率实际值(见图 4 – 22)。

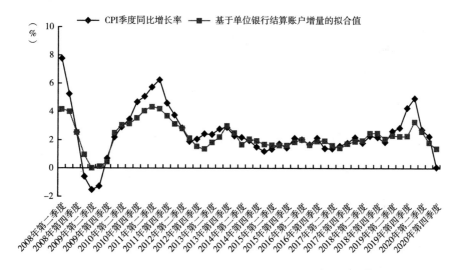

图 4 – 22 2008 年第二季度至 2020 年第四季度基于单位银行结算账户增量的 CPI 季度同比增长率拟合

第五章
支付清算体系运行与区域经济
和金融发展[*]

程　炼[**]

摘　要：　本章基于中国人民银行大额实时支付系统数据，对我国资金流动的总体区域分布格局进行了描述，分析了全国主要地区在资金流动中的地位及影响因素，并就各地区基于资金流动模式而形成的相互关系进行了探讨。

关键词：　大额实时支付系统　资金流动　经济一体化

　　地区之间的资金流动是金融地理状况的重要内容，与实体经济的关系密切。在本章，我们将基于中国人民银行大额实时支付系统数据，对我国区域资金流动结构做一分析。

一　各地区资金流动规模

　　2019年，我国资金流动规模较大的5个地区依次为北京、上海、深圳、浙江、广东，与2018年完全相同。资金流动规模较小的5个地区依次为西

---

　　*　由于数据的可得性因素，本章的年度数据截至2019年。

　　**　程炼，经济学博士，研究员，中国社会科学院金融研究所《金融评论》编辑部主任、支付清算研究中心副主任，主要研究领域为国际金融、金融地理与金融监管、支付清算等。

藏、青海、海南、宁夏、甘肃，除了甘肃替代新疆的位置外，也与 2018 年相同（见图 5 - 1）。

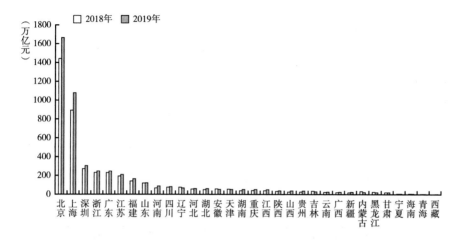

图 5 - 1 2018 ~ 2019 年各地区大额实时支付系统资金流动规模

注：资金流动规模为各地区年度资金流入与流出的平均值。

在资金流动规模的变化方面，与 2018 年相比，2019 年各地区资金流动规模增幅最大的是山西，为 43.85%；其次是贵州、湖南和新疆，增幅分别为 38.65%、32.91% 和 31.14%。2019 年资金流动规模下降的地区有 9 个，其中内蒙古的降幅最大，为 31.37%；其次是吉林和黑龙江，降幅分别为 18.22% 和 16.93%（见图 5 - 2）。

2019 年，北京、上海、深圳大额实时支付系统资金流动规模占比分别为 33%、22% 和 6%。北京和深圳的占比与 2018 年相同，上海则保持了自 2015 年以来的增长趋势，较 2018 年又上升了 2 个百分点。其他地区的占比则较 2018 年下降了 1 个百分点，为 39%（见图 5 - 3）。

相对于总体资金流动规模的变化，在 2019 年通过大额实时支付系统进行的各地区内部资金流动方面，上海的占比有所上升，由 2018 年的 17% 上升至 18%。北京的占比不变，深圳的占比则由 2018 年的 4% 下降至 3%，其他地区的占比也不变，仍为 42%（见图 5 - 4）。

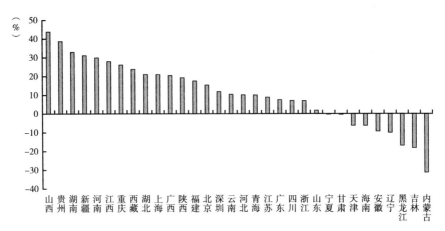

图 5 - 2　2019 年各地区大额实时支付系统资金流动规模增幅

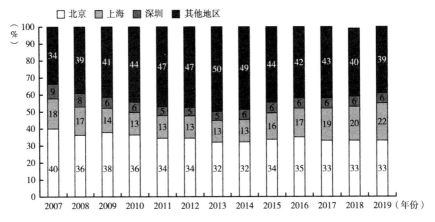

图 5 - 3　2007～2019 年北京、上海、深圳及其他地区大额实时支付
系统资金流动规模占比变化

二　地区之间资金流动情况

2019 年，通过大额实时支付系统进行的地区内部及地区之间资金流动规模占比与 2018 年相同，其中地区内部资金流动规模占比为 42%，地区之间资金流动规模占比为 58%（见图 5 - 5）。

在地区之间资金流动模式方面，2019 年，北京、上海、深圳三大金融

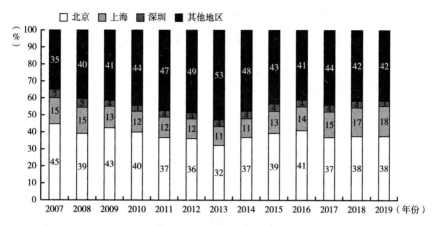

**图 5 - 4　2007～2019 年北京、上海、深圳及其他地区内部大额实时
支付系统资金流动规模占比变化**

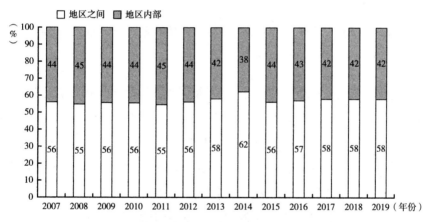

**图 5 - 5　2007～2019 年地区内部及地区之间大额实时
支付系统资金流动规模占比变化**

枢纽城市之间的资金联系进一步加强。北京与上海之间通过大额实时支付系统进行的资金流动规模占比由 2018 年的 21％ 大幅提升至 24％，是自 2008年以来的最高水平，上海与深圳之间的资金流动规模占比由 2018 年的 5％提升至 6％，但与此同时，北京与其他地区之间的资金流动规模占比由 2018年的 31％ 下降至 29％，深圳与其他地区之间的资金流动规模占比由 2018年的 4％ 下降至 3％，上海与其他地区之间的资金流动规模占比则保持在

18%。相应地，其他地区相互之间的资金流动规模占比有所下降，由2018年的15%收缩到13%，这也是自2009年以来的最低值（见图5-6）。

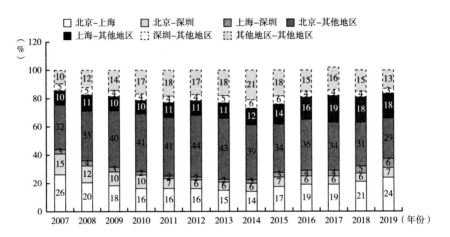

图5-6 2007～2019年地区之间大额实时支付系统资金流动规模占比变化

注：基数为全国异地交易金额总和。

在地区内部资金流动模式方面，除了福建与深圳之外，2019年大额实时支付系统中各地区资金流动最大的去向都是自身。在各地区中，河北、山西、内蒙古、吉林、黑龙江、安徽、山东、河南、广西、海南、四川、云南、西藏、陕西、青海等地区的内部资金流动规模占比都超过了50%，其占比较2018年又有所上升。在各地区的外部资金流动对象中，总体来看，北京仍然占据最为重要的地位。对于除北京自身、福建、深圳之外的所有地区，北京都是其最大的外部资金流动对象。对于福建，流向北京与上海的资金规模持平，占比都为26%；对于深圳，流向上海的资金规模占比则达到了32%，超过流向北京的31%。相比之下，福建和深圳两地内部资金流动规模占比分别为26%和22%。上海也是各地区重要的资金流动对象，但其地位仍不能和北京相比，即便是在与上海经贸关系紧密的长三角地区，浙江、江苏、安徽等地区最大的外部资金流动对象仍然是北京，上海所占的比重在2019年反而有所下降（见表5-1）。

按照往年的方法，我们将2019年各地区在其大额实时支付系统资金来源地异地资金流出规模中的占比（见表5-2）加总，得到2019年各地区在

表 5－1　2019 年各地区大额实时支付系统资金流动去向

单位：%

地区	北京	天津	河北	山西	内蒙古	辽宁	吉林	黑龙江	上海	江苏	浙江	安徽	福建	江西	山东	河南	湖北	湖南	广东	广西	海南	重庆	四川	贵州	云南	西藏	陕西	甘肃	青海	宁夏	新疆	深圳
北京	49	1	1	0	0	1	0	0	21	3	3	1	3	1	1	1	1	1	4	0	0	1	1	1	0	0	0	0	0	0	0	6
天津	26	34	2	0	0	1	0	0	16	2	4	0	2	1	3	1	1	0	2	0	0	1	1	0	0	0	0	0	0	0	0	2
河北	20	2	51	1	0	2	0	0	6	1	2	1	2	1	2	2	1	1	2	0	0	0	0	0	0	0	0	0	0	0	1	1
山西	12	1	1	66	0	0	0	0	5	1	2	0	1	0	1	1	1	1	2	0	0	1	0	0	0	0	1	0	0	0	0	1
内蒙古	16	1	1	1	60	1	0	0	8	1	1	1	0	0	1	1	1	0	1	0	0	0	1	0	0	0	1	0	0	0	0	1
辽宁	22	1	1	0	0	44	1	1	11	2	2	1	1	0	2	1	1	1	2	0	0	0	1	0	0	0	0	0	0	0	1	3
吉林	16	1	0	0	0	1	71	1	4	1	1	0	0	0	0	0	0	0	0	0	1	0	0	0	0	0	0	0	0	0	0	1
黑龙江	18	1	1	0	0	3	1	54	8	1	1	0	1	0	1	1	3	0	2	0	0	0	0	0	0	0	0	0	0	0	1	1

续表

地区	北京	天津	河北	山西	内蒙古	辽宁	吉林	黑龙江	上海	江苏	浙江	安徽	福建	江西	山东	河南	湖北	湖南	广东	广西	海南	重庆	四川	贵州	云南	西藏	陕西	甘肃	青海	宁夏	新疆	深圳
上海	34	1	0	0	0	1	0	0	36	2	4	0	4	1	1	1	1	1	4	0	0	0	1	0	0	0	0	0	0	0	0	9
江苏	23	0	0	0	0	1	0	0	13	47	3	1	1	0	1	1	0	0	3	0	0	0	0	0	0	0	0	0	0	0	0	2
浙江	22	1	0	0	0	1	0	0	18	2	42	1	2	1	1	1	1	0	2	0	0	0	1	0	0	0	0	0	0	0	0	2
安徽	20	1	1	0	0	1	0	0	7	2	3	51	2	1	2	1	1	1	2	0	0	0	0	0	0	0	1	0	0	0	0	1
福建	26	1	1	0	0	1	0	0	26	2	3	1	26	1	1	1	0	0	3	0	0	1	0	1	0	0	0	0	0	0	0	4
江西	21	0	1	0	0	1	0	0	11	2	3	1	3	38	2	1	2	1	3	0	0	1	4	1	0	0	2	0	0	0	1	2
山东	19	1	1	0	0	1	0	0	9	2	2	0	2	1	53	2	1	0	2	0	0	0	0	1	0	0	0	0	0	0	1	2
河南	18	1	1	1	0	1	0	0	8	2	2	0	2	1	2	53	1	0	2	0	0	0	1	1	0	0	0	0	0	0	0	2
湖北	14	1	1	1	0	1	0	0	11	2	2	0	1	1	1	1	49	0	3	1	0	0	2	0	0	0	1	0	0	0	1	2

续表

地区	北京	天津	河北	山西	内蒙古	辽宁	吉林	黑龙江	上海	江苏	浙江	安徽	福建	江西	山东	河南	湖北	湖南	广东	广西	海南	重庆	四川	贵州	云南	西藏	陕西	甘肃	青海	宁夏	新疆	深圳
湖南	23	1	0	0	0	0	0	0	11	3	2	1	2	1	1	1	2	39	3	0	0	2	1	1	0	0	0	0	0	0	0	3
广东	26	0	0	0	0	0	0	0	18	2	2	0	2	1	1	0	1	1	36	0	0	1	1	1	0	0	0	0	0	0	0	5
广西	17	0	1	0	0	1	0	0	5	1	1	0	2	0	1	1	2	1	3	54	0	1	1	1	0	0	1	1	0	0	0	3
海南	10	1	0	0	0	1	3	0	8	2	2	1	1	0	1	1	1	1	4	1	55	1	1	0	0	0	1	1	0	0	0	2
重庆	24	1	1	0	0	1	0	0	11	1	4	1	2	1	1	1	1	2	4	0	0	31	3	3	0	0	1	0	0	0	1	3
四川	18	1	0	0	0	0	0	0	12	1	1	1	1	2	1	1	1	1	2	0	0	2	51	1	0	0	1	1	0	0	0	1
贵州	24	1	1	0	0	0	0	0	8	2	3	1	4	2	2	0	1	1	4	0	0	4	2	35	0	0	1	0	0	0	0	3
云南	16	0	0	0	0	1	0	0	13	1	1	0	1	0	1	0	0	0	1	0	0	1	1	0	60	0	0	0	0	0	0	1
西藏	14	1	1	0	0	0	0	0	11	1	1	1	1	0	1	0	0	0	1	0	0	5	5	0	0	56	1	1	1	0	0	2

续表

地区	北京	天津	河北	山西	内蒙古	辽宁	吉林	黑龙江	上海	江苏	浙江	安徽	福建	江西	山东	河南	湖北	湖南	广东	广西	海南	重庆	四川	贵州	云南	西藏	陕西	甘肃	青海	宁夏	新疆	深圳
陕西	10	0	1	1	0	1	0	0	7	1	1	1	1	2	1	1	1	1	2	1	0	2	1	0	0	0	58	2	0	0	0	2
甘肃	23	0	0	0	0	0	0	0	13	1	1	0	2	0	1	1	0	1	1	1	0	1	4	1	0	0	5	40	0	0	0	1
青海	10	1	1	0	2	1	0	0	5	1	1	1	1	0	1	1	1	1	1	0	0	1	2	0	0	0	1	2	63	0	0	2
宁夏	21	0	0	0	2	1	0	0	20	2	1	3	1	0	1	1	0	0	1	1	0	3	1	1	0	0	1	1	0	35	0	1
新疆	21	1	2	1	0	2	0	0	6	2	2	2	1	0	3	1	1	0	3	0	0	2	2	1	0	0	0	0	0	0	42	1
深圳	31	0	0	0	0	1	0	0	32	1	2	0	2	0	1	0	0	0	4	0	0	1	0	1	0	0	0	0	0	0	0	22

表5-2 2019年各地区在其大额实时支付系统资金来源地异地资金流出规模中的占比

单位：%

地区	北京	天津	河北	山西	内蒙古	辽宁	吉林	黑龙江	上海	江苏	浙江	安徽	福建	江西	山东	河南	湖北	湖南	广东	广西	海南	重庆	四川	贵州	云南	西藏	陕西	甘肃	青海	宁夏	新疆	深圳
北京	0	0	40	34	39	41	55	39	49	44	40	41	36	34	40	36	29	41	39	37	21	35	38	36	47	46	27	39	32	34	39	42
天津	2	0	3	1	2	1	1	1	1	1	1	1	1	2	2	1	1	1	1	1	5	1	1	1	1	1	1	1	1	1	1	0
河北	1	3	0	3	3	3	1	4	1	1	1	2	1	1	3	3	1	1	1	1	2	1	1	1	1	1	2	1	2	1	4	0
山西	0	1	1	0	2	0	0	1	0	0	0	0	0	0	1	1	0	1	0	0	1	0	0	0	0	0	2	1	1	1	1	0
内蒙古	0	1	1	1	0	1	1	1	0	0	0	0	0	0	0	0	1	0	0	0	1	0	0	0	0	0	1	0	6	2	0	0
辽宁	2	2	3	1	4	0	5	8	1	1	1	2	1	1	3	1	1	2	1	2	2	1	1	1	2	1	2	1	2	2	3	1
吉林	1	0	0	0	1	0	0	2	2	0	0	0	0	0	0	0	0	0	0	0	6	0	0	0	0	0	0	0	0	0	0	0
黑龙江	0	0	1	1	1	2	2	0	0	0	0	0	0	0	0	0	2	0	0	0	1	0	0	0	0	0	0	0	0	0	1	0

续表

地区	北京	天津	河北	山西	内蒙古	辽宁	吉林	黑龙江	上海	江苏	浙江	安徽	福建	江西	山东	河南	湖北	广东	广西	海南	重庆	四川	贵州	云南	西藏	陕西	甘肃	青海	宁夏	新疆	深圳
上海	42	19	13	15	19	18	16	20	0	24	28	14	33	19	15	20	19	28	10	19	14	19	12	16	21	16	22	13	29	9	39
江苏	6	3	3	3	2	4	3	2	4	0	4	5	2	3	3	4	3	4	3	4	2	2	3	2	3	2	1	3	3	4	2
浙江	6	6	4	5	3	4	2	2	7	6	0	7	4	5	5	5	6	4	3	4	6	4	5	2	3	3	2	4	2	4	2
安徽	1	1	3	1	1	1	0	1	0	1	1	0	1	2	1	1	1	1	0	2	1	1	1	0	0	2	0	1	4	1	0
福建	5	4	4	3	1	3	1	2	6	3	3	4	0	3	4	3	2	4	3	2	3	1	5	2	1	2	3	1	1	2	3
江西	1	0	1	1	0	1	0	0	1	1	1	2	1	0	2	2	3	1	1	1	1	5	3	1	0	6	0	1	1	3	0
山东	3	4	5	3	3	3	2	2	2	2	2	2	2	3	0	5	3	2	2	3	1	2	4	3	1	2	1	2	2	5	1
河南	2	2	3	4	2	1	1	2	1	1	1	2	1	2	3	0	2	1	2	2	2	2	2	1	1	2	1	2	2	3	1
湖北	1	1	2	2	2	1	1	2	1	1	1	1	1	3	1	1	0	1	4	2	2	2	1	2	1	3	0	2	0	2	1

续表

地区	湖南	广东	广西	海南	重庆	四川	贵州	云南	西藏
北京	1	8	0	0	1	2	1	1	0
天津	1	3	0	0	1	1	1	0	0
河北	1	4	0	0	1	1	1	0	0
山西	1	7	1	0	1	1	0	1	0
内蒙古	0	2	0	0	1	3	0	0	0
辽宁	1	3	1	0	1	1	0	0	0
吉林	1	2	0	2	0	1	0	0	0
黑龙江	1	3	1	0	1	1	0	0	0
上海	1	6	0	0	1	1	0	1	0
江苏	1	5	0	0	1	1	1	0	0
浙江	1	4	0	0	2	1	1	0	0
安徽	3	4	0	0	2	1	2	0	0
福建	1	4	0	0	1	1	1	0	0
江西	2	4	0	0	1	5	2	0	0
山东	1	6	0	0	1	1	1	0	0
河南	1	3	0	0	2	2	1	0	0
湖北	3	6	1	0	2	3	1	0	0
湖南	0	5	1	0	4	2	1	0	0
广东	1	0	1	0	1	1	1	0	0
广西	1	10	0	0	2	3	1	1	0
海南	1	9	1	0	1	2	0	1	0
重庆	3	6	1	0	0	4	4	1	0
四川	1	5	1	0	4	0	2	1	0
贵州	2	6	1	0	6	3	0	0	0
云南	1	4	1	0	3	3	1	0	0
西藏	0	2	0	0	1	7	0	1	0
陕西	1	6	2	0	4	3	1	0	0
甘肃	1	2	2	0	1	6	1	0	0
青海	3	3	0	0	2	5	0	1	1
宁夏	0	2	0	0	5	1	1	0	0
新疆	2	5	0	0	4	2	1	0	0
深圳	1	5	0	0	1	0	0	0	0

续表

地区	北京	天津	河北	山西	内蒙古	辽宁	吉林	黑龙江	上海	江苏	浙江	安徽	福建	江西	山东	河南	湖北	湖南	广东	广西	海南	重庆	四川	贵州	云南	西藏	陕西	甘肃	青海	宁夏	新疆	深圳
陕西	0	0	1	3	2	1	0	0	0	0	0	1	0	3	1	1	2	1	0	3	2	2	1	1	1	1	0	8	2	2	1	0
甘肃	1	0	0	1	1	0	0	0	0	0	0	0	0	0	0	0	0	1	0	2	2	0	2	1	0	0	6	0	3	2	1	0
青海	0	0	0	0	1	0	0	0	0	0	0	0	0	0	0	0	0	0	0	0	0	0	0	0	0	1	0	1	0	0	0	0
宁夏	0	0	0	0	1	0	0	0	0	0	0	1	0	0	0	0	0	0	0	0	0	1	0	0	0	0	0	1	0	0	0	0
新疆	1	0	2	1	0	1	0	1	0	1	0	1	0	0	1	1	1	1	0	0	0	1	2	1	1	1	1	1	1	1	0	0
深圳	11	3	2	3	3	5	3	2	14	4	4	3	5	3	4	3	5	3	7	6	6	4	3	4	4	4	3	2	3	2	1	0

地区之间大额实时支付系统资金流动上的地位指数，并且与 2018 年的结果
进行比较。对比 2018～2019 年各地区的地位指数及其在总体资金流动规模
中的排序，可以发现其中最大的变化是深圳失去了以往第 3 名的位置，由广
东所取代，而其他结果高度相似，尤其是前 5 名和后 5 名所包含的地区几乎
一致。不过具体来看，除了指数中段位置某些地区的排名有变化之外，北
京、上海等头部地区的指数值也有所下降，如北京由 2018 年的 12.48 下降
至 2019 年的 11.93，上海则由 6.27 下降至 6.15。前 5 名地区的指数之和也
由 2018 年的 22.95 下降至 2019 年的 22.13（见图 5 – 7）。

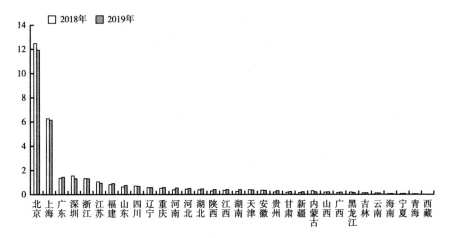

图 5 – 7　2018～2019 年各地区在地区之间大额实时
支付系统资金流动上的地位指数

第六章
支付清算体系运行与金融系统稳定

程　炼[*]

摘　要： 本章从纵向与横向两个维度对支付清算体系运行与金融系统
　　　　　稳定之间的关系进行了分析，着重考察了支付清算指标与实
　　　　　体经济增长之间的长期稳定关系在预测金融体系中泡沫的作
　　　　　用，以及银行类金融机构之间资金流动模式对金融市场稳定
　　　　　的含义。

关键词： 支付清算　金融稳定　金融泡沫

在本章，我们将从纵向和横向两个维度，考察支付清算体系运行与金融
系统稳定之间的关系，并对相关影响因素进行分析。

一　支付清算指标与宏观经济稳定

基于支付清算指标与经济增长及总体价格水平之间的协整关系，我们可
以较为粗略地对当前和未来的宏观经济运行情况进行监测，如果实际的宏观
经济指标在数值上大幅偏离基于支付清算体系运行情况得到的合理估测值，
那么就存在经济紧缩或过热的风险。与此同时，我们还可以基于支付清算指

---

　*　程炼，经济学博士，研究员，中国社会科学院金融研究所《金融评论》编辑部主任、支付清
　　算研究中心副主任，主要研究领域为国际金融、金融地理与金融监管、支付清算等。

标的当期值对未来的宏观经济状态进行预测，以预判可能出现的风险。按照这一思路，我们首先基于第四章的分析获得宏观经济指标与支付清算指标之间的协整关系，再由当前支付清算数据生成 GDP 季度同比增长率等宏观经济指标的拟合值，然后将拟合值与实际值进行对比，通过对基于支付清算数据拟合的宏观经济指标的残差分析，对特定时期宏观经济运行的健康状况进行判断。

我们采用以下两个拟合公式：

$$g_{NGDP} = 0.7969922 \times \text{L.} \, g_{NGDP} + 0.0606178 \times \text{L.} \, g_{CARDSYS} + 0.07424 \times \text{L.} \, g_{DCACCT}$$
$$- 1.205729 \qquad (6-1)$$

$$g_{RGDP} = 0.4575656 \times \text{L.} \, g_{RGDP} + 0.0339166 \times \text{L.} \, g_{CARDSYS} + 0.0215528 \times \text{L.} \, g_{DCACCT}$$
$$- 0.9626697 \times \text{L.} \, DUM + 3.041048 \qquad (6-2)$$

其中，g_{NGDP}、g_{RGDP}、$g_{CARDSYS}$、g_{DCACCT}、DUM 分别表示名义 GDP、实际 GDP、银行卡跨行支付系统业务、单位银行结算账户季度增量的季度同比增长率和年度虚拟变量（2014 年之后各季度为 1，否则为 0），L. 为滞后算子。

将自 2008 年以来相关支付清算指标数据代入式（6-1），得到名义 GDP 季度同比增长率的拟合残差（见图 6-1）。残差的值越大，表明名义 GDP 季度同比增长率的拟合值与实际值差异越大，因此存在金融活动超出实体经济运行的需求并产生泡沫的风险，或者是实体经济运行超出了支付系统的支持能力，可能面临掉头下行的风险。从图 6-1 可以看出，2020 年出现了两个显著的异常值，分别是第一季度的 13.82% 和第二季度的 - 8.37%。这两个异常值的波动幅度大大超出了自 2008 年以来的所有数值，反映了此次新冠肺炎疫情对实体经济造成的冲击，其中 2020 年第一季度的残差值说明经济产出规模大大低于与支付活动相应的正常规模，第二季度的残差值则主要是拟合公式中滞后项惯性的体现。

类似地，将数据代入式（6-2），得到实际 GDP 季度同比增长率的拟合残差（见图 6-2）。从图 6-2 可以看出，2020 年第一季度和第二季度同样出现了两个反向的异常值，其中第一季度的残差值与名义 GDP 季度同比增

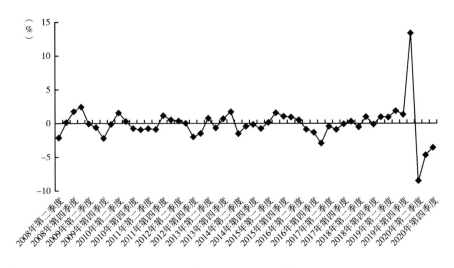

图 6－1　2008 年第二季度至 2020 年第四季度名义
GDP 季度同比增长率拟合残差

长率相仿，这体现了疫情冲击的实体经济性质。值得注意的是，与名义 GDP 季度同比增长率拟合残差的动态不同，实际 GDP 季度同比增长率在 2020 年第二至第四季度呈现交错波动态势，它反映了实体经济增长率在疫情期间的不稳定性。

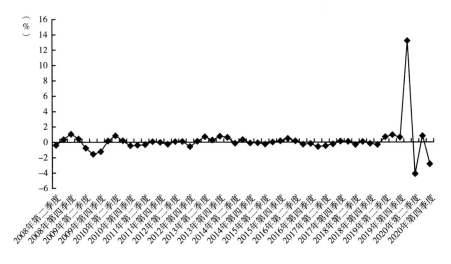

图 6－2　2008 年第二季度至 2020 年第四季度实际
GDP 季度同比增长率拟合残差

二 银行间资金流动与金融系统稳定性

与宏观经济风险的时间维度相对应，因金融系统结构而产生的金融脆弱性则是系统性风险的空间维度。各类银行之间的资金流动模式在相当程度上反映了它们之间的业务关系和可能的风险传染渠道，因此也是分析金融系统稳定性的一个重要侧面。本部分将根据不同类型银行业金融机构在大额实时支付系统内的资金流动情况，对相关金融活动的特征和金融稳定的含义进行分析。

2019年，国有商业银行、股份制商业银行和城市商业银行在大额实时支付系统业务总量中的份额都较2018年有所上升。其中，国有商业银行由25%上升至27%，股份制商业银行和城市商业银行则分别由22%上升至23%、13%上升至14%。相应地，其他银行的份额显著下降，由41%下降至36%（见图6-3）。

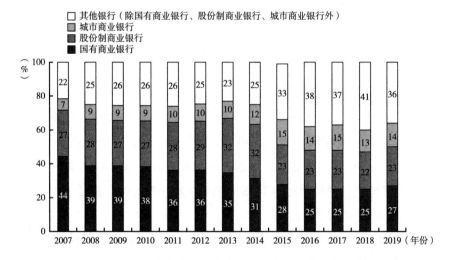

图6-3 2007~2019年各类银行在大额实时支付系统业务总量中的份额

从各类银行在大额实时支付系统中的平均交易规模来看，2019年，其他银行从上年的5683万元/笔提高至7072万元/笔，继续保持在各类银行中的最高水平。政策性银行从上年的4357万元/笔上升至5701万元/笔，居第二位。2019年平均交易规模较低的是农村信用社和国有商业银行，分别为

180 万元/笔和 226 万元/笔。2019 年股份制商业银行、外资银行、城市商业银行、农村商业银行的平均交易规模都有所上升，这很可能与新冠肺炎疫情下人们降低支付交易频率有关（见图 6 - 4）。

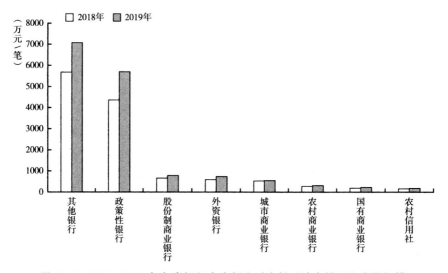

图 6 - 4　2018 ~ 2019 年各类银行在大额实时支付系统中的平均交易规模

在资金流向方面，2019 年银行间资金流转份额为 78%，较 2018 年的 84% 下降了 6 个百分点。2019 年，在同类银行业机构内部资金流转总量中，国有商业银行的份额由 2018 年的 40% 下降至 36%，股份制商业银行的份额由 2018 年的 34% 下降至 25%，城市商业银行的份额由 2018 年的 13% 上升至 14%，其他银行的份额则由 2018 年的 8% 上升至 22%，延续了 2015 年以来的上升势头（见图 6 - 5）。

在各类银行之间资金流动份额方面，2019 年的格局也有较大变化。2019 年，国有商业银行相关资金流动份额从 2018 年的 41% 上升至 50%，其中增幅较为明显的是与股份制商业银行和其他银行的资金往来，其份额分别由 2018 年的 11% 和 14% 上升至 16% 和 19%。相应地，股份制商业银行相关资金流动份额也从 2018 年的 37% 上升至 45%。城市商业银行和其他银行相关资金流动份额分别由 2018 年的 23% 和 40% 上升至 31% 和 52%。在上述各类银行之外的剩余部分机构参与的资金流动份额则大幅下降，由 2018

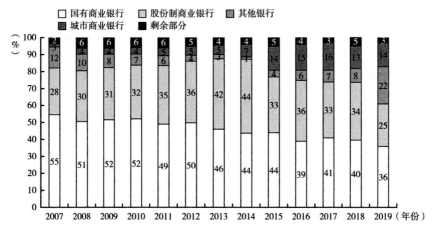

图 6 – 5　2007~2019 年同类银行业机构内部资金流转份额

年的 48% 变为 27%，其中剩余部分机构相互之间的资金流动份额也由 2018 年的 9% 滑落至 1%（见图 6 – 6）。

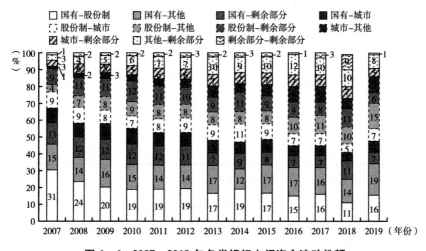

图 6 – 6　2007~2019 年各类银行之间资金流动份额

　　表 6 – 1 更为具体地显示了 2019 年大额实时支付系统内各类银行之间资金流动占比状况。从表 6 – 1 可以看出，对于大部分银行而言，国有商业银行、股份制商业银行和城市商业银行是主要的资金流动对象，不同类型银行之间资金流动的重要性也常常超过同类银行内部的资金往来。

表 6-1　2019 年大额实时支付系统内各类银行之间资金流动占比

单位：%

类型	政策性银行	国有商业银行	股份制商业银行	城市商业银行	农村商业银行	农村合作银行	农村信用社	村镇银行	外资银行	其他银行
政策性银行	0	19	20	28	6	0	0	0	2	25
国有商业银行	2	30	23	10	3	0	2	0	2	27
股份制商业银行	3	26	24	13	3	0	3	0	1	26
城市商业银行	6	17	20	23	5	0	1	0	1	27
农村商业银行	4	19	17	18	6	0	1	0	1	34
农村合作银行	1	42	18	11	1	0	1	1	0	24
农村信用社	0	26	36	6	4	0	1	0	0	27
村镇银行	1	37	19	11	9	0	5	4	0	13
外资银行	4	31	17	8	1	0	0	0	19	19
其他银行	3	30	23	14	5	0	3	0	1	20

注：表中数据为交易金额占各银行总交易金额的比例。

　　汇总 2019 年各类银行在其资金来源机构资金流出规模中的占比（见表 6-2），可以得到其在机构间资金流动上的地位指数（见图 6-7）。比较 2018 年和 2019 年的结果，可以看到最为明显的变化就是外资银行从 2018 年的显著地位重新回到原来比较靠后的位置。村镇银行、政策性银行的地位也有显著下降，而国有商业银行、其他银行、股份制商业银行、城市商业银行、农村商业银行、农村合作银行、农村信用社的地位均有所上升。

表6-2　2019年各类银行在其资金来源机构资金流出规模中的占比

单位：%

类型	政策性银行	国有商业银行	股份制商业银行	城市商业银行	农村商业银行	农村合作银行	农村信用社	村镇银行	外资银行	其他银行
政策性银行	0	19	20	28	6	0	0	0	2	25
国有商业银行	3	0	33	14	4	0	3	0	3	39
股份制商业银行	4	34	0	17	4	0	4	0	2	35
城市商业银行	8	23	26	0	7	0	1	0	1	34
农村商业银行	4	21	18	19	0	0	1	0	1	36
农村合作银行	1	42	18	11	1	0	1	1	0	24
农村信用社	0	26	36	6	4	0	0	0	0	27
村镇银行	1	38	20	12	9	0	5	0	0	14
外资银行	5	39	21	9	2	0	0	0	0	24
其他银行	4	37	29	18	6	0	4	0	2	0

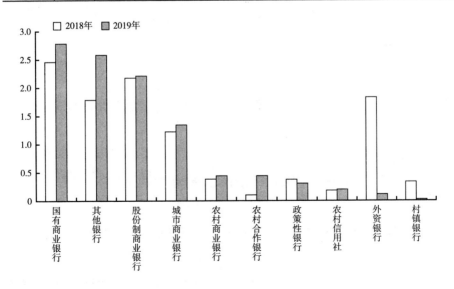

图6-7　2018～2019年各类银行在机构间资金流动上的地位指数

第七章
支付清算体系运行与货币政策

费兆奇　谷丹阳*

摘　要：　为了应对新冠肺炎疫情的冲击，全球主要经济体纷纷祭出超级宽松的货币政策和无边界扩张的财政政策，中国成为拥有正常货币政策空间的少数国家之一。中国货币政策操作的特点包括加大公开市场操作力度，平抑市场短期波动；加强结构性货币政策工具应用，支持实体经济的薄弱环节；通过资产端操作投放基础货币并引导相关利率水平；持续完善宏观审慎政策框架。在逆周期调控背景下，国内货币供应量和社会融资规模保持较快的增长态势。支付清算系统在近年来的发展对央行基础货币投放效率、货币乘数和货币流通速度产生了显著的影响，进而作用于货币供应量。

关键词：　支付清算　货币政策　货币流通速度　现金漏损率

一　2020年货币政策实施概况

从全球货币政策操作的总体情况看，为应对新冠肺炎疫情的冲击，全球

---

* 费兆奇，经济学博士，中国社会科学院金融研究所货币理论与货币政策研究室主任、研究员，国家金融与发展实验室高级研究员，主要研究领域为货币政策、宏观金融等；谷丹阳，中国社会科学院大学硕士研究生，主要研究领域为货币政策。

主要经济体纷纷祭出超级宽松的货币政策，如美联储加入零利率阵营并推出无限量资产购买计划，欧洲央行和日本央行在维持负利率的同时纷纷扩大资产购买规模。各央行的资产规模经历了史无前例的"飙升"：在2020年一年的时间里，美联储资产规模提升75.88%至7.41万亿美元，欧洲央行资产规模提升49.50%至7.01万亿欧元，日本央行资产规模提升22.60%至702.58万亿日元。超级宽松的货币政策助推全球经济在2020年下半年实现了弱复苏，但付出的代价是全球金融体系的脆弱性进一步加剧，全球债务水平快速攀升，并引发全球经济复苏后的通胀问题。

从中国的情况看，得益于中国对疫情的有效控制和逆周期调控政策的有效对冲，中国成为2020年全球主要经济体中唯一实现正增长的国家。此外，在主要经济体均处于超低利率的国际背景下，中国是拥有正常货币政策空间的少数国家之一。

（一）货币政策实施概况

中国人民银行在逆周期调控过程中，其货币政策操作主要呈现以下特点。

第一，加大公开市场操作力度，平抑市场短期波动。一是中国人民银行在公开市场操作中，以7天期逆回购操作为主，同时针对不同时点启动14天期逆回购操作，满足市场流动性需求。逆回购基本呈现常态化的操作模式，其中7天期逆回购操作规模合计13.5万亿元，占全年逆回购操作规模的78.5%。二是完善预期管理。中国人民银行在《公开市场业务交易公告》中，通过提前公布操作计划等多种方式进一步加强市场沟通，提高货币政策透明度，完善预期管理，稳定市场预期。三是引导货币市场利率下行。2020年，7天期、14天期逆回购操作利率分别由2.50%、2.65%降至2.20%、2.35%。从货币市场利率看，银行间质押式7天期回购利率（R007）和存款类机构7天期回购利率（DR007）虽然在2020年呈现先降后升的态势，但在年末仍低于2019年同期水平，R007和DR007在2020年的平均水平分别为2.23%和2.02%，比2019年的平均水平低0.44个和0.51个百分点。

四是持续开展央行票据互换工具（CBS）操作。为提升银行永续债市场的流动性，中国人民银行在2019年创设并开展了7次累计320亿元的CBS操作；进入2020年，中国人民银行增大了CBS的操作频率，以每月1次的频率稳定开展CBS操作，累计操作了610亿元。在银行不良贷款率逐步抬升的背景下，CBS操作对支持银行特别是中小银行发行永续债补充资本发挥了积极的作用。

第二，加强结构性货币政策工具应用，支持实体经济的薄弱环节。一是再贷款操作。中国人民银行在2020年2月安排了3000亿元专项再贷款和5000亿元再贷款、再贴现额度，并在9月安排了1万亿元普惠性再贷款、再贴现额度。全年累计1.8万亿元的再贷款操作，用于专项支持保供给、复工复产和中小微企业等实体经济发展。二是定向降准。2020年，中国人民银行累计开展了3次降低法定存款准备金率的操作，其中2次为定向降准。包括3月实施的普惠金融定向降准，对2019年度在普惠金融领域达标的银行给予0.5个或1.5个百分点的存款准备金率优惠；4月和5月分两次实施的下调农村商业银行、农村合作银行、农村信用社、村镇银行和仅在本省区域内经营的城市商业银行存款准备金率1个百分点。三是开展定向中期借贷便利（TMLF）操作。中国人民银行分别于2020年第一季度和第二季度开展了两次期限均为1年、累计近2966亿元的TMLF操作，旨在扩大对小微、民营企业的信贷投放，为其提供优惠且长期稳定的资金来源。

第三，通过资产端操作投放基础货币并引导相关利率水平。中国人民银行在2020年累计开展中期借贷便利（MLF）操作5.15万亿元，期限均为1年，比2019年多1.46亿元。在价格方面，MLF分别于2月和4月连续两次下调中标利率至2.95%；作为中期政策利率，MLF下调引导贷款市场报价利率（LPR）的1年期和5年期利率分别下行至年末的3.85%和4.65%。此外，2020年中国人民银行累计开展常备借贷便利（SLF）操作1862亿元；作为引导利率走廊上限的政策利率，SLF的隔夜、7天和1个月利率分别下调至3.05%、3.20%和3.55%，有效促进了货币市场的平稳运行。

第四，持续完善宏观审慎政策框架。2020年，中国人民银行根据形势变化和调控需要持续完善宏观审慎政策框架，防控金融风险，确保整个金融体系平稳运行。一是建立逆周期资本缓冲机制，促进银行业金融机构稳健运行；二是初步构建金融控股公司监管制度框架，防范风险跨机构、跨行业、跨市场传染；三是建立银行业金融机构房地产贷款集中度管理制度，促进房地产金融的平稳发展；四是调整跨境融资宏观审慎调节参数，旨在完善全口径跨境融资宏观审慎管理，引导金融机构市场化调节外汇资产负债结构；五是适时调整外汇风险准备金率，中国人民银行在 2020 年 10 月将远期售汇业务的外汇风险准备金率从 20% 下调至 0。

（二）货币供给和社会融资规模概况

2020 年，为了应对新冠肺炎疫情的冲击，中央政府陆续出台了各种逆周期调整政策。在此背景下，货币供应量和社会融资规模呈现快速增长的态势。

第一，货币供应量保持快速增长。狭义货币供应量（M1）增速在 2020 年 1~11 月呈现步步攀升的特征，主因是随着经济增长的恢复，企业持有活期存款的意愿上升，进而带动 M1 同比改善；但在 12 月 M1 增速下行 1.4 个百分点至 8.6%，主因是企业活期存款显著减少，同时 M1 基期数据跳跃也是一个不可忽视的原因。广义货币供应量（M2）增速呈现先升后降的特征，但在 2020 年末仍处于近年来的高位（见图 7-1）。M2 的快速增长体现了金融对疫情防控和国民经济恢复发展的支持力度持续加大。致使 M2 增速下半年小幅回落的原因在于，当前财政存款余额处于较高水平，2020 年下半年在大量发行利率债的同时，财政支出却没有同等规模的增加，财政开支不及预期。同时，非金融企业新增存款较低（同比少增 5000 余亿元），这一现象与 12 月表外融资大幅收缩导致企业流动性较为紧张、信用扩张骤冷等因素相关。

第二，社会融资规模适度增长。2020 年社会融资规模累计新增 34.86 万亿元（见表 7-1），其中新增人民币贷款 19.63 万亿元。这与全年的监管目标相比，社会融资规模显著超出 30 万亿元的目标，而信贷符合目标。主要原因是在新冠肺炎疫情和经济周期性下行的双重冲击之下，扩张性的财政政

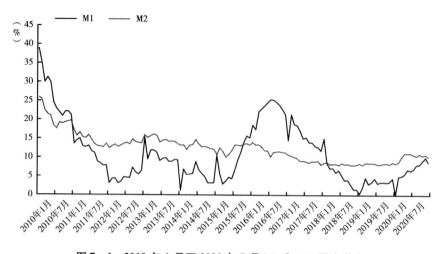

图 7 - 1　2010 年 1 月至 2020 年 7 月 M1 和 M2 同比增速

资料来源：Wind 资讯。

策主要通过增加地方专项债和特别国债等方式，带动了社会融资规模的超目标增长。

表 7 - 1　社会融资规模增量累计值

单位：亿元

指标	2019 年 12 月	2020 年 3 月	2020 年 6 月	2020 年 9 月	2020 年 12 月
社会融资规模增量累计值	255753	110767	208328	296200	348600
其中：人民币贷款	168835	72501	123287	166881	200300
外币贷款	- 1275	1910	3482	3052	1450
委托贷款	- 9396	- 970	- 2306	- 3190	- 3954
信托贷款	- 3467	- 130	- 1295	- 4137	- 11000
未贴现银行承兑汇票	- 4757	260	3862	5676	1746
企业债券融资	32416	17657	33274	40966	44500
非金融企业境内股票融资	3479	1255	2461	6099	8923
政府债券	47204	15781	37950	67313	83400

资料来源：Wind 资讯。

从 2020 年 12 月的数据看，社会融资规模新增 1.72 万亿元，环比和同比均有所减少。其中，政府债券新增 7156 亿元，同比多增 3418 亿元，是社会融资规模最大的拉动项；股权融资新增 1125 亿元，同比多增 693 亿元，表现继续亮眼；信贷需求依然稳健，同比多增 679 亿元。拖累项之一是表外融资，特别是信托贷款，压降较大，减少 4601 亿元，与房地产融资受限相关。此外，未贴现银行承兑汇票减少 2216 亿元。拖累项之二是企业债，企业债新增 442 亿元，同比少增 2183 亿元。原因有二：一是企业债发行利率在近期有所上升；二是若干信用违约事件冲击市场信心，导致部分信用债取消了发行。

综合全年情况看，受疫情影响，"资管新规"在 2020 年的非标压降进程一度放缓。随着国内经济逐步回归正轨，叠加 2021 年是"资管新规"整改的最后一年，预计 2021 年非标压降速度将继续加快，从而给社会融资规模带来下行压力。

二　支付系统对货币政策的影响

（一）支付系统的发展现状

支付系统是我国经济金融领域重要的基础设施，其安全和效率是金融体系稳健运行的重要保障。近年来，为适应社会经济的高速发展和金融体制改革的不断深入，我国支付系统所覆盖的范围不断扩展，功能和效率日益精进，呈现生机勃勃的发展态势。目前，我国已建成以中国人民银行大、小额支付清算系统为主体，特许清算机构支付清算系统、银行业金融机构业务系统、非银行业金融机构业务系统为重要组成部分的支付清算服务体系，并与金融市场交易系统共同构成了现代化的支付与市场基础设施体系。2020 年支付系统处理的业务笔数和金额及其同比增长情况见表 7 - 2。

表 7 - 2　2020 年支付系统处理的业务笔数和金额及其同比增长情况

分类	笔数（亿笔）	同比增长（%）	金额（万亿元）	同比增长（%）
大额实时支付系统	5.12	-53.17	5647.73	14.08
小额批量支付系统	34.58	31.63	146.87	142.46

续表

分类	笔数（亿笔）	同比增长（%）	金额（万亿元）	同比增长（%）
网上支付跨行清算系统	156.24	11.52	203.49	83.71
同城清算系统	0.70	-75.11	8.54	-89.58
境内外币支付系统	0.026645	20.98	10.27	21.57
银行行内支付系统	169.19	2.73	1588.32	30.33
银行卡跨行支付系统	1505.60	11.38	192.18	10.70
城市商业银行汇票处理系统和支付清算系统	0.07559	58.40	1.10	50.31
农信银支付清算系统	17.38	33.45	2.64	-9.71
人民币跨境支付系统	0.022049	17.02	45.27	33.44
网联清算平台	5431.68	36.63	348.86	34.26

资料来源：中国人民银行。

（二）支付系统对货币政策的影响机理

一定时期内的货币流通量等于货币当局投放的基础货币总量与货币流通速度的乘积。支付系统的发展会对中国人民银行基础货币的投放效率、货币乘数和货币流通速度产生作用，进而影响具有支付功能的狭义货币供应量（M1）。

1.对基础货币投放效率的影响

中国人民银行通过公开市场操作进行货币投放时，除了需要一定的经济金融条件外，还需要一定的技术条件，即支付系统和交易系统等金融基础设施对公开市场操作的支持。我国大额实时支付系统建成以后，通过与中央债券簿记系统直接连接，解决了债券过户和资金清算不同步的问题，实现了公开市场操作业务的即时转账，从而大大加快了中国人民银行和交易对手方进行资金清算的速度，提升了公开市场运转效率。一方面，这种做法使中国人民银行便于对交易进行监督管理，有利于防范资金清算风险，从而加快了人民币资金清算和债券交易速度；另一方面，中国人民银行大大缩短了公开市场操作的完成时间，对货币供给的调节更加迅速。

2.对货币乘数的影响

首先，对超额准备金率的影响。支付系统的发展缩短了资金汇划的在途时间，资金清算效率大大提高，大额实时支付系统的建成使得每一工作日发生的支付在当天即可完成清算和结算。支付过程中产生在途资金的可能性大大降低，使得商业银行能够预测出日终在中国人民银行的存款余额，从而减少了为预防支出不确定性所留有的超额准备金。此外，支付系统的发展使得商业银行可以通过多种方式应对流动性不足的风险，如提供日间透支限额、自动质押融资机制等，这些途径的存在也减少了商业银行为应对突发性支出而持有的超额准备金。

其次，对现金漏损率的影响。现金漏损率用以衡量现金流出与银行存款总额的比率，狭义的现金漏损率可以表示为 M0（流通中的现金）与 M1 之比。支付系统运行效率的提高会从多个方面对居民和企业部门的现金持有量产生影响：一方面，现金和其他金融资产之间转换成本的减少，降低了现金的交易需求；另一方面，现金收支入账及时性和确定性的提高，降低了现金的预防需求。此外，支付系统的发展还会降低商业银行的超额准备金率，使货币乘数升高，进而导致社会活期存款余额增加。因此，支付系统的发展一方面使企业的活期存款余额增加，另一方面使企业和个人对现金的需求量减少，使现金漏损率降低。

3. 对货币流通速度的影响

首先，支付系统的发展减少了在途资金数额，使人们可以方便地应对一些未曾预料的紧急支付，降低了因预防动机而持有的货币量。其次，从资产组合的角度来看，支付清算体系的进步使现金能够以成本更低的方式便捷地转换为收益率更高的金融资产，因此人们倾向于降低因投机动机而持有的货币量。最后，第三方支付的发展又使得人们因交易动机而持有的货币量减少。总之，支付系统的进步使人们对现金的需求量减少，加快了货币的流通速度。

（三）实证研究

本章通过构造 VAR 模型来分析支付清算交易规模与货币流通速度、现金漏损率之间的关系，以此考察支付清算体系的发展与货币政策之间的联系。

1. 数据的选取与处理

本章选用中国人民银行每季度公布的支付清算数据、M0、M1 和国家统计局公布的 GDP 数据作为分析样本，时间跨度为 2008 年第一季度至 2020 年第四季度，数据的具体情况如下。

（1）支付清算规模。支付清算数据来源于中国人民银行每季度公布的支付体系运行总体情况，从支付类型来看，包括人民币银行结算账户、票据、银行卡及其他结算业务，其中其他结算业务包含贷记转账、直接借记、托收承付以及国内信用证业务。为方便描述，将支付清算交易规模计为 ZF。

（2）货币流通速度。根据费雪方程式 $MV = PY$ 的变形 $MV = GDP$，计算出我国在 2008 年第一季度至 2020 年第四季度期间 M0、M1 的流通速度，分别记为 $SD0$、$SD1$。

（3）现金漏损率。根据现金漏损率的实际意义，采用中国人民银行公布的 M0、M1 数据计算狭义现金漏损率 $M0/M1$。

为消除异方差的影响，分别对 ZF、$M0$、$M1$ 做对数处理，获得平滑数据。另外，采用 X11 方法对数据进行季度调节以减弱季度因素带来的影响。由于本章所采用的数据均为时间序列，为避免伪回归问题，需要在实证分析之前用 ADF 法对变量进行平稳性检验。从表 7 – 3 可以看出，所有原序列在 5% 的显著性水平下均是不平稳的，因此需要对所有的时间序列进行一阶差分处理。经过一阶差分后，4 个时间序列在 5% 的显著性水平下均可以拒绝存在单位根的原假设，即认为原序列是平稳的，可以用于构建 VAR 模型。

表 7 – 3　时间序列的稳定性检验

变量名称	t 统计量	P 统计量	1% 临界值	5% 临界值	10% 临界值	平稳性
$\log ZF$	– 0.544	0.873	– 3.565	– 2.919	2.597	不平稳
$d\log ZF$	– 6.352	0	– 3.571	– 2.922	– 2.599	平稳
$SD0$	– 3.551	0.114	– 3.601	2.935	– 2.606	不平稳
$dSD0$	– 2.088	0.037	– 2.622	– 1.949	– 1.611	平稳
$SD1$	– 0.501	0.493	– 2.615	– 1.947	– 1.612	不平稳
$dSD1$	– 4.495	0	– 2.618	– 1.948	– 1.612	平稳

变量名称	t 统计量	P 统计量	1%临界值	5%临界值	10%临界值	平稳性
LS	−0.492	0.883	−3.592	−2.931	−2.603	不平稳
dLS	−4.197	0	−4.186	−3.518	−3.189	平稳

2. 模型的滞后阶数与稳定性检验

在保证序列平稳后，本章拟构建 VAR 模型来检验支付清算规模与现金漏损率和货币流通速度之间的关系。在构建 VAR 模型之前，要根据信息准则，确定模型的滞后阶数并对模型的稳定性进行检验。

表 7-4 是在不同的信息准则下 VAR 模型的选择结果。根据 SC 原则，模型应当滞后一阶，根据 LR、FPE、AIC 及 HQ 准则，应当选择滞后两阶。由于滞后两阶并不会造成较大的数据缺失，且经过检验，滞后两阶时扰动项可以确定为白噪声，因此本章的 VAR 模型滞后阶数为两阶。由图 7-2 可以看出，本章所建立的 VAR 模型的特征值均落在单位圆之内，说明建立的模型是稳定的，可以继续进行下一步的分析。

表 7-4　VAR 模型的滞后阶数估计

滞后阶数	logL	LR	FPE	AIC	SC	HQ
0	300.672	—	5.03E−11	−12.361	−12.205	−12.302
1	471.809	306.618	7.86E−14	−18.825	−18.001 *	−18.53
2	563.659	58.021 *	1.43E−14 *	−20.652 *	−17.122	−19.650 *
3	518.735	55.591	4.45E−14	−19.447	−17.42	−18.681
4	480.615	14.311	1.08E−13	−18.526	−18.046	−17.995

注：标"＊"的为最优滞后阶数。

3. 支付清算规模与货币流通速度

图 7-3、图 7-4 分别为 M0、M1 的流通速度对支付清算规模的脉冲响应。可以看出，当给予支付清算规模一个正向冲击时，货币流通速度一开始会有轻微的负向反馈，随后响应迅速转为正向并在第 2 期达到峰值。在第 4 期，响应再次转为负向，并在第 5 期恢复正向，此后响应一直在零值以上并逐渐趋于平缓，整个响应期持续 10 期左右。脉冲响应分析的结果表明，支付清

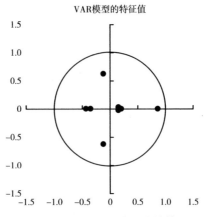

图 7 - 2　VAR 模型的稳定性检验

算体系的发展确实可以提高货币的流通速度，但效果有限，且持续期不长。从响应程度来看，M1 的流通速度对支付清算规模的变化更为敏感，这可能是因为 M1 包含的统计口径更多，更易受到支付清算系统发展带来的影响。

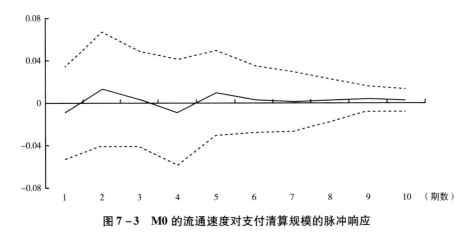

图 7 - 3　M0 的流通速度对支付清算规模的脉冲响应

4. 支付清算规模与现金漏损率

图 7 - 5 描述了现金漏损率对支付清算规模的脉冲响应。可以看出，当给予支付清算规模一个正向冲击时，现金漏损率一开始便会迅速产生一个负向反馈，并在第 2 期达到峰值，在第 3 期和第 4 期响应逐渐转正，随后在第 5 期转为负向，此后一直在零值以下波动，并逐渐趋于平缓。

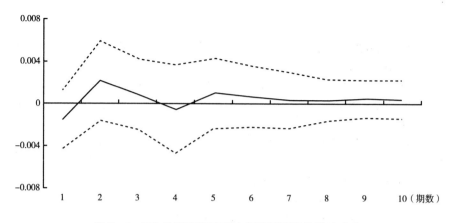

图 7 - 4　M1 的流通速度对支付清算规模的脉冲响应

脉冲响应分析结果表明，支付清算规模的扩大确实可以降低现金漏损率，且效果比较明显，但持续期并不长。这说明支付清算体系的发展确实可以有效降低现金漏损率，从而提高货币乘数，使货币当局对货币供应量的把控程度提高。

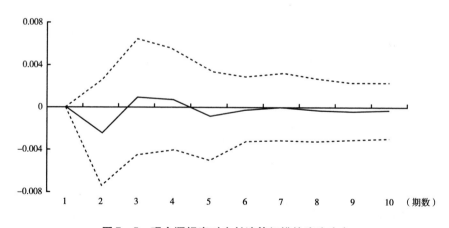

图 7 - 5　现金漏损率对支付清算规模的脉冲响应

113

参考文献

卜又春：《我国支付与市场基础设施风险管理现状、挑战与政策建议》，《金融理论与实践》2019 年第 6 期。

侯鸿璠：《支付清算系统的国际比较与启示》，《金融纵横》2020 年第 3 期。

李楠、黄旭、谢尔曼：《支付体系变革对中国货币体系的影响》，《金融论坛》2014 年第 11 期。

刘凯：《浅议支付系统在货币政策传导过程中的作用及存在的问题》，《金融经济》2010 年第 8 期。

欧阳卫民：《我国支付清算系统的特点和发展趋势》，《财经科学》2009 年第2 期。

彭媛：《我国第三方支付现状及发展对策分析》，《科技广场》2007 年第 6 期。

盛松成、方轶强：《银行间支付清算系统发展对货币供给量目标的影响》，《金融电子化》2010 年第 9 期。

王东波：《支付脱媒冲击货币政策调控研究》，《金融经济》2015 年第 5 期。

专题报告｜支付清算体系热点考察、比较分析及理论探讨

Special Topics：Hot Review，Comparative Analysis and

Theoretical Discussion of Payment and Settlement Systems

第八章
银行卡市场的发展与展望

张梦驰　邓　珺　余海春*

摘　要： 本章梳理了 2020 年银行卡产业的重要政策和规定，分析了影响银行卡市场发展的经济、社会、技术和投融资环境，以及银行卡业务的规模变化。2020 年，在发卡侧，商业银行与产业各方加强合作；在受理侧，农村、医疗、政务等受理场景持续完善，小微商户的银行卡受理渗透率进一步提高，境外受理市场持续扩大。2021 年，预计国内新冠肺炎疫情总体风险可控，支付业务将逐步回暖，国内支付清算市场在有序开放下，产业生态将进一步丰富；监管机构将延续严监管态势，加大支付统筹监管及风险防范力度，支付机构将在经营压力下寻求多元化业务转型；我国金融科技实力不断增强，将推动支付产业数字化升级。

关键词： 银行卡市场　数字化发卡　便民支付场景　金融科技

一　2020年银行卡市场发展环境

为持续引导国内银行卡市场规范发展，2020 年国家相关监管部门结合

---

* 张梦驰，中国银联战略与投资部职员；邓珺，中国银联战略与投资部主管；余海春，中国银联战略与投资部助理总经理。

产业现状进一步完善监管制度，加强对支付产品及业务的管理，抑制垄断行为，促进市场参与机构有序竞争。同时，国内经济进入高质量发展阶段，社会运行稳定，支付相关技术商用进程加快，为银行卡市场的发展提供了良好环境。

（一）政策环境

在"六稳""六保"的指导思想下，2020年中国人民银行、银保监会、国家发改委等监管机构陆续出台一系列规范性文件，涉及推动市场开放、规范市场发展、引导市场创新等多个方面。

1. 推动市场开放

在推动市场开放方面，监管部门持续在清算机构准入、受理市场、跨境支付等方面推进支付业务对外开放。

清算机构准入方面，连通公司和万事网联加快在中国开展清算业务进程。2020年2月，中国人民银行审查通过万事网联银行卡清算机构筹备申请。2020年6月，中国人民银行会同银保监会审查通过连通（杭州）技术服务有限公司提交的银行卡清算机构开业申请，并向其核发银行卡清算业务许可证，连通公司正式在中国开办银行卡清算业务。

受理市场方面，监管机构鼓励支付机构为境外人士和港澳居民提供支付便利。2020年3月，国家发改委等二十三部门发布《关于促进消费扩容提质加快形成强大国内市场的实施意见》，鼓励境内支付服务机构在依法合规前提下与境外发卡机构合作，为境外游客提供移动支付业务。2020年5月，中国人民银行等四部门发布《关于金融支持粤港澳大湾区建设的意见》，支持港澳居民在内地使用移动电子支付工具进行人民币支付。

跨境支付方面，监管机构进一步优化跨境结算流程，促进相关机构入股跨境银行间支付清算有限公司，以加快人民币国际化进程。国家外汇管理局分别于2020年4月和5月发布《关于优化外汇管理支持涉外业务发展的通知》《关于支持贸易新业态发展的通知》，优化商业银行、支付机构为跨境电子商务市场主体提供结售汇及相关资金收付服务的流程。2021年1月，中国人民银行等六部门印发《关于进一步优化跨境人民币政策支持稳外贸稳外资的通知》，推动更高水平贸易投资人民币结算便利化，进一步简化跨境人民币结算流程、优化跨境人民币投融资管理、便利个人经常项下人民币跨境收付和境外机构人民币银行结算账户使用等。运营人民币跨境支付系统（CIPS）的跨境银行间支付清算有限公司新增中国银联、中国支付清算协会、花旗金融信息服务（中国）有限公司、法国巴黎银行等35家中外机构股东，推动了基于人民币的跨境支付业务发展。

2. 规范市场发展

在规范市场发展方面，监管机构重点规范数据信息的获取和使用，基础设施运行，金融控股公司准入条件和程序，商业银行经营银行卡业务、互联网贷款、销售理财产品，第三方支付机构业务，互联网公司从事金融业务，收单外包服务机构备案管理等内容，持续加强反洗钱监管。

规范数据信息的获取和使用方面，2020年，国家密集出台了多项数据安全及个人信息保护方面的法规及标准，全国人大分别于7月和10月就《数据安全法（草案）》《个人信息保护法（草案）》公开征求意见，以规范数据的获取、分级和使用；5月，中国人民银行成立国家级金融基础数据中心，并与国家市场监督管理总局签署《数据共享合作备忘录》；9月，中国人民银行正式发布《金融数据安全　数据安全分级指南》（JR/T 0197—2020），适用于金融机构开展电子数据安全分级工作，相关法规及标准将成为促进支付产业数字经济健康发展的重要基础。针对刷脸支付信息，中国支付清算协会于2020年1月发布《人脸识别线下支付行业自律公约（试行）》，明确信息采集要坚持"用户授权、最小够用"原则，收单机构、商户不能归集和截留个人信息。针对征信信息，中国人民银行征信中心于2020年7月与百行征信有限公司达成战略合作协议，12月受理朴道征信有限公司个人征信牌照申请，推动构建社会征信体系。2021年1月，中国人民银行就《征信业务管理办法（征求意见稿）》公开征求意见，以规范征信业务发展、保护信息主体合法权益。针对人民群众反映的App"强制索权、捆绑授权、过度索权、超范围收集"问题，《信息安全技术　个人信息安全规范》（GB/T35273—2020）和《常见类型移动互联网应用程序（App）必要个人信息范围（征求意见稿）》分别于 2020 年 10 月实施和 2020 年 12 月发布，以贯彻落实《中华人民共和国网络安全法》规定的个人信息收集、使用的"合法、正当、必要"基本原则。

规范基础设施运行方面，监管机构对支付清算系统的独立运行、稳定安全等提出了更全面、更系统的监管标准。2020 年 1 月，中国人民银行工作会议明确提出要探索建立支付行业统筹监管、落实属地监管职责机制，同月下发通知，明确银联、网联、清算总中心、CIPS、农信银、城银清算的业务定位和范围，对部分存在交叉的业务布局进行调整，《中国人民银行办公厅关于加强清算机构支付业务管理有关事项的通知》（11 号文）进一步明确各机构清算业务范围。2020 年 3 月，中国人民银行等六部门联合印发《统筹监管金融基础设施工作方案》，将清算结算系统、重要支付系统等六类设施及其运营机构纳入金融基础设施统筹监管范围。2020 年 4 月，国家互联网信息办公室等十二部门发布《网络安全审查办法》，通过网络安全审查这一举措，及早发现并避免采购产品和服务给关键信息基础设施运行带来的风险，保障关键信息基础设施供应链安全，维护国家安全。

规范金融控股公司准入条件和程序方面，2020 年 9 月，国务院和中国人民银行分别发布《关于实施金融控股公司准入管理的决定》和《金融控股公司监督管理试行办法》，正式规范我国对金融控股公司的监督管理原则，细化金融控股公司准入条件和程序，增强监管可操作性，有利于防范化解金融风险。随着相关制度的落地，部分具有金融控股集团属性的互联网公司在监管指导和要求下，将依法设立金融控股公司，确保资本充足、关联交易合规，并按审慎监管要求严格整改违规信贷、保险、理财、征信等金融活动。

规范商业银行经营银行卡业务、互联网贷款、销售理财产品方面，2020 年 1 月，中国支付清算协会修订发布《银行卡发卡业务风险管理指引》，进一步规范商业银行信用卡业务经营行为和息费计收规则，保护持卡人合法权益；2021 年 1 月，中国人民银行发布《关于推进信用卡透支利率市场化改革的通知》，明确信用卡透支利率由发卡机构与持卡人自主协商确定，取消信用卡透支利率上限和下限管理，推进信用卡透支利率市场化改革。2020年7月，银保监会制定《商业银行互联网贷款管理暂行办法》，明确要求商业银行互联网贷款业务涉及合作机构的，授信审批、合同签订等核心风控环节应当由商业银行独立有效开展。2020年12月，银保监会制定《商业银行理财子公司理财产品销售管理暂行办法（征求意见稿）》，规范理财产品销售活动，现阶段仅允许银行理财子公司和吸收公众存款的银行业金融机构代售理财产品，未经金融监管部门许可，任何非金融机构和个人不得直接或变相代售理财产品，支付宝、京东金融、腾讯理财通等32家互联网平台相继下架银行存款产品。

规范第三方支付机构业务方面，中国人民银行先后发布《关于加强支付受理终端及相关业务管理的通知（征求意见稿）》《非银行支付机构重大事项报告管理办法（征求意见稿）》《关于规范代收业务的通知》等文件，细化相关支付业务，特别是非银行支付机构在业务执行中的合规要求。在备付金方面，中国人民银行于2020年1月开始将第三方支付机构的备付金以0.35%的年利率按季结息，并从利息中计提10%作为非银行支付行业保障基金，相关政策文件包括《非银行支付机构客户备付金存管办法》和《非银行支付机构行业保障基金管理办法（征求意见稿）》。前者经2020年4月公开征求意见后于2021年1月正式发布，以形成更为完善的备付金监管体系；后者于2020年10月发布，有助于防范和化解备付金风险。

规范互联网公司从事金融业务方面，国家市场监督管理总局于2020年11月发布《关于平台经济领域的反垄断指南（征求意见稿）》，预防和制止互联网平台经济领域垄断行为，降低行政执法和经营者合规成本。同月，银保监会和中国人民银行就《网络小额贷款业务管理暂行办法（征求意见稿）》公开征求意见，拟从地域限制、准入限制、平台合规性、额度严控等角度加强对网络小贷的监管，进一步规范网络借贷业务。

规范收单外包服务机构备案管理方面，中国支付清算协会分别于2020年8月和10月发布《收单外包服务机构备案管理办法（试行）》和《收单外包服务机构登记及风险信息共享办法》，并正式上线收单外包服务机构备案管理系统，从制度保障、技术支持及操作层面加大对收单外包服务机构违规行为的管控力度。

持续加强反洗钱监管方面，2020 年 12 月，中国人民银行发布《金融机构反洗钱和反恐怖融资监督管理办法（修订草案征求意见稿）》，监管对象范围不断扩展，包括银行卡组织、资金清算中心等机构，同时增加了非银行支付机构、从事网络小额贷款业务的小额贷款公司、消费金融公司、银行理财子公司等。

3. 引导市场创新

在引导市场创新方面，监管机构主要从推进数字人民币试点、移动支付和便民刷卡、条码支付和刷脸支付互联互通等方面促进支付市场创新发展，同时持续引导金融科技创新发展。

推进数字人民币试点方面，中国人民银行与华为、滴滴、京东数科、国网雄安金科等公司，银联商务、拉卡拉等第三方支付机构，以及农信银、城银清算等清算机构开展合作，相继在深圳和苏州试点 DC/EP（数字货币和电子支付计划），在上海、北京等地进行小范围测试，覆盖消费、缴纳党费、发放交通补贴等场景，与现有支付方式并行发展。2020 年 10 月，中国人民银行发布的《中华人民共和国中国人民银行法（修订草案征求意见稿）》规定，人民币包括实物形式和数字形式，将为发行数字货币提供法律依据。

移动支付和便民刷卡方面，2020 年 9 月，国务院办公厅印发《关于以新业态新模式引领新型消费加快发展的意见》，支持优化与新型消费相关的支付环境，鼓励各类型支付清算服务主体降低手续费用，降低商家、消费者支付成本，推动银行卡、移动支付在便民消费领域广泛应用。2020 年 12 月，国务院办公厅印发《关于切实解决老年人运用智能技术困难的实施方案》，聚焦出行、就医、消费、文娱、办事等 7 类高频场景，要求强化支付市场监管，加大对拒收现金、拒绝银行卡支付等歧视行为的整改整治力度，切实提升老年人日常金融服务的可得性和满意度。

条码支付和刷脸支付互联互通方面，2020 年 4 月，中国人民银行科技司司长发表署名文章《落实发展规划　推动金融科技惠民利企》，强调要稳妥开展条码支付、刷脸支付互联互通技术验证与应用试点，打通支付服务壁垒，最大限度地满足广大人民群众的支付服务需求。条码支付互联互通技术验证与应用试点稳妥推进，银联、网联在监管指导下已在多地有序开展试点。同时，支付关联信息的互联互通在 2020 年进展顺利，银行之间（交通银行与长三角范围内的城市商业银行、民营银行等达成双向账户信息验证服务合作意向）、银行与清算服务公司之间（交通银行、上海银行等 6 家银行与城银清算服务有限公司达成跨行账户信息验证服务合作协议）达成相关合作。2020 年 9 月，中国人民银行清算总中心向各支付系统参与机构推出身份信息核查服务，进一步丰富支付清算信息服务。

金融科技创新发展方面，"监管沙盒"自 2019 年 12 月在北京启动试点后，2020 年进一步扩大至上海、重庆、广州、深圳、杭州、苏州、成都、雄安新区等。2020 年 10 月，中国人民银行发布《中国金融科技创新监管工具》白皮书，在监管框架的设计思路方面，以现行法律法规、部门规章、基础规范性文件为准绳，运用信息披露、公众监管等方式，给真正有价值的创新项目预留较大空间。

（二）经济环境

国际货币基金组织（IMF）数据显示，2020 年全球实际 GDP 下降4.4%，受新冠肺炎疫情、地缘政治等因素影响，发达国家和发展中国家的经济增速均出现不同程度的下滑。中国经济仍然保持正增长态势，全年GDP 增速为 2.3%，是全球唯一实现正增长的主要经济体。其中，投资成为经济增长的主要动力，拉动 GDP 增长 2.16%；复工复产后我国出口向好，净出口拉动 GDP 增长 0.64%；经济活动受阻、收入不确定性增加等因素影响居民的消费意愿和消费能力，消费下拉 GDP 负增长 0.51%。

国内消费方面，2020 年，我国社会消费品零售总额为 39.2 万亿元，同比下降 3.9%。网上零售额在新冠肺炎疫情影响下仍然达到 11.8 万亿元，同比增长 10.9%，其中实物商品网上零售额达 9.76 万亿元，同比增长14.8%；吃、穿、用类实物商品网上零售额分别增长 30.6%、5.8%、

16.2%。物价方面，CPI 同比上涨 2.5%，较上年回落 0.4 个百分点，总体呈前高后低态势，食品价格是影响 CPI 走势的主要因素；PPI 同比下降 1.8%，降幅比上年提升 1.5 个百分点，总体呈先降后升态势。

国内投资方面，2020 年基础设施投资同比增长 0.9%。随着 5G 网络加快建设，信息传输业投资增长 16%，在环保政策支持下，生态保护和环境治理业投资增长 8.6%。2020 年，制造业投资同比下降 2.2%，其中医药制造业投资增长 28.4%，计算机及办公设备制造业投资增长 22.4%，高技术制造业投资增长 11.5%；社会领域投资同比增长 11.9%，其中卫生投资增长 29.9%，电力、热力、燃气及水的生产和供应业投资增长 17.6%，教育投资增长 12.3%。

对外贸易方面，受疫情期间停产停工及境外需求低迷影响，2020 年，我国货物进出口总额为 32.15 万亿元，同比增长 1.9%。其中，出口 17.93 万亿元，同比增长 4%，增速较上年回落 1 个百分点；进口 14.22 万亿元，同比下降 0.7%，增速较上年回落 2.3 个百分点。进出口相抵，顺差为 3.71 万亿元，同比增长 27.3%。

（三）社会环境

2020 年是全面建成小康社会目标实现之年，是全面打赢脱贫攻坚战收官之年，我国扶贫工作取得新成效，为全面夺取疫情防控和实现经济社会发展目标双胜利做出了应有贡献。我国持续深化供给侧结构性改革，充分发挥国内超大规模市场优势和挖掘内需潜力，构建国内国际双循环相互促进的新发展格局。国际合作迈入新阶段，东盟 10 国和中国、日本、韩国、澳大利亚、新西兰共 15 个亚太国家正式签署了《区域全面经济伙伴关系协定》，该协定覆盖世界近 1/2 人口和近 1/3 贸易量，成为全球最大的自贸区。国内传统行业在线化进程加速，国内在线教育用户规模近 3 亿人，市场规模将达 4330 亿元[1]，在线医疗咨询、生鲜配送用户增长势头强劲。新兴业态快速崛起，直

---

[1] 艾媒咨询：《2018 中国在线教育行业白皮书》，2018 年 12 月。

播电商商品交易总额（GMV）达 1 万亿元，在线办公软件用户数快速增长，腾讯会议、企业微信、钉钉用户数分别达 1 亿人、2.5 亿人、3 亿人。

人口结构方面，Z 世代消费和银发经济将成为发力点。2020 年，95 后移动互联网用户数达 3.2 亿人，较 5 年前翻倍，未来 5 年将有约 4000 万[1]新增车主、超六成购房人群和 44% 的母婴消费者来自 Z 世代人群。[2] 截至 2019 年底，我国老年人口（60 岁及以上）已经超过 2.5 亿人，约占总人口的 18.1%[3]，随着生育率下行和寿命延长，老龄化成为全球普遍现象，但我国由于长期实行计划生育政策，老龄化速度较快。"大健康产业蓝皮书"《中国大健康产业发展报告（2018）》数据显示，预计 2050 年我国 60 岁及以上老年人口将达到 4.83 亿人，老年人口总消费将达 61.26 万亿元，分别是 2020 年的 1.89 倍、8.73 倍。[4]

新冠肺炎疫情未有结束迹象，疫苗接种的普及是恢复经济的关键举措。全球疫苗领域四大巨头（美国的辉瑞、默沙东，欧洲的葛兰素史克、赛诺菲）在新冠肺炎疫情暴发后相继推出自主研发的疫苗，中国研发的疫苗在 2020 年底上市，已出口土耳其、泰国、菲律宾、智利、塞尔维亚等国。从疫苗保护性来看，美国辉瑞疫苗更佳，其保护率达 94%，高于国产疫苗 14 个百分点。从疫苗安全性来看，国产疫苗更佳，在 1000 万剂次接种量中，暂未出现严重不良反应，而美国辉瑞疫苗分别在挪威、德国、美国出现死亡或严重不良反应。

（四）技术环境

从 2020 年中国人民银行指导的金融科技创新应用试点所采用的技术来看，60 个关键应用试点中涉及 5G 通信 4 个、云计算 8 个、人工智能 32 个、区块

---

[1] 汽车之家、德勤咨询：《2020 中国 Z 世代汽车消费洞察》，2020 年 9 月。
[2] 广东卫视财经节目《财经郎眼》，2021 年 2 月 22 日播出。
[3] 民政部：《2019 年民政事业发展统计公报》，2020 年 8 月。
[4] 张车伟、朱福兴主编《中国大健康产业发展报告（2018）》，社会科学文献出版社，2019。

链 19 个。[①]

5G 是支付产业发展跃升的基础，全球 5G 基础设施市场规模预计将从 2020 年的 126 亿美元增加至 2025 年的 490 亿美元，年均复合增长率为 31.21%。[②] 截至 2020 年底，我国累计建设 5G 基站超过 80 万个，5G 用户超过 2 亿人，行业创新应用超过 5000 个，预计 2021 年国内 5G 用户将超过 5 亿人。[③] 我国 5G 基站和移动终端在全球市场份额中保持领先。

云计算在 2020 年全国两会中被确定为新基建中的新技术基础设施。大型国有商业银行和股份制银行或自建云平台，或依托金融科技子公司，加快核心业务上云步伐。2020 年 12 月 9 日，中国银联在上海金融科技国际论坛上发布"银联云"，为产业各方提供自主可控、安全可信的金融级云平台产品和服务，加快推动金融行业数字化转型。互联网科技公司加大在云计算等基础设施领域的投入，2020 年 4 月，阿里云宣布将在未来 3 年投资 2000 亿元用于云操作系统、服务器、芯片、网络等重大核心技术研发攻坚和面向未来的数据中心建设；2020 年 5 月，腾讯云宣布未来 5 年将投入 5000 亿元重点布局云计算、区块链、大型数据中心等新基建领域；2020 年 6 月，百度宣布继续加大在云计算等新基建领域的投入，更好地满足不同产业智能化升级中对高性能计算的需求，预计到 2030 年百度智能云服务器将超过 500 万台。

人工智能持续引领金融科技发展，2020 年全球人工智能市场规模为 1565 亿美元，同比增长 12.3%。[④] 金融机构通过人工智能技术进行反欺诈、提供非接触式金融服务是其重点应用方向，随着产业方所掌握的数据资源的持续扩大以及智能算法的不断迭代完善，人工智能应用开始渗透于资产管理、保险等复杂金融服务场景。中国银联构建的可视化支付反欺诈与反洗钱

[①] 零壹智库：《中国金融科技创新应用报告（2020）》，2020 年 10 月。

[②] Research and Markets, "Industrial Automation Market: 5G, AI, Edge Computing, Private Networks, Cloud Robotics, Smart Machines and Industrial Internet of Things (IIoT) 2019–2024", Oct. 2019.

[③] 中国信息通信研究院：《2021 年上海世界移动大会媒体分析师预沟通会》，2021 年 2 月。

[④] IDC, "IDC Forecasts Strong 12.3% Growth for AI Market in 2020 Amidst Challenging Circumstances", Aug. 2020.

机器学习平台能够对套现、薅羊毛等团伙欺诈行为进行高效识别；金融壹账通依托人工智能技术，在银行营销外呼和客服问答场景推出 Gamma Voice 智能语音服务平台。科技公司积极打造人工智能技术服务平台，人工智能技术支持的无人服务加快商用化尝试，如无人配送、自动驾驶出租车等。

区块链技术有助于在产业应用中提高多方间协作效率，2020 年全球区块链市场规模预计将达到 30 亿美元。[①] 基础设施方面，由中国银联作为核心参与方、国家信息中心牵头、中国移动与红枣科技等共同开发的区块链服务网络（Blockchain Service Network，BSN）于 2020 年 4 月正式投入商用，可整合不同云服务商的云计算资源和不同的区块链底层框架，向开发者提供低成本的区块链部署与运行环境。金融应用方面，区块链技术应用主要集中于跨境场景，如中国人民银行指导上海票据交易所联合相关机构建设开发的跨境人民币贸易融资转让服务平台于 2020 年 11 月正式上线；中信银行成为国内首家加入 Contour 区块链平台的机构，基于该平台成功办理了一笔金额为 1.19 亿元的跨境人民币进口信用证业务。

（五）投融资环境

2020 年，全球支付相关产业重点投资项目共 64 个，新冠肺炎疫情突发并持续发展，对全球支付相关产业的资本运作逻辑产生了重大影响。从国际市场看，疫情反复导致全球宏观经济复苏进展缓慢，机构投融资活动更为审慎，出于投资确定性的考量，国际支付巨头倾向于加大并购成熟公司和整合产业资源的力度。从国内市场看，整体融资环境向好，云服务、数字化和跨境贸易等线上支付相关项目得到多方资本追捧。

国际支付产业投融资方面，增强银行科技服务力成为国际卡公司投资并购活动的主要目标，在过去 10 年中，Visa 和万事达的业务重心逐步从品牌营

---

① Markets and Markets, "Blockchain Market by Component (Platform and Services), Provider (Application, Middleware, and Infrastructure), Type (Private, Public, and Hybrid), Organization Size, Application Area (BFSI, Government, IT & Telecom), and Region—Global Forecast to 2025", Jun. 2020.

销宣传转向投资并购同业公司和科技创新公司，以资本运作手段推动企业转型。2010～2020年，Visa和万事达的市场营销费用占营业收入的比例分别从12%和14%持续下降到4%和5%，同期有7年时间两家公司投资活动消耗的净现金流占经营活动产生的净现金流的比例超过20%，二者持续将经营利润转化为资本运作投入，再转化为业务和科技的驱动力，形成较好的内循环机制。

国内支付产业投融资方面，阿里巴巴持续投资财税服务业务头部企业，以提升数字化转型能力，丰富增值服务内容。阿里巴巴和美团加大自有业务板块在供应链和物流方面的投入，加码投资新业态支付场景。跨境支付服务商Airwallex在2020年先后获得腾讯和阿里巴巴的投资，这也是腾讯第四次投资增持该企业，说明腾讯和阿里巴巴持续看好为国内跨境贸易企业提供收款、汇兑、结算等全流程金融服务赛道。拼多多、字节跳动、携程、快手等互联网公司分别通过控股或收购付费通、合众易宝、东方汇融、易联支付获得支付牌照，打造生态闭环。阿里巴巴、腾讯、字节跳动等拥有成熟IaaS云服务基础设施、庞大线上流量和场景化支付接口的互联网巨头通过资本扶持和兼并收购等方式，全力布局云服务，以谋求在新客户和新业务中占据先发优势。

二　2020年银行卡市场规模分析

2020年，国内银行卡市场继续平稳发展，银行卡发卡量不断增加，受理环境持续优化，交易规模保持稳步增长。2020年，国内银行卡渗透率达到49.18%[①]，银行卡卡均消费金额为1.3万元，较上年下降6.38%。

（一）发卡市场规模及变化

截至2020年末，全国银行卡在用发卡量为89.54亿张，同比增长6.4%，较上年下降4.5个百分点（见图8－1）。

---

① 中国人民银行支付结算司：《2020年支付体系运行总体情况》，中国人民银行网站，2021年3月24日。

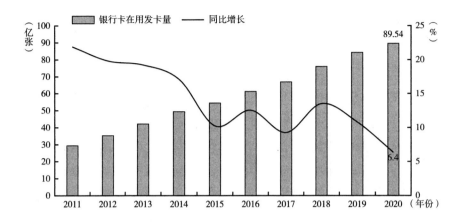

图 8 - 1　2011～2020 年全国银行卡在用发卡量及其同比增长情况

资料来源：中国人民银行支付结算司：《2020 年支付体系运行总体情况》，中国人民银行网站，2021 年 3 月 24 日。

从不同卡种来看，2020 年，全国借记卡在用发卡量为 81.77 亿张，同比增长 6.6%，较上年下降 4.5 个百分点（见图 8-2）；全国信用卡（含借贷合一卡）在用发卡量共计 7.78 亿张，同比增长 4.3%，较上年下降 4.5 个百分点（见图 8-3）。全国借记卡在用发卡量占银行卡在用发卡量的 91.3%，较上年上升 0.2 个百分点。

（二）受理市场规模及变化

2020 年，国内银行卡受理市场保持平稳发展的态势。截至 2020 年末，全国联网银行卡受理商户①数达 2894.75 万户，同比增长 9.7%（见图 8-4）。

从受理终端来看，截至 2020 年末，全国联网机具数达 3833.03 万台，同比增长 9.5%（见图 8-5）。

---

①　银行卡跨行支付系统联网特约商户和联网机具数据自 2020 年第一季度起统计口径有所调整，新增统计只能受理二维码的扫码枪、小白盒子、商户静态码等设备和对应的线下联网商户，并按照可比口径计算同比数据。

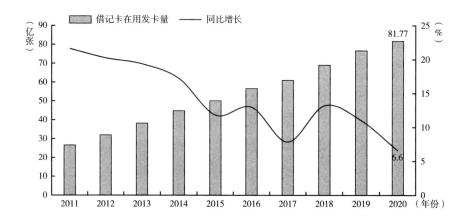

图 8－2　2011～2020 年全国借记卡在用发卡量及其同比增长情况

资料来源：中国人民银行支付结算司：《2020 年支付体系运行总体情况》，中国人民银行网站，2021 年 3 月 24 日。

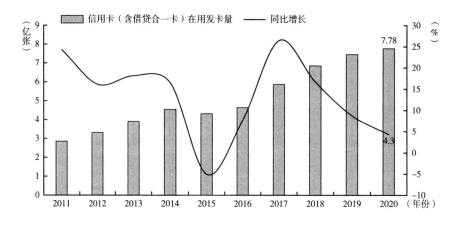

图 8－3　2011～2020 年全国信用卡（含借贷合一卡）在用发卡量及其同比增长情况

资料来源：中国人民银行支付结算司：《2020 年支付体系运行总体情况》，中国人民银行网站，2021 年 3 月 24 日。

（三）交易规模及变化

2020 年，全国共发生银行卡交易 3454.26 亿笔，金额 888.00 万亿元，

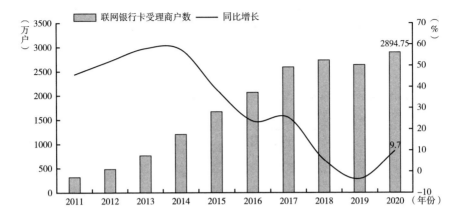

图 8 - 4　2011～2020 年全国联网银行卡受理商户数及其同比增长情况

资料来源：中国人民银行支付结算司：《2020 年支付体系运行总体情况》，中国人民银行网站，2021 年 3 月 24 日。

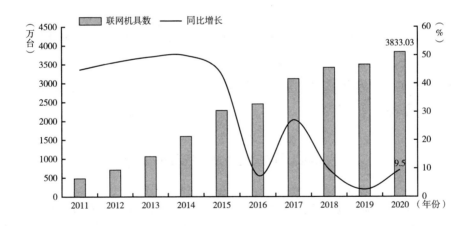

图 8 - 5　2011～2020 年全国联网机具数及其同比增长情况

资料来源：中国人民银行支付结算司：《2020 年支付体系运行总体情况》，中国人民银行网站，2021 年 3 月 24 日。

同比分别增长 7.28% 和 0.18%。其中，银行卡转账业务 1540.72 亿笔，金额 690.37 万亿元，同比分别增长 6.46% 和 3.86%；消费业务 1776.05 亿笔，金额 116.66 万亿元，同比分别增长 11.85% 和下降 0.42%。

2020 年，全国共发生网上支付交易 879.3 亿笔，金额 2174.5 万亿元，同比分别增长 12.5% 和 1.9%；移动支付交易 1232.2 亿笔，金额 432.2 万亿元，同比分别增长 21.5% 和 24.5%（见表 8 - 1）。

表 8 - 1　2017～2020 年全国网上支付与移动支付交易金额及其同比增长情况

单位：万亿元，%

年份	网上支付		移动支付	
	交易金额	同比增长	交易金额	同比增长
2017	2075.1	- 0.5	202.9	28.8
2018	2126.3	2.5	277.4	36.7
2019	2134.8	0.4	347.1	25.1
2020	2174.5	1.9	432.2	24.5

资料来源：中国人民银行支付结算司：《2020 年支付体系运行总体情况》，中国人民银行网站，2021 年 3 月 24 日。

2020 年，ATM 和 POS 渠道跨行交易规模占整体跨行交易规模的比重进一步下降，网上支付交易规模快速增长，带动银行卡其他渠道跨行交易规模占比迅速提升，2020 年其他渠道跨行交易笔数占整体跨行交易笔数的七成以上（见图 8 - 6、图 8 - 7）。

三　2020年银行卡业务发展情况

2020 年，商业银行与互联网机构、网红品牌等产业各方在发卡侧加强合作，推出各类联名卡，中国银联联合商业银行推出无界卡、旅行通卡等创新卡产品。在受理侧，上海、宁波等地区和烟草等行业发展形势较好，农村、医疗、政务等受理场景持续完善，小微商户的银行卡受理渗透率进一步提高，境外受理市场持续扩大。

（一）发卡侧

一是围绕特定客群、热门事件发行银行卡。新冠肺炎疫情使医护人员成

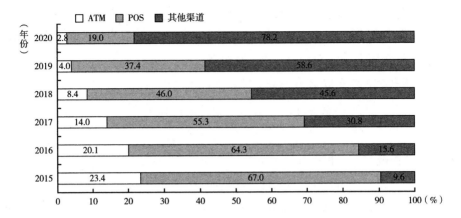

图8－6　2015～2020年全国银行卡分渠道交易笔数占比变化情况

资料来源：中国银联。

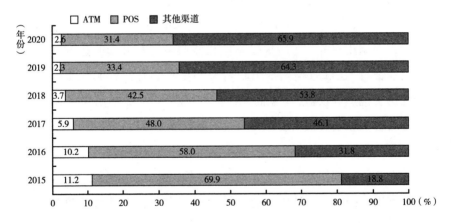

图8－7　2015～2020年全国银行卡分渠道交易金额占比变化情况

资料来源：中国银联。

为社会关注的焦点，各大商业银行面向医护人员推出主题卡产品，提供医护专属保险套餐等权益。此外，商业银行持续聚焦年轻、海淘、车主等细分客群，并结合游戏、动漫以及热门事件推出相关主题创意信用卡。例如，针对年轻客群，商业银行在游戏方面结合《最后生还者》、《高达》、全国移动电竞超级联赛（CMEL）等电竞IP发行联名信用卡；在动画文创方面推出

LINE FRIENDS、Emoji、泡泡玛特联名信用卡；在茶饮方面与网红茶饮品牌（喜茶、奈雪的茶、茶颜悦色）推出联名卡。针对海淘客群，中信银行推出Magic环球信用卡。针对车主客群，中国银行推出爱驾汽车白金信用卡，民生银行推出途虎养车联名借记卡。针对直播电商消费者，浦发银行推出薇娅主题信用卡。针对热点事件，中国邮政储蓄银行和华夏银行推出东京奥运信用卡。

二是积极与互联网公司合作发行联名卡。受新冠肺炎疫情影响，持卡人出行受限，商业银行加大线上消费场景拓展力度，在数字营销、消费信贷、电子支付、外卖配送等方面深化合作。例如，在数字营销方面，截至2020年底，已有5家商业银行①联合腾讯推出联名卡，新用户可享受腾讯视频等会员权益；光大银行联合抖音推出联名卡，包括美食店口碑支付5折等优惠。在消费信贷方面，已有20余家商业银行②联合京东金融推出联名卡。在电子支付方面，已有10家商业银行③联合阿里系推出淘宝、天猫或淘票票联名卡，根据用户淘宝等级提供不同权益服务。在外卖配送方面，12家地方性商业银行④已联合美团推出联名卡，发卡量突破1000万张，持卡人可享受配送费优惠等权益；7家商业银行⑤已联合饿了么推出联名卡。

三是契合国家发展战略发行相关主题银行卡。商业银行积极贯彻党中央一号文件精神和乡村振兴战略，并在粤港澳大湾区建设和社会民生发展方面推出相关卡产品。例如，在农业方面，工商银行推出"智慧三农"公务卡，实现公务支出、报销、还款电子化，助力村级财务公开化和三资透明化管

---

① 中国邮政储蓄银行、浦发银行、招商银行、广发银行、兴业银行。
② 民生银行、招商银行、工商银行、北京银行、晋商银行、中原银行、盛京银行、长沙银行、云南农村信用社、南京银行、齐鲁银行、江西银行、甘肃银行、东莞农商银行、吉林银行、渤海银行、浙江民泰商业银行、四川天府银行、西安银行、长安银行、江阴农商银行、乌鲁木齐银行、青海银行、广州银行、东莞银行。
③ 中国银行、中信银行、广发银行、浦发银行、招商银行、兴业银行、平安银行、上海银行、光大银行、汇丰银行。
④ 上海银行、江苏银行、天津银行、青岛银行、杭州银行、张家口银行、桂林银行、贵州银行、东亚银行、海口农商银行、九江银行、厦门银行。
⑤ 交通银行、招商银行、兴业银行、光大银行、汇丰银行、浦发银行、民生银行。

理；建设银行推出"裕农通"卡，联合云闪付 App 为乡村县域客户提供"免费法律咨询、免费涉农保险、免费医疗咨询"服务。在粤港澳大湾区建设方面，交通银行推出粤港澳大湾区主题信用卡，基于各湾区城际、跨境交通频繁的特点，推出特色鲜明的权益及优惠，助力大湾区互通互融、协同发展。在社会民生方面，中国银行与社保机构合作发行加载金融功能的社会保障卡，创新推出电子社保卡、电子健康卡，上线医保电子凭证功能；农业银行面向环保公益客群，推出环保信用卡升级版（守望繁星版）。

四是推出银联无界卡、旅行通卡等创新卡产品。2020 年，银联联合商业银行推出无实体卡片的银联无界卡，实现了全流程数字化申卡、快速领卡。无界卡包括借记卡、信用卡两类卡，以手机厂商、核心场景为引流渠道，整合银联 Token2.0、卡码合一等创新支付应用，结合境内外商圈优惠等权益，助力商业银行卡片促活，推动银行卡数字化进程。为贯彻落实中国人民银行"提升境外人士短期入境支付服务水平"的重要指示，为短期入境人士提供境内移动支付创新解决方案，中国银联联合商业银行推出旅行通卡，该卡包括线下实体卡和线上虚拟卡产品，来自日本和韩国的境外游客、商务往来人员等短期入境人士可在银行 App 等线上渠道、线下网点申请办卡并开通移动支付功能，使用现金或跨境汇款方式充值后，可在境内公共交通、旅游住宿、餐饮购物等场景使用该卡，充分享受中国移动支付便利。

（二）受理侧

一是地域聚集效应日趋明显，行业拓展更加有针对性。在地域方面，以上海、浙江等为代表的长三角地区，活动商户和活动终端数的同比增速排名靠前，展现出相关地区疫情治理能力以及经济社会发展的韧性和活力。在行业方面，全球疫情持续蔓延，银联卡的消费回流趋势明显，中国银联积极拓展旅游、餐饮、酒店、交通运输等出行场景，客运、餐饮、宾馆、旅游售票、航空售票等领域的活动商户数明显增多。

二是持续完善农村、医疗、政务等重点场景。在农村受理市场方面，中国银联继续深入贯彻"支付为民"理念，积极践行普惠金融工作宗旨，以移动支付引领县域建设、乡村振兴主题卡发卡与用户经营为重点，持续推进移动支付便民工程向县域下沉，助力中国脱贫攻坚战取得全面胜利。在医疗受理市场方面，新冠肺炎疫情暴发期间，医疗场景线下交易受到较大冲击，导致线上移动支付规模扩大；疫情防控常态化背景下，互联网医疗、线上问诊复诊、医保在线结算兴起，迎来发展新风口。在政务受理市场方面，受疫情影响，政府部门大力推广线上办事缴费渠道，进一步推广电子发票、电子票据等电子化凭证，财税电子票据场景"支付＋开票＋流转"的市场需求明显增多。

三是小微商户的银行卡受理渗透率进一步提高。截至 2020 年末，中国银联推动产业各方累计拓展小微商户数近 2000 万户。通过新建小微商户运营服务平台，中国银联为各合作伙伴提供小微商户综合管理、运营巡检、智能数据分析决策功能。依据最新监管要求及业务发展需要，中国银联上线申码辅助身份验证（人脸识别＋辅助照片信息上传）、多维度风险监控等小微商户收款码新功能，在与监管政策同步升级的同时不断提升风险防控能力。

四是境外受理市场持续扩大。截至 2020 年底，中国银联受理网络已延伸至境外 178 个国家和地区，累计开通境外受理商户数超过 3200 万户、境外受理 ATM 终端 173 万台，超过 2100 万家境外线上商户受理银联卡，2020 年银联国际在澳大利亚、欧洲等地落地重大受理项目，意大利受理覆盖率达 95%，德国受理覆盖率提升至 50%。在银联二维码方面，亚洲、中东、非洲、北美洲等的 43 个国家和地区已实现银联二维码受理，受理商户数达 100 万户，东盟 10 国已全部支持银联移动支付服务。在手机闪付方面，银联卡用户可在日本、新加坡、加拿大、俄罗斯等境外 51 个国家的近 700 万台 POS 终端使用银联手机闪付。为应对疫情影响，银联国际不断完善线上支付、移动支付受理环境，2020 年推出银联链接支付（UnionPay PaybyLink）服务，为境外商户提供"极简版"数字化销售解决方案，加速打造移动支付受理生态圈。

（三）国际市场

一是支付产业向企业服务领域扩展延伸。中国银联持续服务企业跨境支付，实现境外 200 多个国家和地区超过 2000 万户网上商户支持银联产品，银联国际网上业务交易金额占比提升至 21%。在线上办公比重日益提高的背景下，国际卡公司重点借助虚拟公司卡切入对公支付市场，解决员工报销、支出管理等更多依赖纸质票据流程的烦琐问题，如 Visa 虚拟公司卡可通过巴克莱银行的"Barclaycard Precisionpay Go"App 和 Stripe 等渠道申请。

二是加密货币支付逐渐兴起。中国人民银行数字货币从概念走向实践，数字人民币已在深圳、苏州等地试点。瑞典央行于 2020 年 7 月试点发行电子克朗"e–krona"，新加坡央行准备推出数字货币 Ubin，巴哈马央行于 2020 年 10 月推出数字货币 Sand Dollar，柬埔寨央行于 2020 年 11 月正式发行数字货币 Bakong，韩国央行宣布于 2021 年试点数字货币。加密货币支付成为现有支付方式的补充，Visa 已与虚拟资产交易平台 Coinbase、发卡机构 MetaBank 联合推出借记卡，与 Circle 合作发行支持 USDC 的对公商务卡产品，万事达与虚拟货币交易平台 Nexo 联合推出信用卡，PayPal 自 2021 年初开始支持用户使用数字加密货币在其全球 2600 万户商户处购物。

三是境内产业参与方积极拓展海外市场，加快对外输出支付创新产品和技术标准。中国银联在日本、东南亚、中东欧、中亚等多个市场，通过推广二维码支付标准、开展双品牌卡合作等方式，帮助合作方打造数字化支付体系，发展普惠金融。2020 年，银联二维码成为日本统一二维码（JPQR）普及工程推荐标准，银联国际协助香港、新加坡监管机构制定本地二维码标准和实施框架，同时推动老挝、埃及、缅甸、柬埔寨、马来西亚、印度尼西亚等国将银联二维码技术标准作为当地的行业标准。支付宝重点布局跨境收付款业务，选择知名专业化服务商、大型银行及汇款公司合作。微信支付通过申牌实现境外本地合法经营，2020 年在尼泊尔、印度尼西亚取得支付牌照，腾讯投资的 Sea 在新加坡取得虚拟银行牌照。国内支付品牌的国际影响力进一步扩大。

四　2021年银行卡市场发展趋势展望

由于国内新冠肺炎疫情风险总体可控，预计 2021 年支付产业将逐步回暖。国内支付市场将进一步有序开放，产业生态持续丰富。监管机构将延续严监管态势，重点围绕支付统筹监管及风险防范展开。在市场竞争及严监管下，支付类机构的多元化业务转型将加快。我国金融科技实力不断增强，将推动支付产业数字化升级。

（一）新冠肺炎疫情风险总体可控，支付业务将逐步回暖

中国对新冠肺炎疫情的防控效果较好，累计确诊病例数在全球仅排在第83位。[①] 随着疫苗研制成功并逐步推广，经济冲击与防疫之间的平衡问题将更容易解决，以旅游、住宿、零售、餐饮为代表的消费行业在国内将逐步回暖，并促进相关场景的银行卡业务回暖。受疫情影响，用户逐步适应了O2O生鲜配送、社区团购等各类消费新场景，线上将成为日常生活物资采购的重要渠道，银行卡的线上渠道跨行交易规模占比也将持续提升。非接触式支付逐渐受到用户青睐，微信支付、支付宝等支付机构将重启刷脸支付推广，抢夺商户资源。

（二）国内支付市场进一步有序开放，产业生态将持续丰富

中国经济持续领先于全球主要经济体，移动支付普及度高，数字支付交易体量大。据Worldpay预测，中国移动电商营业额占总电商营业额的比重在2023年将达到66%，在全球主要经济体中最高，中国支付市场将吸引境外支付机构在境内布局。随着国内支付清算市场对外开放工作的稳步推进，部分境外国际卡公司已在境内正式获批营业，其他境外支付机构也将在监管部门的指导下稳步推进在境内展业的申请。2021年，我国金融市场将进一步深化改革开放，推动完善支付清算市场顶层设计。已在国内获批经营的境外机构将加快与境内商业银行、支付机构、行业商户等产业相关方的合作，或将推出一系列新产品和新服务，在提升国内支付产业整体服务质量的同时，有可能对国内市场机构形成竞争压力。同时，境外机构将继续通过资本

---

① 世界卫生组织（WHO）于2021年3月3日公布。

合作等多种方式寻求在发卡、受理、技术等产业细分领域的布局，加快产业生态构建，或将对国内支付产业格局产生新的影响。在跨境支付方面，服务政策不断优化，跨境支付市场将出现更多活跃主体与创新业务。

（三）监管机构将延续严监管态势，加大支付统筹监管及风险防范力度

2020 年，支付机构罚款总金额创历史新高，监管机构针对互联网贷款、互联网理财、备付金监管机制、支付交叉金融业务的合规经营及风险防范、信用卡透支利率市场化改革、征信等相关业务的规范文件将在 2021 年进一步落地实施。2021 年初，中国人民银行将完善宏观审慎政策框架、持续防范化解金融风险、深化金融市场和金融机构改革、稳慎推进人民币国际化等列入 2021 年十大重点工作，修订中的《中华人民共和国中国人民银行法》也将加强宏观审慎管理和系统性金融风险防范，支付领域的备付金风险、反洗钱风险、系统重要性金融机构风险、支付交叉金融业务的关联风险、信息安全风险等各类风险防范与风险监测将提升至新的监管高度。2021 年 1 月，《非银行支付机构条例（征求意见稿）》公开征求意见，整体提升了对非银行支付机构监管的法律层级和效力，重新划分非银行支付业务类型[①]，并在反垄断方面提出非银行支付机构的市场支配地位预警和情形认定，防止资本无序扩张。

（四）支付类机构在经营压力下将进一步加快多元化业务转型

在监管持续从严、支付清算市场加速开放、市场竞争愈加激烈、国务院发文[②]鼓励银行等各类型支付清算服务主体降低手续费用的背景下，国内支付机构积极寻求新的发展路径、商业模式，打造竞争优势，将经营重点从支付业务向商户 SaaS 服务、跨境支付、金融科技服务等多元化业务拓展。尽

---

① 非银行支付业务分为两类：一类是储值账户运营；另一类是支付交易处理。
② 《关于以新业态新模式引领新型消费加快发展的意见》（国办发〔2020〕32 号）。

管 2020 年支付行业受到冲击，汇付天下宣布私有化，但其 SaaS 服务收入占比逐年提升。随着连连支付、京东数科、收钱吧等计划在科创板上市，拉卡拉成为首家上线美国运通人民币卡收单业务的第三方支付机构，支付类机构纷纷谋求新的收入来源，提升多元化服务能力，拓宽盈利空间，构建比较优势。

（五）金融科技实力增强，将推动支付产业数字化升级

先进技术的应用、金融科技公司的崛起以及消费者行为的变化正在改变传统金融行业。新冠肺炎疫情发展的不确定性将持续促使市场机构通过新兴技术推进数字化升级，推动监管机构完善现代金融监管体系，提高金融监管透明度和法治化水平。2021 年"十四五"规划纲要草案提出要完善金融支持创新体系，要求以金融创新更好地服务于科技创新。支付行业科技应用日趋成熟。云计算将持续赋能金融机构在线业务系统上云、离线业务大数据上云。区块链技术将持续提高跨境支付、系统信息共享等方面的效率，优化支付、保险、资产管理等金融业务流程。5G和物联网技术将推动支付场景多样化、支付载体便民化、支付服务生态化发展。人工智能、隐私计算、大数据等相关技术将推动商业银行与生态合作伙伴共享信息服务资源，全球开放银行呈现蓬勃发展态势。数字人民币将促使商户进行新一轮设备升级更替，各国央行数字货币将加速实践落地，为产业生态带来新的活力。

参考文献

中国人民银行支付结算司：《2020 年支付体系运行总体情况》，中国人民银行网站，2021 年 3 月 24 日。

第九章
网联平台的建设与运行

王子玥*

摘　要： 2020 年，网联平台坚持稳中求进工作总基调，坚持新发展理念，全面做好"六稳"工作、落实"六保"任务，支持"双循环"新发展格局，全力确保安全生产，扎实提升服务质量，支持行业合规创新发展，取得了显著成效。2021 年，网联平台将继续恪守清算机构职责，坚守金融风险防控底线，坚持做好安全与创新双线统筹，努力营造合规、创新、开放、协同、共享的行业环境。

关键词： 网联平台　支付清算　网络支付

一　2020年整体运行情况

2020 年，网联平台全年连续高效运行，平稳支撑"双十一""春节红包"等 11 次线上商业促销和重要时点行业峰值，最高交易并发量超过 9.35 万笔/秒，单日交易规模超过 20 亿笔，创历史新高。截至 2020 年底，网联平台累计处理交易 5431.69 亿笔，金额 348.87 万亿元，全年系统成功率、资金清算准确率、资金清算及时率、核心应用系统可用性均达到 100%。网

---

* 王子玥，供职于网联清算有限公司战略发展部。

联平台高水平科技建设成果荣获 2019 年度银行科技发展奖唯一最高奖项，获得金融业充分肯定。

二 2020年重点工作

（一）慎终如始，凝心聚力筑牢战"疫"组织堡垒

一是坚持常态化防疫不松懈。坚持"四抓三化三保障"工作原则，构建三级立体防疫体系，提升人员、业务和服务连续性，确保支付交易稳定顺畅。二是实施手续费优惠减免。针对全国非营利性医疗机构、慈善机构的条码收款及结算付款业务，免收收单机构相关交易网络服务费，针对湖北地区商户，减免各收单机构结算付款业务的网络服务费至年底，制定落实小微企业和商户优惠政策，全力纾困小微企业，支持经济企稳回暖。三是保障抗疫绿色通道。坚决贯彻特事特办、急事急办原则，成立绿色通道服务保障专项办公室，提供 7×24 小时联合运维受理绿色应急服务，以及资金额度快速调整、支付信息特殊查询证明等保障举措和支持服务，切实解决成员机构和商户的实际困难，保障超过 200 万笔特别受理交易资金即时到账，与行业共克时艰。四是助力净化疫情期间网络环境。重点开展跨境赌博、电信诈骗、防护物资类欺诈等违法犯罪活动监测，支持打击疫情期间网络违法犯罪。

（二）稳中求进，扎实稳妥推进业务守正创新

1. 切实践行支付为民初心，推动各项业务纵深发展

一是完成条码支付互联互通全功能上线。创建行业共享条码受理环境，持续推进成员机构接入，在成都、杭州等多地开展试点，引领行业形成开放多元、创新增长的业务发展共同体，满足人民群众的便利化支付服务需求。二是跨行支付渠道取得重要突破。银行间快捷支付、有交易背景的付款业务规模持续增长，银行产品体系日益丰富，全国性银行集中上线银行间对公网

关支付，线上对公支付服务不断优化，为实体经济和供应链金融发展提供高质高效服务。三是创新精品优品多点开花。升级银行侧发起的签约产品，将签约场景进一步扩展至银行柜台和自助机具，开通积分支付、账单分期功能，灵活支持多样化场景，持续激发支付市场活力，让人民群众享受到优质多元的支付服务。四是国库缴税业务实现全国覆盖。成功支持国内首次个人所得税汇算清缴，提升公共纳税服务便利化水平，打造高效办税支付环境。五是跨境业务范围有序扩展。外卡内绑、跨境收款业务获批试点，具备跨境零售和电商资金收付展业能力，支持全球服务贸易新业态繁荣发展。六是快速进阶金融科技实力。落地金融科技服务阶段性商务方案，推出互联互通收单前置解决方案，为跨机构金融科技合作提供中立、可信的基础设施能力。

2. **完善成员机构管理体系，有效提升服务质量水平**

一是推广落地成员机构公共服务门户。新增合同管理、电子回单、评价报告自动推送、数字证书管理、压力测试预约管理、计费查询优化、文档下载等功能，为商户信息上传、备付金核对校验信息同步、终端信息上送提供支持，规范业务服务标准和流程，降低业务处理成本，提高业务办理效率。二是加强业务管理体系顶层设计。从产品、规则、参与者管理等方面全面开展体系化建设，全面覆盖基础业务、创新产品等方面，业务管理体系进一步丰富完善。三是加强商户及终端管理。初步完成商户分类评级体系建设，优化商户管理系统，完善商户信息备案机制，建立健全终端管理体系，实现外部工商和公民信息核验多渠道对接上线。

3. **持续优化智能运营系统，确保业务运营高质高效**

一是成员机构企业证书更换自动化建设。完成成员机构企业证书更换自动化建设，妥善完成年度成员机构证书更换工作。二是资金处理自动化建设。持续推进清算自动化，实现国库业务、跨境钱包清算指令提交自动化，国库业务清算指令处理时间降低至秒级，大幅提高清算效率，降低人工操作风险。三是报表自动化建设。打通各类系统壁垒，建立高效的业务发展趋势自动化报表，实现平台运营日报报表自动生成、备付金账户基准额度周期性自动计算，以及银行渠道能力评价报告自动生成。

（三）精益求精，增强安全生产科技支撑能力

1. 扎实提升业务连续性，保障安全生产稳定向好

一是持续推动系统多方位调优。优化平台系统架构，实施平等设计改造，上线自主研发的分布式任务调度系统，实现故障机房实时交易分钟级切换。二是提升运维自动化水平。持续推进运维工具建设，实现小时级自动巡检，提升架构及自动运维能力，增强系统自动隔离和自愈能力，减少人工介入，提升执行效率。三是增强运维分析与自动化能力。建立基础设施配置数据库，构建"运维事件、运维管理"双层分析框架，形成故障统计分析、资源报表统计、容量检查、维保预警等功能，降低运维操作风险。四是推进重保常态化建设。全面推动常态化重保工具建设，实现交易、清算、对账重保操作工具一键化、自动化、界面化，支持系统页面自动展示峰值时点各类数据，减少人工操作误差。五是推进应急演练常态化建设。持续打磨"一键隔离机房"应急工具，确保应急操作高效、安全、准确，提高平台应急处突能力。

2. 持续推动全面自主可控，切实深化基础设施建设

以更加先进为方向，自主研发统一云管平台，完成系统框架设计与搭建，实现资源管理、数据统计等核心功能投产。完成基于源码的效率云自主部署，具备二次研发能力，提升可用性与用户体验。

3. 提升安全生产保障能力，打造高安全性的坚固堡垒

一是建立安全协作组织机制。启动推进安全保障"棱堡"项目，构建安全应急处置框架，制定安全三道防线职责，从安全组织、意识、制度等方面提升安全管理能力。二是形成安全开发生命周期机制。实现信息系统建设与安全技术措施同步规划、同步建设、同步使用，对重点业务开展安全设备架构、部署等安全运维支撑工作。三是持续提升系统安全能力。开展主机安全、认证中心等能力加固，加强安全检测，防范安全套接层（SSL）设备及加密机底层故障风险，开展安全等级保护测评工作，对重点业务开展安全设备架构、部署等安全运维支撑工作。

三　2021年展望

2021 年，网联平台将继续践行支付为民初心，科学把握历史方位和时代坐标，履行清算机构职责，坚守金融风险防控底线，切实维护支付体系安全稳定运行。同时，网联平台也将持续做好人员连续性、业务连续性和服务连续性保障，深化行业中枢作用，坚持做好安全与创新双线统筹，拓展平台服务模式，推动条码支付互联互通试点及推广，稳健发展银行间业务，合规开展跨境业务，研究探索创新业务，持续服务行业各方，支撑消费升级，助力实体经济发展。

第十章
我国支付产业数字化问题研究

陆强华*

摘　要：　推动我国数字化发展是国家重大战略部署，是"国之大者"。支付产业数字化是我国数字经济发展重要的生态底座和创新助力，是贯彻新发展理念、构建新发展格局的重要落点。本章从数字生态建设、数据治理、科技创新应用、数字化赋能、数字基础设施支撑等方面阐述了我国支付产业数字化的进展、特点和形态变化，指出当前我国支付产业数字化存在的关键性问题，并提出了有益的建议，以期更好地服务于数字化创新与发展，推动我国金融和支付产业数字化发展继续走在全球前列。

关键词：　支付产业数字化　数据治理　数字化赋能　数字鸿沟

近年来，以习近平同志为核心的党中央高度重视数字化发展，明确提出数字中国战略。党的十九届五中全会通过的《中共中央关于制定国民经济和社会发展第十四个五年规划和二〇三五年远景目标的建议》，明确提出要"加快数字化发展"。2021 年，李克强总理在做《政府工作报告》时提出，要加快数字化发展，打造数字经济新优势，协同推进数字产业化和产业数字

＊　陆强华，《深度支付》作者，长期从事支付领域的研究。

化转型，加快数字社会建设步伐，提高数字政府建设水平，营造良好数字生态，建设数字中国。数字化发展将是我国经济社会发展提质增效、实现高质量发展的重要推动力量和创新支撑。支付作为资金流的实现方式，本质上是资金信息的数字化交换和确认，与物流、信息流具有天然的融合性。支付产业数字化是我国数字经济发展重要的生态底座和创新助力，其产业的数字化程度是衡量我国数字经济发展重要的基础性指标。

一 信息化、互联网化和数字化的接续发展

从一个历史维度看，信息化、互联网化和数字化是接续发展，其内涵逐步丰富和深入。数字化发展从单纯的技术实现到流程改造、模式创新再到生态构建，技术应用程度和数据运用程度逐步深入。信息化和互联网化为数字化发展提供了广泛的技术基础和创新支撑。

信息化是指基于信息技术和信息资源，促成地域、经济和社会的发展转变。2006 年 5 月，中共中央办公厅、国务院办公厅印发《2006～2020 年国家信息化发展战略》，指出信息化是充分利用信息技术，开发利用信息资源，促进信息交流和知识共享，提高经济增长质量，推动经济社会发展转型的历史进程。从商业的角度来看，信息化可以解决企业经营管理的降本增效问题，但是不能解决企业的商业模式重构、快速应对市场的创新诉求。信息化是实体世界向虚拟世界延伸的第一步。信息化的本质是信息转化处理方式的变革。

随着互联网技术的快速发展，特别是移动互联网和智能手机的兴起，互联网成为金融机构与客户连接的关键纽带，也是构成信息流和资金流的重要入口。相较于信息化，互联网化更加泛化和开放，特别是对信息的收集、处理、互联和共享更加高效和开放，实现了资源整合与互动。国务院发布的《关于积极推进"互联网+"行动的指导意见》（国发〔2015〕40 号）指出，"互联网+"是把互联网的创新成果与经济社会各领域深度融合，推动技术进步、效率提升和组织变革，提升实体经济创新力和生产力，形成更广

泛的以互联网为基础设施和创新要素的经济社会发展新形态。互联网化的本质是"广泛互联"。

相较于互联网化，数字化更强调数据运用的本质，能够更深层次地释放数据价值，形成新的产业和消费模式，更直观地体现出对实体经济世界的数字化映射和运算。从商业角度出发，Gartner 公司将数字化定义为，数字化是通过数字技术改变商业模式，提供新的营收点与价值创造机会。2020 年 7 月，国家信息中心信息化和产业发展部与京东数字科技研究院在京联合发布《携手跨越重塑增长——中国产业数字化报告 2020》，指出产业数字化是指在新一代数字科技的支撑和引领下，以数据为关键要素，以价值释放为核心，以数据赋能为主线，对产业链上下游的全要素进行数字化升级、转型和再造的过程。因此，数字化的本质是"深度互融"。

数字化是一个集合的概念，其核心是技术和数据的创新应用，从而衍生出一系列的商业模式和生态。麦肯锡于 2019 年 11 月 27 日发布的《点数成金 规模化大数据应用：领军同行 布局未来》数据显示，全球前 50 大银行中，90% 以上在积极应用高级分析技术。全球领先银行将税息前利润的 15% ~17% 投入数字化、科技和大数据领域。电子化形态的支付具有数字化特点和优势。支付工具、账户的数字化是支付产业数字化的基础，更加富有潜力、更高层级的数字化是生态、底层和合规的数字化，如货币数字化、金融基础设施数字化支撑、高效的数字化风控、数据运用管理以及强有力的数字化赋能等。在数字化征程中，我国支付产业实现了基本而广泛的数字化，更高层次、更高形态的支付数字化任重道远但潜力巨大。

二 我国支付产业数字化的发展特点和形态

从历史发展脉络看，我国数字经济与数字支付的发展起点并轨而行。数字经济是支付产业数字化的广泛基础和经济环境，同时支付产业是数字经济的基础设施和推动力量。我国支付产业经过 10 多年的发展，即使在最偏远的农村地区，每个成年人也都有自己的银行账户。中国的移动支付普及率和规模居全球首位，存款、取款和汇款几乎实现了实时到账。网上消费蓬勃发展，城乡居民生活更加便利。支付服务数字化多面开花，在数字货币、数字化开户、数字票据、基于区块链的跨境汇款、数字化网点等方面均有所突破。随着新技术的深度应用，非接触式、智能化、融合化将成为支付产业数字化发展趋势，也将成为我国数字经济发展中的亮点。

（一）新冠肺炎疫情加速了我国支付产业数字化进程，特别是移动支付的下沉进度比常规提前2~3年

新冠肺炎疫情对经济社会的影响是全面性的，也具有结构性特点。新冠肺炎疫情带来了非接触式的生活方式，加快了新兴技术的发展，推动了数字进程的变革。新冠肺炎疫情对线下实体商业、生产经营等的影响比较大，远程、非接触性需求爆发性增长，反而加速了数字经济的发展。在非接触式需求爆发性增长的驱动下，支付产业数字化发展进程大大加速。

一是线上经济的繁荣推动移动支付等新兴支付方式逆势增长。从调研情况来看，在疫情暴发前期受到短暂冲击后，移动支付的业务量快速回升，线上生鲜贩卖、线上教育、远程会议以及线上游戏等业务量快速增长。新冠肺炎疫情加速了数字化市场教育的进程。数字化支付在这轮浪潮中成为重要受益者。2020年，非银行支付机构共处理网络支付业务138272.97亿笔，金额294.56万亿元，同比分别增长14.90%和17.88%。

二是移动支付受理版图进一步扩张。受新冠肺炎疫情影响，原来移动支付受理的难点、堵点领域，普及速度大大加快。支付巨头推出线上诊疗、健康码、疫情地图、电子消费券等产品和功能，深度切入社会公共事业缴费、税收、发票、医院、政府补贴等受理门槛较高的领域，特别是配合政府职能转型和"放管服"的深化，各地政府纷纷打造"数字政府""智慧城市"等，带动政务信息共享、行政流程再造，让数据多跑路、让群众少跑腿，打通公共服务的"最后一公里"。在此背景下，支付产业数字化得到极大推进，业务渗透率进一步提升，用户基础进一步扩大，数据优势进一步强化。非银行支付机构备付金规模创新高，截至2021年2月底，非银行支付机构

备付金规模达到了 19376 亿元，接近 2 万亿元大关，同比增长 30.74%，显示出数字化支付的快速发展态势。

（二）支付产业数字化并不仅仅是支付业务数字化，更多地集中在支付生态和模式的数字化创新上

做到支付业务的数字化不难，但是业务的数字化只是纵向数字化，并不能形成商业的"护城河"，也无法形成联动效应。因此，在支付业务数字化达到较高程度后，开始转向支付生态和模式的数字化创新。对于生产者来说，支付生态和模式的数字化创新能够有效降低已有价值链成本，推动形成新的价值链与生态圈，让更多市场主体参与全球贸易，让产业链上下游企业联系更紧密、协作更顺畅。对于消费者来说，能够有效拓宽服务渠道，丰富产品种类，优化客户体验，激发消费需求潜力，逐步形成质优价廉的良性循环，在更大范围内释放数字红利。

一是支付平台和"支付 +"模式的广泛应用。平台经济发展离不开数字支付的基础支撑。近年来，字节跳动、拼多多、华为等平台巨头相继收购支付牌照，预示着其加码支付业务、开拓新商业版图的决心。对于拥有巨大流量和商业资源的平台巨头而言，支付作为不可或缺的环节，是商业巨头必争之地。自 2020 年以来，平台经济中的"支付 +"模式面临监管压力。2021 年 3 月召开的中央财经委员会第九次会议强调，要将金融活动全部纳入金融监管，对平台开展金融活动进行整治和规范。但数字化支付生态已经基本形成，商业模式和营利性也被市场反复证明。平台机构通过构建支付余额、信贷、理财等一体化的账户体系，以数据共享和运用为纽带，以业务协同和流量变现为手段，促进支付与信贷、理财、保险等金融业务形成相互嵌套，串联起各金融板块，持续扩张生态内交易规模。

二是对受理商户和场景的掌控，形成支付生态的重要基础。在 C 端支付市场被几大支付产业巨头把控后，B 端市场成为重要的竞争领域。近年来，SaaS（软件即服务）市场的规模持续扩容。SaaS 与支付的深度融合趋势逐步显现。"支付 +SaaS"模式本质上是通过行业纵向服务线，批量掌控

受理商户，形成广泛的商户基础，打造生态竞争的壁垒。寻求 B 端转型的各大支付公司将 SaaS 作为深度布局场景的重要抓手。例如，美团点评 SaaS 在餐饮场景一枝独秀；京东掌柜宝聚焦其零售门店；富友支付的富掌柜 SaaS 也尽量避开与巨头的正面竞争，聚焦腰部客户，如中小型连锁、美容美发等场景；汇付天下等 SaaS 布局则偏重支付通道本身。从主流支付机构看，收银机端、移动端 POS、微信端小程序 3 个软件应用是 SaaS 布局的主要依托。

（三）支付数据的管理将成为未来价值竞争的重要核心

党的十九届四中全会首次将数据增列为新的生产要素，五中全会再次确立了数据要素的市场地位。在当前数字化时代，对于企业来说，"得大数据者得天下"。支付具有数据密集的特点。支付数据的创新管理和应用主要集中在以下几个方面。

一是支付数据生产和收集更加高效和广泛。支付涉及资金转移，所以必须有核身和鉴权的环节，最常见的就是在开户 KYC（了解你的客户）环节，需要收集服务对象的身份、手机号、邮箱、地址以及账户等一系列个人信息，这些信息是个人信息的主体部分，基本能够形成一个人的静态画像。在 C 端业务中，围绕账户形成一系列数据环。截至 2020 年末，全国共开立银行账户 125.36 亿户，同比增长 10.43%，在如此大规模的账户背后，几乎包含大多数中国居民的个人信息数据，是全球最大的数据金矿。近年来，生物特征信息采集呈现规模化和产业化态势。从 2013 年苹果将指纹识别技术应用在手机上开始，生物特征识别技术便大规模进入我们的日常生活。除了指纹识别外，人脸识别技术发展迅速，特别是随着刷脸支付、刷脸辅助开户等服务的进一步推广，对生物特征信息的采集将越来越普遍。如不少银行还推出了刷脸取钱，不用带银行卡，也可以通过"刷脸"从 ATM 机上取钱，如果是装有面部识别功能的 ATM 机，在取钱时，只需点击"人脸提取"功能，就可以看到 ATM 机前的摄像头。虽然新冠肺炎疫情迟滞了刷脸支付的普及和推广，再加上消费者对人脸信息安全性的担忧，使刷脸支付的未来具有一定的不确定性，但是考虑到刷脸支付的便利性以及一些其他支付形态所不具备的特点，刷脸支付必将在未来支付业务发展中占据一席之地。

二是支付数据与交易行为数据相匹配和集成，形成对个人的动态画像，具备极高的商业价值。支付行为关联交易信息，通过对支付行为大数据的分析以及支付与交易信息的集成分析，能够对服务对象的交易偏好、行为特征以及经济能力等进行分析，构建以用户和场景为中心的关系网络和知识图谱，在一定程度上可以实现"预测未来"，从而进行精准营销和有针对性的业务拓展，大大提高了商业经营的触达率和成功率，推动支付业务流程更高效、用户服务更精准、风险防控更智能。同时，通过对支付数据的分析，建立违规业务的监测模型，形成对违规业务的实时监测和处置，形成高质量的风险管控。因此，对数据的深度运用，将形成巨大的商业价值和合规价值，也是支付产业数字化深度和广度的重要标志。

（四）支付数字化赋能成为数字化价值外溢的最重要体现，并形成广泛的创新驱动

移动支付不仅仅是收款问题，还聚焦在深层次商业经营方面，即如何帮助商家做好生意。移动支付看似是做现金流的生意，实则赚的是信息流的钱，支付数字化的重要特点是支付是所有经济活动中不可或缺的环节，同时也具有信息密集性和富集性特点，当支付产业数字化达到一定程度后，支付数字化赋能的力量就会逐步体现出来。

支付产业作为与终端消费接触最紧密的一端，如何通过数字化能力，将原先传统的简单支付服务转向数字化智能服务？支付产业连接电商、零售、旅游、餐饮等多个领域，如何充分结合数字化技术，为用户提供更好的数字化智能服务？这些都将是支付行业数字化的重要方向。

使用普适性的商业规则和增强市场间的联结度，可助力产业各方共同提升创新型产品和服务的竞争力。新冠肺炎疫情导致中小企业出现经营困境，主要表现为资金获取途径有限和数字工具匮乏。部署人工智能技术，通过分析消费记录来进行授信，可以广泛覆盖各类店铺，甚至最微型的店铺，其中

最为典型的例子就是供应链金融和 POS 贷产品，不仅能够帮助广大商户顺利获得小额贷款，助力其实现进一步发展，而且能够帮助小型企业开拓数字化运营平台，为其更便捷地获取新型数字资源赋能。随着"支付＋金融""支付＋营销"等一系列模式的逐步完善，支付产业的数字化赋能将越来越有力量，这也是未来支付产业转型的重要方向。未来支付产业主体提供的是行业的数字化解决方案，但是由于支付拥有广大的受理商户和最广泛的消费者，因此在推广和应用数字化的行业解决方案中具有较强的主导性，这也将成为其重要的利润来源。未来，就支付论支付，仅仅挣支付的佣金注定没有前途。支付不仅是支付，而且是基于或者关联支付的数字化解决方案。

（五）数字支付基础设施越来越完善，支撑能力不断增强

习近平总书记在 2020 年中央财经委员会第八次会议上强调，要强化支付结算等基础设施建设。数字支付基础设施对风险管控、业务连续性、承载能力等要求非常高，是数字经济"新基建"的重要组成部分。

支付基础设施快速发展，为支付业务创新提供了基础。包括结算账户、支付方式、支付清算系统、支付服务市场和各类金融交易清算结算安排在内的支付体系，已达到了高度信息化的水平。零售支付市场基础设施的发展，为支付机构参与支付市场分工创造了条件，使其可以依托成熟的支付系统，提供更加细分的专业化服务，满足客户个性化的支付需求。云计算和分布式架构能够应对高并发交易，迅速灵活地调整其服务能力，并提高支付业务系统承载力，成为金融基础设施发展的新趋势。

日均支付笔数过亿次的数字支付高度依赖现代化的跨行清算系统。根据中国人民银行公布的《2020 年支付体系运行总体情况》，支付体系包含大额实时支付系统、小额批量支付系统、网上支付跨行清算系统、同城清算系统、境内外币支付系统、银行行内支付系统、银行卡跨行支付系统、城市商业银行汇票处理系统和支付清算系统、农信银支付清算系统、人民币跨境支付系统、网联清算系统等，2020 年上述商户支付系统共处理支付业务7320.63 亿笔，金额 8195.29 万亿元，同比分别增长 28.77% 和 18.73%。其

中，作为零售支付转接清算系统的新贵，网联清算平台运行平稳。截至2020 年末，共有 560 家商业银行和 133 家支付机构接入网联平台。2020 年，网联清算平台共处理业务295431.68 亿笔，金额 348.86 万亿元，同比分别增长 36.63% 和 34.26%。

值得关注的是，在跨境金融网络与信息服务领域，新增平台型金融网关服务基础设施，简单理解就是"数据海关"，跨境支付数据要"出国"，必须先"过关"。近年来，我国境内金融机构越来越多地使用环球同业银行金融电讯协会（SWIFT）提供的跨境金融网络与信息服务，参与机构、业务规模日益增长，对业务的连续性、稳定性以及数据的合规性、安全性均提出了更高的要求。2021 年，为进一步提升跨境金融网络与信息服务水平，保障SWIFT 境内用户（以下简称用户）合法权益和业务连续性，SWIFT 与 4 家中资机构合资成立金融网关信息服务有限公司，为用户提供金融网关服务，包括建立并运营金融报文服务的本地网络集中点、建立并运营本地数据仓库等。这属于中国数据安全建设的"新基建"。

（六）支付产业数字化的技术驱动特征越来越明显

近年来，以数字身份认证技术、云计算、智能芯片、"5G + 物联网"为代表的新兴技术快速发展，从算力、算法、存储、网络等维度为支付创新提供底层支撑，推动支付介质、渠道、系统和身份验证方式等的重要变革。很难精准判断哪些技术能对支付产业形成新一轮的颠覆性影响，很多潜在的重大技术并不会直接推动支付创新，更多的是通过商业模式和生态的变革，为支付创新提供新的灵感和驱动力。近年来，我国狠抓底层技术研发，云计算和大数据技术较为成熟，现已广泛应用于消费金融、第三方支付、助贷等领域。随着 5G 商用步伐的不断加快，日趋成熟的物联网技术有助于实现更全面的数据收集、整合、处理和分析能力。人工智能与区块链技术进一步发展，并在经过实验验证和实践检验后，广泛应用于金融和支付业务的诸多环节。

一是 5G 和物联网加速推动支付行业朝数字化方向演进。物联网技术能够实现资金账户和设备 ID 的连接，有望实现万物皆可支付，如无人零售商店、无感支付、车载支付等。万事达卡战略、企业发展与兼并收购执行副总裁 Greg Ulrich 指出，5G 将带来新的机会，将对支付交易在哪里、支付交易如何以及支付交易与谁发生进行重构。对于支付来说，5G 将大大拓展对交易前、中、后可能发生的一切的认知。借助高速、永不断线的连接，消费者将拥有更多的选择、更丰富的信息和触手可及的个性化内容。

如果 5G 加上物联网，装有联网传感器的设备和物体的数量也会出现激增。这些传感器成为基于云或边界解决方案的虚拟神经末梢网络，可以通知、增强并发起支付行为。随着连接和整体技术成本的下降，更多设备和物体将拥有收单能力，真正接近无处不支付。汽车、智能家居等都具有收单功能。通过物联网，5G 可以支持自主、半自主设备和对象自动发起交易。如供热通风与空气调节（HVAC）设备可以监控空气状况和利用率，提示适时购买更换过滤器。冰箱可以自动检测鸡蛋、蔬菜等数量，如果发现数量不足，会自动下单采购进行补充。物联网和金融科技的结合，使得一些交易完全不需要人工参与。如何、何时、何地进行客户交互（包括支付）的模式将被重新改写，这将会给企业带来新的、巨大的商机。

二是 KYC 技术推动支付入口端的数字化发展。随着人工智能等技术的不断进步，人脸识别、声纹识别、虹膜识别等各种生物识别技术推陈出新，生物特征开始用于标识用户身份，为数字支付提供了安全、便捷、高效的新支付手段，如数字身份技术实现了新的发展。数字身份是指通过数字化信息将个体可识别地刻画出来，也可以理解为将真实的身份信息浓缩为数字代码形式的公钥或私钥，以便对个人的实时行为信息进行绑定、查询和验证。数字身份不仅包含出生信息、个体描述、生物特征等身份编码信息，而且涉及多种属性的个人行为信息。近年来，得益于光线活体检测、肢体动作和唇语检测等新技术的引入，数字身份认证的底层技术日趋成熟并广泛应用于金融业务场景，该项技术的识别准确率和可用性已在金融业务场景得到充分验证。

三是大数据和人工智能驱动支付业务模式创新变革。在支付数据足够形成规模的情况下，大数据和人工智能的结合，能够提高管理和业务决策分析水平，大大提升风控能力，推动业务数字化驱动。支付产业主体利用支付数据优势，可以对信用信息、个人偏好、行为特征等进行描述和刻画，从而为互联网业务或服务精细化发展提供数据支撑，成为获得客户或者增强客户黏性的重要手段。

四是区块链有助于提升支付的信任级别。目前，区块链技术在支付领域的应用探索主要集中在对实效性和性能要求不高的业务场景。例如，支付宝利用区块链技术极大地提升了跨境支付服务时效，微信利用区块链技术助力税务机关打造电子发票服务，等等。

（七）数字支付的安全管理将成为支付产业竞争力的显著标志

由于数字支付是远程和非面对面的，因此线上支付欺诈和洗钱风险越来越高。支付安全是生命线。支付风控水平成为支付产业发展的核心指标，做不到安全管理的机构不是被市场淘汰，就是被监管部门和法律法规淘汰。

相较于支付工具、产品的创新和蓬勃发展，支付安全方面的数字化也在加快推进，按照以网管网、以数字管数字的原则，打造防范支付风险的安全风控体系。

第一，支付产业主体是第一道防线。对违法违规支付业务和风险进行侦测，及时阻断违法违规支付业务的交易，对可疑支付交易附加额外的风险审查，确保符合监管要求。近年来，银行与支付机构主要采取了制定分级分类风控规则、建立风险监测预警和早期干预机制两项措施。中国支付清算协会的一项调查显示，74.47%的银行和30.77%的支付机构运用数据挖掘、机器学习等技术优化风险防控数据模型，61.70%的银行和33.33%的支付机构构建了动态风险计量评分体系，85.11%的银行和82.05%的支付机构制定了分级分类风控规则，87.23%的银行和73.72%的支付机构建立了风险监测预警和早期干预机制。

第二，清算机构是第二道防线。通过对转接清算业务的制度和风险进行规范与监测，利用跨机构数据的集中性，及时发现违法违规交易。

第三，行业的联防联控是第三道防线。通过中国支付清算协会或者第三方实现可疑交易信息共享，对违规账户、人员等实行联防联控。

第四，监管部门是第四道防线。通过监管科技实现对违法违规交易的监测，为监管提供数据支持。如跨境赌博的技术性、隐蔽性、反侦查水平都很高，实施交易监测和资金追溯存在很大难度，采用传统监管手段难以奏效，这就需要采用金融科技手段，运用大数据进行全天候的在线监测。

三　支付产业数字化存在的问题

（一）支付产业数字化环境比较复杂

支付产业链条长，服务主体众多，服务对象广泛，风险节点多，技术依赖性较强，外部环境复杂，导致行业综合治理的难度增大。一是不同参与主体的风险防控能力参差不齐，风险洼地效应明显，容易向产业链相对薄弱环节聚集，若链条中任何一个环节出现问题，都可能造成风险。二是为非法平台提供支付服务、无证经营等风险突出。虽然对违法活动进行了大力整顿和治理，但是洗钱、欺诈等违法活动以及非法平台对支付的刚性需求产生的利益驱动依然较强，通过账户（收款码）买卖、出租出借等方式进行非法支付的现象较为猖獗，"跑分""炒鞋"等违规平台屡禁不止，风险管理压力持续增大。支付市场的复杂环境使支付产业数字化面临创新与安全的权衡，客观上也给数字化创新与发展带来了更多挑战。

（二）支付产业数字化发展还不够均衡

市场整体环境在过去不够成熟，各产业间数字化协同的适配性较差。一是零售端的数字支付能力较强，产业端的支付服务偏弱。我国面向消费的数字化转型发展走在前面，但是产业数字化转型相对滞后，服务贸易的数字化还有较大发展空间，这种不均衡影响了支付产业的数字化发展。我国移动支付 C 端市场很发达，数字化应用程度很高，功能和用户体验非常好，但是 B 端支付市场服务水平偏弱，对产业互联和产业数字化转型的支撑能力有待进一步增强。二是数字支付在不同领域的应用程度不均衡。在商业领域，特别是实体店和电商等零售领域的应用比较成熟，数字化的服务能力比较强，但是在公共事业缴费、税收等社会公共服务领域的数字化服务能力相对弱一些。三是从产业链来看，前端的数字化服务能力较强，产品多样，功能丰富，用户体验非常好，覆盖面广；中后端的数字化服务能力较弱，如风险监测能力、金融基础设施数字化支撑能力等。四是数字支付的创新相较于驱动更强，但是对于大数据分析而言，强化风险监测的数字化风险管理能力较弱。

（三）数据管理和运用还不够规范

支付数据涉及公民的个人隐私，以及个人的财产安全和人身安全，对于企业来说是一种生产要素和财富。如果对企业使用数据不加以限制，就会出现过度采集数据、违规使用数据、非法交易数据等一系列问题，可能对公民隐私权甚至国家主权等产生潜在的威胁，其主要表现如下。一是支付类数据的非法获取和采集。很多 App 非法或者超范围收集个人数据。根据艾媒咨询发布的《2020 年中国手机 App 隐私权限测评报告》，目前我国多数手机App 存在强制超范围收集手机用户信息的情况。97％的 App 默认调用相机权限，35％的 App 默认调用读取联系人权限。例如，在某些 App、网站，如果用户不授权提供手机号、通信录、地理位置等信息，就无法继续使用和浏览，通过"服务胁迫"来达成"数据绑架"。近年来，对生物特征信息的收集引发了公众的关注。生物特征信息一旦泄露或被盗用，将无法通过重置方式来保护，属于不可逆的风险。而且，这些生物特征（如人脸、指纹等）信息一旦被非法用于其他领域，将给公民的个人隐私和安全带来潜在隐患。2021 年央视 3·15 晚会曾报道，部分商家利用店里的摄像头非法采集消费者人脸信息。二是通过非法技术入侵手段窃取数据。不法分子窃取数据的手段不断翻新，从面对面诱骗到远程网络攻击，从木马病毒到短信嗅探，个人隐私泄露等安全事件频频发生。三是大量涉及个人信息的数据被非法买卖用于牟利。金融数据的高价值导致隐私信息买卖的市场需求巨大、经济利益丰厚，不法分子为了牟利建立黑产链条，非法数据交易屡禁不止。四是数据被非法使用。通过非法获取数据来实施欺诈、盗取客户资金、进行骚扰性营销等违法行为，严重危害了社会安全，而通过大规模的数据获取和分析来实施有组织的金融犯罪，危害了国家金融安全。

在数据的合理化运用方面，由于标准不统一和部门权限问题，存在"有数不能用"的现象；由于业务和技术能力不足的问题，存在"有数不会用"的现象，这就导致数据金矿的产能不足，限制了数据运用最大化创造价值的能力。还有一种情况是数据孤岛现象比较严重，企业、政府、运营商之间的数据尚未实现共享。市场主体缺乏数据共享的意识和协作动机，将数据看作核心资产，从而形成数据孤岛。

（四）"数字鸿沟"问题解决还不够深入

"数字鸿沟"是指在数字化进程中，不同国家、地区、行业、企业、社区和群体之间，对信息和网络技术的拥有程度、应用程度以及创新能力存在差别而造成的信息落差和贫富两极分化的趋势。近年来，"数字鸿沟"现象在我国日益严重。许多老年人在打车、就医、购物和社交时面临很多困难，在衣食住行等诸多方面逐渐被边缘化，导致事实上的数字排斥、数字歧视和数字阻隔。在服务使用环节，老年人、农村居民等弱势群体因理解能力弱、接受度低、适应慢而无法灵活掌握各类智能产品与服务的使用方法。如"健康码"是 2020 年初新冠肺炎疫情期间社会管理的一项创新，它高效辨识了使用者的疫情风险情况。但事实上，各地都出现过老年人因不会使用"健康码"而带来生活不便的情况。"数字鸿沟"拉大了数字普惠金融服务的差距，提升了不同群体间生活质量的对比度和距离感。

四　对策建议

（一）推动支付产业数字化发展的政策设计

支付产业数字化需要科学、前瞻的顶层设计，引领和规范支付产业的数字化进程，统筹安全与发展，合理引导预期，少走弯路，不急转弯，持续、稳定推进。

一是在发展导向上，支付产业数字化要服务实体经济发展，只有扎根实体经济才具有生命力与成长性。要全方位赋能实体经济发展，不断壮大新模式、新业态和新产业，打通堵点，接续断点，畅通资金循环，服务经济大循环。

二是在政策设计上，鼓励守正创新，大力推动支付数字化和产品创新，打造"非接触式服务、远程式办理、浸入式体验"的智慧金融新模式。针对金融创新推行"监管沙盒"机制，在鼓励金融科技业务创新的同时防范系统性金融风险。坚持标准先行，加快完善支付产业数字化的国家级甚至全球行业标准，推进产业能力共享，破除技术壁垒，提升产业发展质量和水平。

三是在全球视野上，瞄准国际前沿，加快国际化步伐，继续提升数字化发展的国际竞争力，努力打造更多的国际一流支付产品，培育更多的国际一流企业，形成更多的支付产业数字化领域国际标准。

（二）加强数据运用规则制定和安全管理

中央财经委员会第九次会议指出，要健全完善规则制度，加快健全平台经济法律法规，及时填补规则空白和漏洞，加强数据产权制度建设，强化平台企业数据安全责任。

一是加快推进数据保护立法进度。遵循"用户授权、最小够用、专事专用、全程防护"原则，制定较为完备的数据管理、传递、储存、运用等一系列管理规定。尽快明确各方数据权益，特别是要明确用户对数据的权益。

二是加强数据全生命周期管理。综合国家安全、公众权益、个人隐私和企业合法利益等因素做好数据分类分级管理和防护，把好安全关口，严防数据泄露、篡改和滥用。推动完善数据流转和价格形成机制，充分并公平合理地利用数据价值，依法保护各交易主体利益。

三是完善数据安全技防体系。利用标记化、安全多方计算、分布存储等手段，从源头对数据进行脱敏处理，严格控制信息访问权限，严防个人金融信息泄露、篡改和滥用。

四是强化数据统筹运用。由监管部门、地方政府、行业协会牵头建立有效的数据共享机制，破除信息共享的制度性障碍，打破数据共享壁垒，推动分散在各部门、各系统中的数据逐步整合，创新数据运用的科技，充分挖掘大数据的价值。

（三）进一步提升数字化治理能力

加强对数字化发展的引导和规范，合规使用数据，守正创新，强化风险监测，加强基础设施建设，为支付产业数字化发展提供有力保障。

一是大力推动监管科技发展。利用新一代技术增强监管效能，提高监管的专业性、统一性和穿透性。要充分发挥支付领域转接清算系统的数据监测和防控作用，全面提升金融监管效能，织密风险防控的"安全网"。

二是加强数字化的风险防范。研究、关注和监测数字化发展中出现的新情况、新问题、新风险，深入研判新技术的适用性和安全性，充分评估新技术和业务融合的潜在风险，建立健全以数字为核心，在线监测为方式，监测、响应、阻断、处置一体化的风险防范机制，坚决守住不发生系统性风险的底线。

三是加强数字基础设施建设。加强支付结算类基础设施的自主可控和业务连续性建设，完善备份系统，推进分布式技术架构应用，避免对单一产品或技术的依赖，培育具有弹性的供应链体系，保障供应链安全。

（四）推动支付普惠发展，弥合"数字鸿沟"

进一步落实国务院办公厅发布的《关于切实解决老年人运用智能技术困难的实施方案》，推动支付普惠发展，为金融普惠发展打好基础。

一是创新定制化、对路子的普惠支付产品。针对老年人、贫困边缘户等特殊群体的"数字鸿沟"问题，推出大字版、语音版、简洁版金融 App，优化非接触式服务体验和流程，提升金融产品的易用性与安全性，让更多的人共享科技发展成果。

二是探索建立健全线上线下一体化的农村缴费模式。实现水、电、燃气等公共事业缴费"一站式"办理，推动社保服务激活、就医结算、交通购票等公共服务数字化转型，让农民享受更优质便捷的服务体验。

三是发挥支付与其他普惠服务的联动作用。加强惠农金融服务点与益农信息社、电商服务站等融合共享，运用移动金融 App、开放 API 等手段拓宽服务半径，打造"跨金融机构互通、线上与线下打通、金融与公共领域融通"的服务新模式，进一步丰富特色化、综合化涉农金融服务和产品，加强农村支付服务的薄弱环节，填补农村金融服务空白。

参考文献

范一飞：《数据安全保护刻不容缓，数字鸿沟弥合任重道远》，《金融时报》2020 年 10 月 22 日。

李意安：《SaaS 真是支付公司的变现王道吗？》，十字财经，2020 年 1 月 4 日。梁春晓：《代际数字鸿沟，在老龄化与数字化"共振"中扩大》，中国日报网，2021 年 3 月 2 日。

王松奇主编《银行数字化转型：路径与策略》，机械工业出版社，2021。温信祥主编《支付研究（2020 卷）》，中国金融出版社，2020。

杨涛、程炼主编《中国支付清算发展报告（2020）》，社会科学文献出版社，2020。

郑平平：《银行数字化转型下金融科技发展的机遇》，中国电子银行网，2020 年 8 月 21 日。

第十一章
全球支付清算体系发展研究

周莉萍[*]

摘　要：　本章系统梳理了新冠肺炎疫情暴发以来的全球支付清算体系
发展情况。研究发现，疫情深化了支付行业原有的向数字化
支付、非现金支付发展的趋势；各国现金支付比例继续下降；
全球支付行业收入下降。支付行业的部分冲击或将伴随疫情
防控进展、消费复苏等因素而改变。2020年，除了印度银行
卡市场因技术更新换代而出现暂时萎缩之外，各国银行卡依
然快速发展。同时，我们发现，现金支付偏好总体下降，但
部分国家的现金支付偏好黏性高，如日本和欧洲地区部分国
家，中国居民的现金支付偏好呈现快速下降趋势。现金支付
黏性与国内金融体系发展、社会习俗、居民隐私意识等多重
因素高度相关，这为央行未来现金管理指明了方向。

关键词：　全球支付清算体系　非现金支付　现金支付　跨境支付

2020年是极为特殊的一年，任何一个行业都作为现实试验的一部分，
遭受了全球新冠肺炎疫情这一严重的外部冲击。支付行业发展规模是否大幅
萎缩？疫情之下的全球支付行业结构是否发生了根本性变化？现金支付比例

---

* 周莉萍，经济学博士，副研究员，中国社会科学院金融研究所支付清算研究中心副主任兼秘
书长，主要研究领域为货币理论、支付清算、金融市场等。

是否加速下滑？跨境支付市场有何进展？以此为出发点，本章主要关注自2020年以来全球主要国家和地区支付市场受到的疫情冲击，以及全球现金支付、非现金支付、跨境支付市场的主要进展等。

一　新冠肺炎疫情对全球支付市场的冲击

全球新冠肺炎疫情如何冲击支付行业？在回答此问题之前，有必要简单回顾一下历史上一般疫情对支付工具的影响。面对疫情，第一个疑问是"病毒能否在传统支付工具载体如纸币、硬币上存活？"微生物学研究肯定了这一观点，科学家们已经肯定病毒、细菌、真菌、寄生虫都可以在纸币和硬币上存活一定时间。其中，流感病毒可以在纸币上存活数小时、数天，尤其是附着在鼻涕里面的、不能渗透的物体表面，其存活时间更长（Angelakis et al.，2014；Lopez et al.，2011）。世界卫生组织和科学家们也已肯定，新冠肺炎病毒可以在任何领域传播，它可以在空气中存活数小时，在钱币和电话屏幕上存活数周，在桌面等光滑物体表面存活数天，但是否会通过这些介质传染，证据还不足（Doremalen et al.，2020；Miller，2020；WHO，2020）。即便如此，只要肯定病毒能在实体钱币上存活，人们就会开始考虑改变支付选择。主要国家央行也高度关注疫情对现金、银行卡等的影响。英格兰银行认为，纸币传染病毒的风险非常低，且没有真实的证据（Bank of England，2020）。多家央行开始采取实际行动对抗疫情对现金的冲击，如公开呼吁零售商户不能拒收消费者的现金、对现金进行消毒；也有部分央行开始鼓励公众使用非现金支付工具。

相比病毒传播带来的直接影响，新冠肺炎疫情对支付市场更为严重的冲击比较间接，影响也更为深远，具体冲击路径如下。首先，保持社交距离、隔离要求等防疫措施对全球旅游、娱乐、体育等典型的户外接触型行业形成巨大冲击，对全球消费和总需求形成一定的负面冲击（各国和各地区的消费冲击程度不一，部分地区的零售消费总额并没有大幅下降），支付市场规模随之萎缩已是必然。其次，疫情防控措施改变了消费者行为模式，如购物方式和支付方式等，线上电商平台购物推动非现金支付获得巨大发展，直接改变了支付结构。最后，疫情之下各国实行超低利率等救助性政策，超低利率已经从短期政策利率波及 10 年期国债等长期利率，部分国家和地区的市场利率长期为负。对于银行卡支付占比较高的发达国家，利息收入占支付机构收入的比例较高，金融机构的支付收入必然伴随超低利率大幅下降，进而支付机构利润、支付行业利润、金融机构利润均会受到不同程度的负面冲击。

疫情改变了支付结构，推动了数字化支付、非现金支付的大发展。从支付结构来看，包括银行卡、电子钱包等在内的全球非现金支付获得了新发展。在新冠肺炎疫情出现之前，全球的非现金支付已经以历史最高增速（14%）、连续数年增长至历史新高点（7085 亿笔），很有可能迎来一个相对平稳的增速时期。以当时的年均增速来估算，在没有严重外部冲击的情况之下，全球非现金支付的年均增速将保持在 12% 的水平（Capgemini，2020）。疫情之下，全球 30% 的消费者正在使用新型支付工具，超过 38% 的用户称在疫情期间使用了新型支付工具。从地区分布来看，无论是否考虑疫情因素，亚太地区仍是全球非现金支付发展最快的地区。2020 年初，该地区的非现金支付增速高达 30% 以上，交易量多达 2436 亿笔。移动支付等非现金支付工具增长的根本动力依然来自电子商务自身发展、二维码等移动支付应用技术。

据不完全统计，在各类新型支付工具中，受全球消费者欢迎程度从高到低的非现金支付工具依次是网络银行、直接账户转移、无接触卡片、数字钱包等。新冠肺炎疫情确实冲击了各国和各地区的支付结构。如 2020 年上半年，瑞士的借记卡支付比例从疫情之前的 65% 上升至 72%。澳大利亚的信用卡支付比例比疫情之前下降了 5 个百分点。亚洲国家则一直青睐快捷支付和移动支付，借记卡和信用卡支付比例几乎未变（McKinsey，2020）。

各国现金支付比例继续下降。在相对固定的支付市场份额之下，现金支付与非现金支付必然呈现此消彼长的发展态势，非现金支付的大发展也必然意味着现金支付市场份额的萎缩。现金支付指标涵盖了现金交易、现金提取等。疫情之前，各国和各地区现金支付萎缩的主要原因不同，在发达国家，银行卡支付是主要的替代因素，而在新兴经济体，移动支付则后来者居上，超越银行卡支付，成为替代现金支付的主因。疫情之后，疫情自身成为最主要的冲击因素。无论是社交距离、购物方式，还是其他疫情防控措施，直接接触式的现金支付都被视为潜在的病毒传染渠道（尽管没有被科学所论证）。现金成为疫情的"牺牲品"。与现金相关的金融基础设施也在萎缩。例如，诸多国家的商业银行因疫情直接关闭了多家分支机构和 ATM 机终端，将银行业务转至网络银行等。这种冲击的深远影响或许比当前看到的短期冲击更为严重。现金支付规模萎缩成为一种较为明确的发展趋势。对于主要经营现金业务的商业银行而言，冲击与利好并存，现金支付的减少也意味着现金运营成本的降低。

具体而言，发达经济体此前和现在的现金支付比例均低于新兴经济体，其现金支付在近 10 年的下降速度也快于新兴经济体。换句话说，发达经济体支付体系非现金化的平均发展速度快于新兴经济体。从区域来看，北欧地区和亚洲地区部分国家的非现金化进程总体快于其他地区。例如，全球最接近"无现金社会"的瑞典，2020 年的现金支付比例仅为 9%，比 2010 年下降了 47 个百分点（见图 11 - 1）。

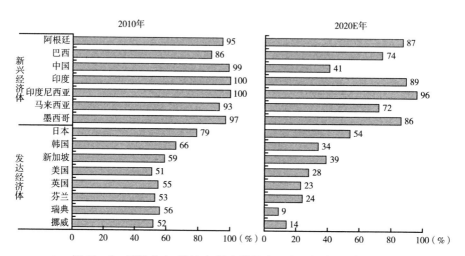

图 11 - 1　2010 年与 2020 年代表性国家现金支付萎缩态势对比

注：2020 年为预测数据。
资料来源：McKinsey，"The 2020 McKinsey Global Payments Report"，2020。

全球支付行业收入下降。在过去 10 年，全球支付行业收入增速超过全球 GDP 增速。据不完全统计，支付收入占商业银行总收入的 25%～40%，支付收入增速超过了商业银行总收入增速。全球支付收入在 2020 年上半年受到的负面冲击较大，环比下降近 22%；全年支付收入下降规模约为 1400 亿美元，下降比例约为 7%，而在疫情之前的数年中，全球支付收入年均增速约为 7%（McKinsey，2020），2019 年全球支付收入总额约为 2 万亿美元，较 2018 年提高了 5%（McKinsey，2020）。就地区结构分布而言，全球支付行业收入与各地区支付业务发展成正比，亚太地区的支付收入占据全球支付总收入的近一半。但疫情冲击往往被市场视为短期外部冲击，没有改变行业发展趋势、侵蚀行业发展基础，规模的萎缩或是暂时性的。

跨境支付被疫情严重冲击。跨境支付估算口径的不同，导致不同机构得出差异较大的统计数据。据国际清算银行（BIS）估算，全球每年跨境支付规模为 100 亿～150 亿笔，金额为 250 亿～300 亿美元。McKinsey（2020）估算的 2019 年全球跨境支付总规模约为 130 万亿美元，跨境支付毛收入约为 2240 亿美元，比 2018 年增长 4%。但 2020 年的跨境支付受到了全球新冠肺炎疫情的严重冲击，在全球几乎所有国家都实施疫情管控措施的情形下，全球商务旅行规模萎缩近 70%，疫情叠加全球贸易摩擦导致全球贸易萎缩近 1/5（McKinsey，2020），这些因素直接冲击传统形式的跨境支付，如个人跨境汇款、B2C 跨境支付。电子商务跨境支付则因疫情反而受益。

疫情之下，商业银行和其他支付机构均调整了战略发展方向，快速转向能迎合市场需求的快捷支付、数字化支付等非现金支付方式。支付结构转型带来了怎样的风险？调研显示，42% 的支付机构认为引发了网络攻击风险，37% 的支付机构认为引发了监管风险，35% 的支付机构认为增加了操作风险，30% 的支付机构认为新增了商业风险。除了这些新增风险，多数支付机构仍面临洗钱和恐怖主义融资等传统风险。与此同时，使用者的风险也在增加，企业需要支付机构提供更加高效和全面的风险管理方式。

总之，疫情对全球支付行业规模的冲击或是暂时的，疫情防控效果和进展是其波动的源泉，行业规模将伴随疫情治理进展、消费复苏等因素而改变。

但支付行业结构转变以及各国和各地区形成的非现金支付发展趋势，或将成为疫情之后全球支付行业发展的一种新常态。对非现金支付的接纳，也不仅仅改变支付行业，甚至可能改变政府和市场对央行数字货币的基本态度。

二　主要国家和地区银行卡市场发展

由于公开数据自身的滞后因素，我们尚不能通过下述数据看到疫情对银行卡和现金等支付工具的完整影响，2019 年数据反映的依然是支付体系自身内在的发展特征。

从图 11 - 2 可以看出，2019 年，德国、美国、中国的银行卡发行增量超过 2018 年，增速为正，其中增速最高的是中国，为 10.82%。印度和英国的银行卡发行量增速为负，分别下降了 11.47% 和 1.08%。英国的银行卡增速在两年前已开始为负，市场饱和度高。但印度银行卡市场的萎缩属于特殊事件。2018 年 10 月，印度的借记卡数量达到了 9.98 亿张，80% 的居民拥有银行卡，印度银行卡市场发展空间较大，在 2019 年突破 10 亿张似乎不难。但结果出乎意料，银行卡市场在当年大幅萎缩。主要原因是，印度央行要求商业银行对借记卡和信用卡进行更新换代，改用符合全球标准的 EMV 卡片，因此这里存在一个银行卡片已回收，但新卡片还没有发放的过程。同时，借助银行卡片升级换代契机，储蓄者和商业银行都部分消除了长期休眠的银行卡。以上两大因素导致 2019 年印度银行卡数量大幅萎缩。与此同时，与银行卡高度相关的 POS 终端设备数量也大幅下降。2019 年初的 POS 终端设备数量低于 2018 年10 月，POS 交易规模也大大低于 2018 年。暂时的政策性因素难改印度银行卡市场未来的发展趋势。银行卡在印度主要用于低频、大额支付，电子钱包则主要用于高频、小额支付，各自适用场景不同，未来依然可期。

人均持卡量是衡量一国银行卡市场发展水平的主要指标之一。从图11 - 3可以看出，日本的人均持卡量最高。日本银行卡人均持有量位居全球前列的背后，一些结构性因素不可忽视。近年来，日本的信用卡和借记卡发行量增速较为稳定，个别年份为负，可见市场接近饱和。但有电子货币职能的银行卡发行量增速则居高不下，2019 年增速甚至接近 12%。

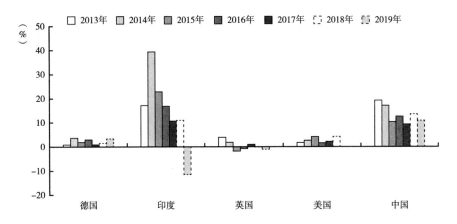

图 11 - 2 2013～2019 年主要国家银行卡发行量增速

注：个别国家部分年份数据缺失，下同。

资料来源：BIS。

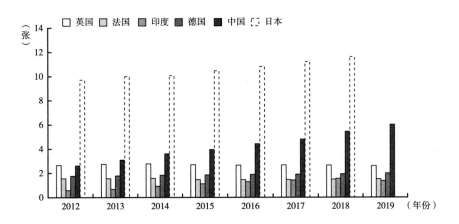

图 11 - 3 2012～2019 年主要国家人均持卡量

资料来源：BIS。

各国居民对不同性质的银行卡的偏好不一。中国居民对各类借记卡的偏好非常明显。无论是否具有现金支取功能，中国的人均借记卡持有量都居全球首位，2019 年中国居民平均持有的现金卡和借记卡分别为 6.01 张、5.48 张（见图 11 -4、图 11 -5）。居民较为偏好现金卡、借记卡的发达国家主要为美国和日本。2018 年美国人均现金卡持有量为 3.05 张，日本的人均借记卡持有量为 3. 52 张。中国借记卡市场的发达折射出两个主要现象：一是居民深受"量入为出"理念的影响，透支消费的理念在国内并不盛行；二是征信体系及信用卡市场在国内仍不发达，未来有巨大的发展空间。当然，卡片市场也与商业银行体系高度相关。国内商业银行主导的金融结构得益于高储蓄，储蓄一直是商业银行负债的主体工具，商业银行对储蓄负债依赖程度高，因此也更偏好发行借记卡。

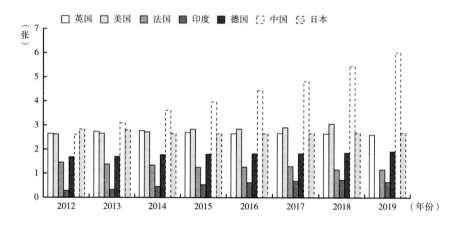

图 11 - 4 2012～2019 年主要国家人均持卡量——现金卡

资料来源：BIS。

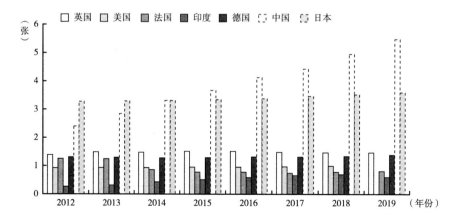

图 11 - 5 2012～2019 年主要国家人均持卡量——借记卡

资料来源：BIS。

相比之下，北欧、美国等国家的居民偏好信用卡或者具有准信用卡性质的延迟借记卡，其信用卡覆盖率位居全球前列，几乎所有人都拥有信用卡（见图11－6、图11－7）。法国和德国人均持有的延迟借记卡数量较多，平均3个人中就有1个人拥有1张延迟借记卡。当然，延迟借记卡具有特殊性质，全球只有个别国家如德国、法国、英国和印度才发行此类卡片。而美国、北欧等的信用卡体系高度发达，其主要原因是这些国家或地区的征信体系建立较早，各项制度较为完善。

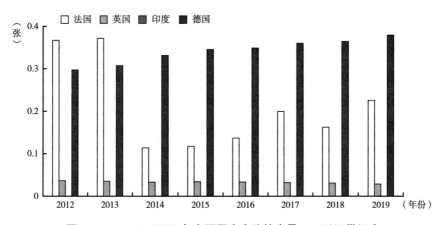

图11－6　2012～2019年主要国家人均持卡量——延迟借记卡

资料来源：BIS。

三　主要国家和地区现金支付发展

疫情之前，全球现金支付已呈现快速萎缩趋势，但个别国家和地区居民的现金偏好有较高的黏性。什么因素决定了现金支付偏好的黏性？本部分主要分析全球现金支付概况，以及现金支付偏好黏性的基本决定因素。

（一）现金支付概况

现金支付有几个较为间接的指标，包括流通中的现金存量、居民年均提现次数、日均提现次数及其增速等。流通中的现金存量属于重要的货币需求

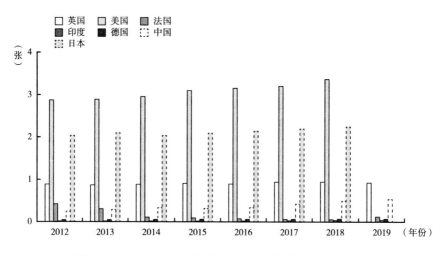

图 11 - 7　2012~2019 年主要国家人均持卡量——信用卡

资料来源：BIS。

因素，它主要受国民经济发达程度如一国 GDP 规模等的影响。从图 11 - 8、图 11 - 9 可以看出，主要国家和地区流通中的现金存量与其 GDP 规模完全正相关，流通中的现金存量规模较大的是美国、欧盟地区、中国、日本等。现金作为交易媒介会产生支付需求，同时作为窖藏货币会产生贮藏需求。因此，流通中的现金存量规模与现金支付偏好并不完全一致，如中国居民的现金支付偏好相对不强，国内流通中的现金存量与我国 GDP 规模和增速高度正相关，与现金支付弱相关。

　　提现次数能较为真实地反映居民的现金需求，并在一定程度上体现居民的现金支付偏好。欧盟地区居民的现金需求比较突出。其中，英国居民的现金偏好最强，年均提现次数最高峰时曾高达 40 次左右，但近年来逐步下降，2019 年英国居民年均提现次数已降至 20 次左右。德国和法国居民的现金偏好一直稳中有升，法国居民年均提现次数维持在 25~30 次，德国居民年均提现次数基本稳定在 25 次左右（见图 11 - 10）。但从现金提取次数的增速来看，这些发达国家的增速均为负数。居民年均提现次数仅为 5 次左右的印度，其增速却位居全球前列（见图 11 - 11）。中国居民年均提现次数不断下降，2019 年约为 8 次，但增速为负数，且逐年萎缩，与印度最新的情况呈相反的趋势。

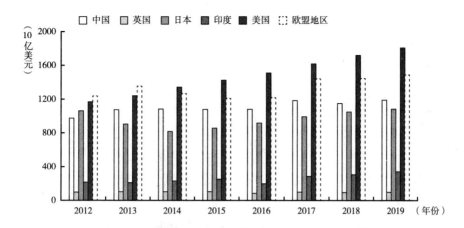

图 11 - 8　2012～2019 年主要国家和地区流通中的现金存量——银行券和硬币

资料来源：BIS。

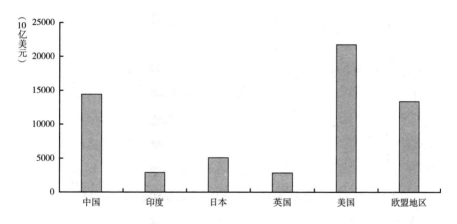

图 11 - 9　2019 年主要国家和地区的 GDP

相对于一国单个居民年均提现次数，一国居民日均提现次数与其人口基数更为关联。在现金偏好相对稳定的情况下，一国居民日均提现次数与其人口规模、GDP 规模等完全正相关。全球人口规模、GDP 规模及其增速均位居前列的中国和印度，2019 年居民日均提现次数也明显多于其他国家，分别为 3119.2 万次、2630.7 万次（见图 11 - 12）。

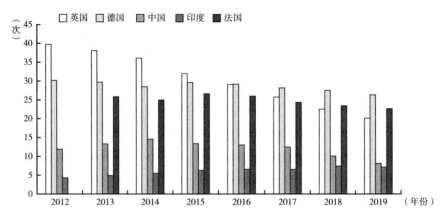

图 11－10　2012～2019 年主要国家居民年均提现次数

资料来源：BIS。

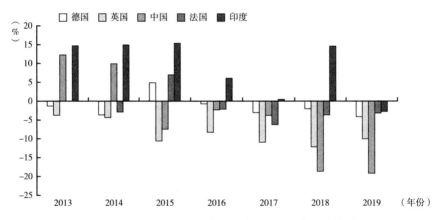

图 11－11　2013～2019 年主要国家居民年均提现次数增速

资料来源：BIS。

（二）理论探讨：现金支付黏性如何形成、如何退却？

一个老生常谈的理论问题是，为什么有些国家的居民一直偏好现金支付，而有些国家的居民却能迅速放弃现金支付偏好？换句话说，现金支付的黏性如何形成、如何退却？

若要回答此问题，需要回到问题的起点，即现金支付有哪些优势。首先，毫无疑问，现金最突出的、无法被完全替代的优势是其具有匿名性。匿

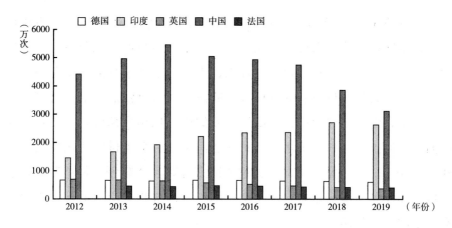

图 11－12　2012～2019 年主要国家日均提现次数

资料来源：BIS。

名性能保证最高程度的个人隐私，而注重个人隐私保护的国家无疑会相对青睐现金支付。其次，支付风险是消费者进行支付选择的一个重要维度。现金支付有其自身的风险，如现金被盗风险、假钞风险、其他政策风险（如废钞风险）等。如果一个国家的现金管理能最大限度地降低上述风险，则居民的现金支付偏好会相对上升。再次，中央银行、商业银行等现金管理机构能提供相对完善的服务。中央银行决定纸币的面额等发行信息，商业银行决定现金存取的设备安排、效率和服务等。以发行面额为例，纸币主要用于小额支付，部分国家发行了相对大面额的纸币，如日本，这在一定程度上弥补了现钞只能小额支付的缺陷。仍以日本为例，在商业银行取款服务时间有限的情况下，日本的便利店内基本配置了 ATM 机，能很好地弥补商业银行现金服务的时间限制缺陷。最后，不受年龄、性别等因素的限制。相对而言，现金支付的技术含量较低，普通居民无须掌握太多附加知识便可使用，而移动支付大多依托智能手机，绑定的偏好决定了移动支付偏好群体的局限性。老年人因多重因素很难迅速转向新型支付手段，现金支付依然是首选。

在上述几类因素综合比较下，一些国家的现金支付偏好相对比较稳健，现金支付偏好的黏性较高，如日本。日本无假币、最大面额纸币为1 万日元、便利店内设置 ATM 机便于消费者 24 小时都能取到钱，以及日本的老龄化程度较高等多重因素导致日本人偏好现金支付。相对而言，日本的移动支付发展步伐相对缓慢。原因不是市场竞争不够，恰恰相反，日本的移动支付竞争相当激烈，市场份额非常分散，没有突出的市场寡头。典型案例还有欧洲国家。欧洲国家虽然以信用卡支付等卡片支付为主，但在全球范围内，欧洲国家的居民也相对偏好现金支付。如欧洲央行调查统计数据显示，西班牙居民选择现金支付的比例仍然高达80%～90%。原因是多重的，如这些国家有对各项服务支付小费的社会习俗、控制消费支出水平、注重个人隐私等，这些对当地的现金支付仍有一定的促进作用。

为什么曾经对现金支付偏好具有高黏着度的中国居民能很快从现金支付偏好转移至其他非现金支付工具？中国居民的现金支付黏性呈现较快的退却态势。中国居民是现金需求、现金支付偏好下降较快的群体，2019年居民年均提现次数下降了19.18%，延续了自2015年以来的下降趋势，为全球现金偏好黏性降速之最。2014年是中国居民年均提现次数增速最后一次为正的年份。众所周知，2014年也被学者们称为中国互联网金融发展的"元年"。移动支付的开启直接导致居民现金支付偏好的下降。至今，中国部分居民已开启无现金生活。同时，我们认为，现金支付最具优势的特性——匿名性，及其相对优势——假钞少、取现便利、大面额纸币供给等，在国内都不够突出，这导致国内现金支付黏性的快速下滑。此外，国内居民个人隐私保护意识不够突出，假钞问题依然存在，取现相对不够便利，人均拥有的ATM机数量少，以及无100元以上大面额纸币（日本纸币最高面额约为人民币600元），这些都不利于稳定居民的现金支付偏好黏性。

现金支付是一种选择，一种法定货币赋予居民的权利。在市场因素冲击下，现金支付确实在不断萎缩，但不应因此而直接剥夺个人选择现金支付的权利。支付服务的多样性、便利性是一种进步，但支付服务的市场垄断将是一种倒退。因此，在高速非现金化的过程中，几乎所有国家和地区依然在维护居民使用现金进行支付的权利。除了现金支付市场，跨境支付市场近年来的变化也值得关注。

四　跨境支付市场进展

抛却新冠肺炎疫情冲击和全球贸易摩擦影响，跨境支付市场自身也有内在发展趋势，也存在诸多问题。一个较为明显的发展趋势是跨境支付开始由传统模式如代理行模式转向新型模式，什么原因导致了这种转变？学者们尚未给出一致答案。据 SWIFT（2019）统计，2011～2018 年，全球代理行关系的数量下降了 20%。这说明快速增长的跨境支付实际上在以代理行模式之外的机制运行。BIS（2020）认为，当前有可能改进跨境支付代理行模式的技术项目或模式大致有三类：一是国内支付基础设施的互联互通；二是跨境闭环专有体系；三是基于区块链技术的点对点模式（Peer to Peer）。所有的发展都起源于跨境支付市场自身的问题。

（一）跨境支付市场较为明显的发展问题

与高度发达的各国国内支付相比，当前全球跨境支付普遍存在成本高、时间长、不透明、风险高等问题，这些痛点也成为各国竞相发展跨境支付的直接切入点。一是跨境支付成本偏高。以跨境个人汇款为例，据世界银行统计，2020 年上半年，全球个人跨境汇款的平均费率为 6.7%。其中，500 美元汇款的平均费率为 4.42%，过去 5 年来降低了 0.54 个百分点。这一费率在 G20 国家较低，为 4.47%，但在巴西骤然上升至 9.19%，在南非依然较高，为 8.58%，费率最低的是俄罗斯，为 1.55%（World Bank，2020）。跨境支付成本主要为商业银行的手续费、外汇成本、电信成本、银行卡交换费以及其他费用。当前的跨境支付费率高于 G20 在 2009 年制定的全球跨境支付平均费率（5%），也远高于联合国确定的"至 2030 年将跨境支付费率降低至 3%"的可持续发展目标。总之，商业银行是近几十年来跨境支付领域的主导者，但其并没有利用金融科技提高跨境支付的效率、降低跨境支付的成本，导致跨境支付费率对于消费者而言依然较高。二是资金清算存在时滞。首先，当前的银行间跨境支付服务实效、效率均不高，如跨境支付服务受银行工作时间约束，只有在工作日的工作时间才能执行跨境支付服务；其次，跨境支付时间长，一般需要隔日才能完成清算服务。三是支付进程不透明，不可完全追踪。与国内支付不同，跨境支付涉及多个机构，虽然SWIFT等机构声称其全球支付创新技术已经实现了终端—终端的追踪，但跨境支付涉及多个机构，机构之间并不是从属或主导关系，这导致多个前台和后台环节不能在同一平台上完全透明展示。四是汇率波动风险。跨境支付面临各个期限的汇率波动风险，没有合适的金融工具可以规避实时支付的汇率风险，由此直接抬高了跨境支付成本。

（二）跨境支付清算体系主要运行模式

在金融科技推动下，跨境支付市场获得了新发展。目前，主要的跨境支付清算体系存在以下几种运行模式，各自发展特点不同，适用场景也不同。

1.代理行模式

在跨境支付领域，P2P跨境支付和汇款依然主要通过代理行（Correspondent Banking）网络来进行，相互代理的技术支撑包括SWIFT和其他电信联通方式，全球仅通过SWIFT进行电文传送的代理行就有3500家。其次是数字钱包等移动支付，跨境支付效率和支付成本是最根本的竞争驱动因素。世界银行鼓励跨境个人电汇支付，认为流入发展中国家的境外汇款是缓解家庭贫困、提升支撑教育、改善儿童工作等问题的重要手段，世界银行致力于推动降低跨境汇款费用、有利于金融包容发展的措施。据世界银行估计，2019年流入中低收入国家的个人跨境电汇总额为5540亿美元，2000万~3000万非洲移民每年通过跨境汇款向非洲汇款400亿美元左右。2020年，受新冠肺炎疫情影响，流入中低收入国家的跨境汇款将下降19.7%，约为4450亿美元（World Bank，2020）。

在商业领域，跨境支付主要由B2B商业模式主导，即跨国公司之间的资金往来，其主要执行机构依然是商业银行，全球大约95%的跨境支付的清算是通过商业银行进行的。《2019年度中国跨境电商市场数据监测报告》显示，国内由商业银行主导的B2B跨境支付，2018年占跨境支付总规模的比例为85%，2019

年占比为 80.5%。微信、支付宝和银联国际主导的 B2C 跨境支付，2018 年占比为 15%，2019 年占比为 19%。也就是说，B2C 跨境支付呈上升趋势。

在金融科技和其他市场竞争的推动下，跨境支付的前端机构已经多元化，包括商业银行、金融科技公司、第三方支付机构等。但是，跨境支付的基础设施依然主要是商业银行，商业银行依然是跨境结算和清算的主要机构，即跨境支付的代理行模式。代理行模式涉及付款人、付款行、收款人、收款行四方。代理行模式存在的主要原因是，外国银行不能在本国央行的清算体系中开户，只能依赖对方央行清算体系中的结算行，信息传递则大多通过 SWIFT 系统。也可能是因为跨境零售支付是一种不容易扩展的特殊业务或增值业务。此外，传统的支付服务机构没有强烈的动机通过改变其技术和流程来改进跨境零售支付，并且新的跨境零售支付提供商可能会受到现有基础设施和协议的限制（BIS，2019）。

2. 跨境专有闭环模式

跨境专有闭环模式指的是付款人和收款人在同一闭环系统中开立账户或以其他方式使用同一闭环系统，中央支付服务机构为付款人和收款人双方服务，并控制端到端付款。典型的跨境专有闭环模式服务机构包括 Western Union、MoneyGram 等。如果封闭的专有网络激增，那么很可能会发生市场分裂，此时如果用户需要协商一系列封闭的网络通道，可能并不代表当前代理银行业务的改善。

跨境专有闭环模式也存在明显的缺陷，主要是没有形成统一的国际监管标准，导致在某些地区，跨境专有闭环系统可能不会像传统的支付清算体系那样受到同样的管理、监督和监管，而其提供跨境支付服务，尤其是外汇服务，需要承担财务风险和运营风险。有风险而没有被监管，就可能出现倒闭风险、挤兑风险甚至传染风险。

3. 基础设施区域一体化模式

基础设施区域一体化模式涉及构建区域性的支付系统或将不同国家和地区的支付清算基础设施连接起来，以推动区域内不同币种交易的跨境支付。典型的案例包括用于 ACHs（自动清算所）之间互连的欧洲自动清算所协会

（EACHA）框架、阿拉伯区域支付系统、2003 年成立的墨西哥 Directo a México 等系统。

以欧洲自动清算所协会框架为例，这是一个欧洲自动清算所的技术合作论坛，目前由 27 个成员机构组成，它根据适用于单一欧元支付区的计划规则手册，制定了信贷转移和即时支付的互操作性框架。虽然互操作性框架可以构成建立 ACHs 之间连接的基础，但是否建立互操作性连接，以及如果建立互操作性连接，选择与哪个 ACH 连接，则取决于各个 ACH 的选择。如果 ACHs 选择建立互操作性连接，欧洲自动清算所协会框架则允许各方使用相同的技术标准和程序，并完全自动地交换数据。互操作性框架促进了 ACHs 之间的互操作性，但也可能被支付清算体系使用，并帮助支付基础设施运营商满足欧洲联盟第 260/2012 号内部条例对技术互操作性的要求。建立互操作性框架的另一个例子是国际支付框架协会（IPFA）的工作。

4. 点对点模式

基于分布式账本技术（DLT）的点对点模式解决方案处于新生阶段。DLT 应用于中央银行和其他机构已出现几个案例，如加拿大银行的 Jasper 项目（2017 年）、新加坡金融管理局的 Ubin 项目（2017 年）、日本银行和欧洲央行的 Stella 项目（2017 年）。但点对点模式存在法律和监管方面的障碍，这些方面在短期内难以完全达成共识。因此，使用 DLT 可能需要一段时间才能显著改善跨境零售支付。四种跨境支付模式有各自的优缺点、适用场景等，具体见表 11 – 1。

表 11 – 1　四种跨境支付模式的优缺点、适用场景

跨境支付模式	涉及主体	优缺点	适用场景
代理行模式	付款人、付款行、收款人、收款行	优点:可得性高、使用门槛低 缺点:成本高、耗时长、不透明	传统货币
跨境专有闭环模式	付款人、收款人、专有闭环	优点:提高了跨境支付效率 缺点:没有统一的国际监管标准，潜在风险高	传统货币
基础设施区域一体化模式	多国央行	优点:跨区域支付的清算效率较高 缺点:对技术互操作性要求高	传统货币

续表

跨境支付模式	涉及主体	优缺点	适用场景
点对点模式	中央银行、商业银行或其他机构、付款人、收款人	优点:使用分布式账本技术,去中心化、不可篡改 缺点:法律障碍	数字货币

资料来源:笔者整理。

随着国内支付媒介的不断创新,跨境支付的前端交易媒介也有创新需求,如跨境移动支付、跨境数字支付等。但是,时至今日,跨境支付并没有在前文所述的成本、时效、透明度、风险等方面取得突破性发展。什么因素在制约跨境支付发展? 金融业在各国都是特许行业,受到制度安排、监管以及技术等广义金融基础设施的支持和约束。我们认为,制约跨境支付发展的根本因素是后台金融基础设施。

国家之间的跨境支付清算机制目前有两种运行方式。第一种方式,本国货币本身就是国际关键货币,所有其他国家的银行都可以直接或者以母国代理行的方式参与清算和结算。这些国家的货币已经完全可自由兑换,其国内金融中心和基础设施本身具有开放性、国际性。因此,央行可以不就跨境支付清算和结算做特殊规定,而是由国内的国际性支付清算机构(如 Visa 等)安排跨境支付,如美国、英国。也有国际关键货币的央行自主统筹安排了跨境支付清算体系,如欧盟区。第二种方式,本国货币尚未实现自由兑换,资本账户没有完全开放。本币跨境支付需要本国央行进行安排,央行可以自主设计或选择跨境支付清算机制,可以与国际性支付清算网络和机构合作,也可以与其他国家的央行合作,还可以鼓励本国商业银行提供跨境支付结算服务等,如加拿大。国际上典型的跨境清算系统包括纽约清算所同业银行支付系统(CHIPS)、环球同业银行金融电讯协会的结算系统(SWIFT)、持续联结清算系统(CLS)、欧洲银行业协会系统(EURO1)、欧元实时收付系统(TARGET2)等,以及以 Visa、万事达卡、中国银联为代表的银行卡转接清算机构。

五　结论与展望

本章研究发现，新冠肺炎疫情深化了支付行业在疫情之前的基本发展趋势——无现金、数字化等，大大加快了全球支付行业的转型。在数字化背景下，非现金支付、跨境支付获得了快速发展，行业创新能力强，发展前景广阔。现金支付偏好总体下降，但部分国家的现金支付偏好黏性高，如日本和欧洲地区部分国家，中国居民的现金支付偏好呈现快速下降趋势，现金偏好黏性低，与本国金融体系发展、社会习俗、居民隐私意识等多重因素高度相关。疫情冲击下的上述发展趋势，同时也给支付机构带来了多方面的冲击：竞争压力增大，面临自身支付效率和安全等实践考验以及其他风险。总体而言，新冠肺炎疫情加速了全球支付行业创新和转型的速度。

展望未来，在数字经济及其应用不断深化的背景下，全球支付清算体系依然将适应性地发生改变，并在市场竞争和政府政策推动的双重因素下发展。在支付偏好等因素影响下，各国支付清算体系将依然保持浓厚的地域色彩，呈现多元化支付结构特征。但是，央行数字货币的快速发展及其在跨境支付领域的未来应用，将推动各国在跨境支付领域的金融基础设施合作，这些因素又反过来推动各国重新审视国内支付清算体系的发展。数字化技术、数字经济对全球支付清算体系的影响是连续性的，目前我们正在经历的是由创新、市场竞争等推动的量变阶段。当市场力量——支付市场、私人数字货币市场高度竞争发展，以及政府力量——央行数字货币同样高度发展之际，全球支付清算体系、货币体系或将迎来真正的质变。

参考文献

Angelakis, E., Azhar, E., Bibi, F., Yasir, M., Al-Ghamdi, A., Ashshi, A.,

Elshemi A. , and Raoult, D. , "Paper Money and Coins as Potential Vectors of Transmissible Disease", *Future Microbiology*, 2014, 2.

Bank of England , "Banknote Frequently Asked Questions (FAQs)", Mar. 2020.

BIS, "Cross-Border Retail Payments", CPMI Papers, No. 173, 2019.

BIS, "Enhancing Cross-Border Payments: Building Blocks of a Global Roadmap", CPMI Papers, No. 193, 2020.

Capgemini, "World Payments Report 2020", 2020.

Doremalen, V. , Bushmaker, N. , Morris, D. , Holbrook, M. , Gamble, A. , Williamson, B. , Tamin, A. , Harcourt, J. , Thornburg, N. , Gerber, S. , Lloyd-Smith, J. , Wit , E. , and Munster, V. , "Aerosol and Surface Stability of SARS, CoV-2 as Compared with SARS-CoV-1", NEJM. org, Mar. 2020.

Enberg, J. , " Global Mobile Payment Users", Emarketer, 2019.

Federal Reserve, " The Cross-Border Payments Journey ", 2019, https: // fedpaymentsimprovement. org/strategic – initiatives/cross – border – payments/overview/.

Lopez, G. , Gerba, C. , Tamimi, A. , Kitajima, M. , Maxwell, S. , and Rose, J. , "Transfer Efficiency of Bacteria and Viruses from Porous and Nonporous Fomites to Fingers under Different Relative Humidity Conditions", *Applied Environmental Microbiology*, 2011, 79.

McKinsey, "The 2020 McKinsey Global Payments Report", 2020.

Miller, K. , "COVID – 19 Can Survive on Money, Phone for Weeks—But Experts Say There's 'Limited' Evidence Virus Spreads This Way", 2020, https: //www. yahoo. com/ lifestyle/covid – 19 – can – survive – on – money – phone – for – weeks – but – experts – say – theres – limited – evidence – virus – spreads – this – way – 162647882. html.

SWIFT, " SWIFT BI Watch", 2019.

WHO, "Rumours and Facts on COVID – 19", 2020, https: //www. who. int.

World Bank , "Remittance Prices Worldwide", Issue 34, Jun. 2020.

第十二章
以跨境支付助力双循环
新发展格局研究

Visa 课题组 *

摘　要： 2020 年，中国提出了双循环新发展格局，即加快构建以国内大循环为主体、国内国际双循环相互促进的新发展格局。货物、服务、人员的跨境流动能够提升生产力，创造一个更加有效的市场。这些流动都涉及跨境支付，因此跨境支付将为促进双循环起到举足轻重的作用。本章分析了目前全球跨境支付中的一些常见痛点问题，并通过实践案例介绍了全球性的支付网络如何发挥自身优势解决痛点问题、提升跨境支付服务。同时，讨论了公共部门如何帮助私营部门更好地发展跨境支付，并提出了具体的与中国市场相关的建设性政策建议，旨在通过跨境支付服务的提升更好地支持双循环新发展格局。

关键词： 跨境支付　双循环新发展格局　支付痛点　全球支付网络

一　跨境支付对中国双循环新发展格局的重要意义

2020 年 5 月，中共中央政治局常务委员会会议正式提出了双循环新

---

* Visa 课题组由来自 Visa 公司公共政策和研究部门的人员组成。课题组结合国际经验，围绕全球跨境支付这一重要议题进行了探讨，希望引发更加深入的思考和探索。

发展格局，即加快构建以国内大循环为主体、国内国际双循环相互促进的新发展格局。构建双循环新发展格局是旨在推动中国开放性经济向更高层次发展的重大战略部署。随着这一新发展理念的提出，支持以国内大循环为主体、国内国际双循环相互促进的开放型新发展格局正式开启。[①] 尤其是新发展格局中的外循环部分，它表明中国将进一步加强与世界的贸易和投资连接，是中国希望在全球市场中保有一席之地并积极参与全球市场的有力证明。

根据麦肯锡的有关数据，各类跨境流通合起来使世界 GDP 提高了10.1%。[②] 跨境商务因其所涉及的货物、服务、人员的跨境流动非常复杂，同时它作为一个充满活力和无限商机的"非接触经济"业态，在疫情防控常态化背景下有着巨大的发展潜力。在这个过程中，跨境支付是跨境流动的重要组成部分，安全、便利、流畅的跨境支付能够促进中国的出口商获得国际买家，同时中国的买家也能买到全球市场丰富的商品与服务，并获得与国际资本融通的机会。

受 2020 年初暴发的新冠肺炎疫情影响，全球数字化转型加速，其中以电商的迅猛发展为典型案例，在后文中也会进一步提到。德国调查公司 Research and Markets 发布的《2021 年全球 B2C 跨境电子商务报告》显示，2020 年，大多数全球网上购物的消费者比起在本地网购则更喜欢"海淘"，即跨境网购，因为有更加多样化的商品可以供他们挑选，而且可以获得更合理的价格。[③] 2020 年，中国跨境电商进出口规模为 1.69 万亿元，同比增长 31.1%，其中出口 1.12 万亿元，同比增长40.1%[④]。Visa 认为，随着商业一体化的继续推进，2021 年跨境电商的发展将经历

---

① "Xi Focus: Xi Explains New Development Pattern", http://www.xinhuanet.com/english/2020 - 11/03/c_ 139488445. htm.

② McKinsey & Company, "The 2020 McKinsey Global Payments Report", Oct. 2020.

③ "Global Cross-Border B2C E-Commerce 2021", https://www.reportbuyer.com/product/2105847/global - cross - border - b2c - e - commerce - 2021. html.

④ 《海关总署 2020 年全年进出口有关情况新闻发布会》，海关总署网站，2021 年 1 月 14 日，http://fangtan. customs. gov. cn/tabid/1106/Default. aspx。

前所未有的一年。

因此，进一步扩大和加快中国以及全球的跨境支付发展具有非常重要的战略意义和现实意义。充分把握跨境支付发展的机遇有利于推动中国双循环新发展格局的实施。在接下来的部分我们将讨论跨境支付中一些常见的痛点问题，同时分享全球化支付网络解决跨境支付痛点问题的最佳实践经验。此外，我们还将讨论公共部门与私营部门如何协同合作，有效提升跨境支付服务的效率，并提出与中国市场相关的建设性政策建议。

二 跨境支付中存在的普遍痛点

近年来，提升跨境支付服务成为国际关注的焦点，G20 和几个国际组织都积极采取行动，探究跨境支付中的痛点问题并积极寻找解决方案（详情可查阅附录 1，了解更多这方面的背景）。本部分将讨论跨境支付中一些常见的痛点问题，同时介绍国际网络致力解决这些痛点问题的实践案例。

（一）速度缓慢

许多跨境支付依靠的是传统的双边支付网络，即受益人要想成功地收到付款，往往需要多家相隔甚远而又拥有全然不同的系统的银行之间进行多次传递和交接，这就造成了付款的延迟。更糟糕的是，银行和支付系统在"营业时间"上的不一致，还会给跨境支付带来进一步拖延。

（二）缺少透明度和可预见性

跨境无卡支付往往缺乏透明度和可预见性。一笔付款可能要经过代理银行体系完成数量不定的"跳转"，因此支付的发起方无法提前知道完成一笔支付所需的费用是多少。再者，发起方也无法知道其付款在某个特定的时间点究竟到了哪个地方。上述提到的问题不仅使跨境支付所需的费用更高，而且使跨境支付不够透明，导致用户有时候很难掌握某笔付款当前所处的状态。

（三）合规复杂性

合规要求给跨境支付过程带来了更高的复杂性，并且数据缺乏规范性，每个国家的监管要求也有所不同，导致合规要求的界定变得非常复杂。每笔交易都需要许多利益相关方的参与，而所有各方或多或少都要履行"了解你的客户"（KYC）和"反洗钱"（AML）的合规义务。如果是需要多家代理银行参与的付款，那么交易还会更加复杂。

（四）欺诈风险

如果系统遭受到攻击，跨境支付很难快速恢复，因而很容易成为犯罪分子攻击的目标。据 Visa 估计，跨境支付的欺诈率明显高于境内支付。具体来说，Visa 的数据显示，基于卡片的跨境支付欺诈率往往比境内支付平均高出至少 3 倍。而基于电商的非面对面交易发生支付欺诈的概率则比需要出示卡片的交易又高出很多，这进一步加剧了跨境交易的复杂性。

（五）成本高昂

成本高昂这个痛点通常是随其他痛点而来的。跨境交易一般比境内交易更难处理和结算，因此跨境支付的成本结构更复杂，跨境支付的成本通常包括外汇结算、网络维护、反欺诈及合规管理等。

三　全球性支付网络如何利用自身优势提升跨境支付服务

目前，大部分跨境支付仍依赖于代理银行体系，所存在的痛点问题在前文中已介绍。对于中国和全球其他市场来说，跨境支付的发展潜力巨大，特别是在个人对个人汇款以及公对公支付等领域。

就个人的跨境支付来说，普通消费者所经历的出国旅行购物或海外网购跨境支付似乎并不存在太多问题。但事实上，对于许多跨境支付的复杂和痛点问题，终端客户是感受不到的。许多海外工人通过跨境汇款将收入汇回家中，需要支付难以承受的高昂的手续费。2019年第四季度，汇款200美元的全球平均费率为6.82%。[1] 其中，对于部分充分了解汇款流程的客户，平均费率可降至4.37%。[2] 可见，全球跨境汇款的平均费率仍然远高于联合国"2030年移民汇款的费率降低至3%"的目标。[3]

大额的公对公支付是另外一个亟须改善的领域。目前公对公支付主要存在不可预见性、缺少透明度、支付信息丢失、较高的欺诈率、缺少流动性等问题。例如，一个公对公支付的发起方通常在支付发生之后也无法知道一笔跨境支付的费用是多少。这类相关的问题将在接下来的内容中展开详细讨论。

（一）个人对个人汇款

前文已经提到，汇款对世界上的许多国家都具有极其重要的意义。海外工人每年向其国内汇入的资金总额高达数千亿美元。随着新冠肺炎疫情在全球范围内的暴发，电子商务取得了迅猛的发展，同时汇款方式也发生了明显的变化，越来越多的人开始采用"数字优先"的汇款方式。

"数字优先"的汇款方式可以避免直接使用现金，并且如果是通过将卡片、银行账户或电子钱包与其他卡片、银行账户或电子钱包相连接的全球支付网络来完成汇款，其效率可以很高。这些"数字优先"汇款在主要汇款通

---

[1] 数据来自世界银行集团，如欲了解汇款流入量数据，可访问：https://www.knomad.org/data/remittance。

[2] "Getting SmaRT about Remittance Price Monitoring"，https://remittanceprices.worldbank.org/sites/default/files/smart_ methodology. pdf。

[3] "Goal 10：Reduce Inequality within and among Countries"，https://www.un.org/sustainabledevelopment/inequality/.

道中已经超额完成了前文提到的联合国"2030 年移民汇款的费率降低至 3%"的目标。接下来主要看公共部门与私营部门如何通力协作，以便能让更多的人享有这些高效的数字汇款服务。可通过图 12 – 1 中的 Visa Direct 案例，了解私营部门的全球化网络如何实现加速汇款，同时减少汇款成本。

Visa Direct 是一个既快捷又安全的推送支付平台，可供金融机构、开发公司和合作伙伴用于实现个人对个人（P2P）、企业对企业（B2B）、企业对消费者（B2C）和政府对消费者（G2C）的实时付款和转账。Visa Direct 共覆盖全球 170 多个国家超过 50 亿个账户、卡片和钱包，使得通过 Visa 推送支付网络能够进行的付款和转账大大增多。

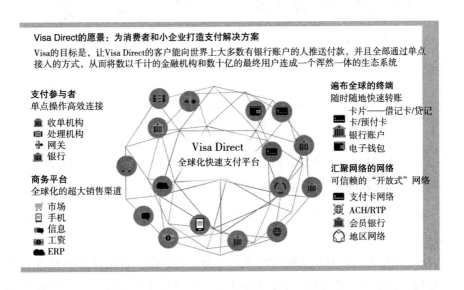

图 12 – 1　来自私营部门的适合各种应用场景的支付
解决方案——Visa Direct

（二）公对公支付

跨境对公支付因效率低下而饱受诟病，私营机构对此也在不断进行创新。许多企业是通过金融机构之间的一系列双边协议来进行跨境付款的，因此就出现了一些新兴的多边支付解决方案。金融稳定委员会（FSB）的跨境支付规划中含有一个模块（17号），专门探讨新兴多边支付平台如何解决跨境支付问题。可参阅图12-2，进一步了解旨在解决公对公支付痛点问题的新兴多边支付平台——Visa对公连汇业务（Visa B2B Connect）案例。

图 12-2　来自私营部门的公对公支付解决方案——对公
连汇业务（Visa B2B Connect）

Visa B2B Connect可让付款从发起行直接到达收款行，从而帮助减少跨境对公支付遇到的问题和缩短耗费的时间。Visa B2B Connect网络提高了交易流程的透明度，使得买方和卖方都能有机会几乎实时地追踪付款从发起行到收款行之间的状态。作为首个全球化的跨境对公支付解决方案，Visa B2B Connect集安全、治理和合规等特性于一身，利用唯一的数字标识符来对每个参与方进行电子化识别。Visa B2B Connect利用独有的数字识别功能将企业的敏感业务信息（如银行资料和账号）标记化，用唯一的标识符来代替它们在网络中完成交易流程。

（三）游客和跨境商务

除了应对个人汇款和公对公支付等关键应用领域的挑战外，在旅游和电商这种传统的基于卡片的跨境支付领域也有很大的提升空间。游客是支付领域最具活力的群体。根据经济合作与发展组织（OECD）2018年的报告，中产阶层的扩大和科技的发展都使得出国旅游变得更加容易和更加便宜，因此跨境旅游的游客将呈现增长的趋势。① 同时，根据联合国 2017 年的预测，到 2030 年，世界人口的 20%（即 18 亿人口）都会成为频繁的全球旅行者。②

卡片支付是全球零售支付最具代表性的成功案例，每个人都有机会亲身体会到全球化网络带来的好处。通过使用卡片支付，游客在一个陌生的环境中可以方便、快捷、安全地完成付款。随着许多新兴经济体开始将旅游业视作推动经济增长的重要引擎，卡片支付解决方案的使用将确保这些国家可以从旅游业中获得持续的收入。可以说，正是这种基于卡片支付带来的无障碍的全球商务体验，使人们提高了对其他支付方式的期待。近年来数字支付发展迅速，如数字钱包的推广、移动支付的发展以及互相连接的设备都加速了这一进程。数字支付的发展无疑将进一步推动跨境旅行。

（四）电商

新冠肺炎疫情在全球的暴发，使电商得到了迅猛发展。由于疫情，消费者不敢亲自去采购，网上购物从而变得越来越平常。据 Visa 统计，不包含旅游在内的通过电商渠道进行的无卡消费在 2020 年 1～10 月增长了 14%。③ 随着消费者的行为快速进入新常态，商户需要跟上这种变化去重新定义购物、交易和快递体验，从而维持经营。国际清算银行（BIS）在发表的简报《疫情中和疫情后的电商》中也突出了电商发展之迅猛，指出随着新冠肺炎疫情的暴发，购物方式已经越来越多地从线下转向了线上。2020 年，电商营收额已从估计的 2017 年的 1.4 万亿美元增加至 2.4 万亿美元，约占全球产出的 2.7%。④ 据估计，如今全球使用电商平台的人数已达到 35 亿人，约

---

① OECD, "Megatrends Shaping the Future of Tourism", In OECD Tourism Trends and Policies 2018, OECD Publishing, Paris, Jun. 2018, https://doi.org/10.1787/tour-2018-6-en.

② United Nations, "1.8 Billion Tourists Set to Travel World by 2030", Dec. 2017, https://news.un.org/en/audio/2017/12/640532#.

③ Visa 2020 财年第四季度财报会议。

④ Data as of August 2020, Data Sources: JPMorgan, Cross Sector; Mercado Libre; National Bureau of Statistics of China; Statista, Digital Market Outlook; US Census Bureau.

占全球人口总数的 47%。① 电商市场规模最大的是中国，其次是美国、日本、英国和德国。新冠肺炎疫情的暴发加速了线下到线上购物的转变。为了抗击新冠肺炎疫情，人们的出行不得不受到限制，从而导致线上购买许多商品和服务的需求骤然上升。②

专栏 1　"一句 Visa，世界畅行"

——Visa 发挥自身优势支持跨境电商发展

支持跨境交易根植于 Visa 的品牌承诺中。长期以来，Visa 以模块化的、可扩展的、灵活的创新方式，在基于消费者在当地市场喜爱的多种商户应用场景中，对其全球广泛受理、安全便捷和丰富优惠等特点进行传播。

面对新冠肺炎疫情的冲击，各界在抗击疫情的同时也在积极开展提振经济复苏的计划，其中电商平台发挥了重要作用。Visa 也发挥自身优势积极参与其中，从海淘到旅游，提前规划复苏行动，在统一的品牌主张（"一句 Visa，世界畅行"）下建立长期的连续性，并与海内外知名电商平台进行多样化的跨领域合作。例如，Visa 与京东合作，为 Visa 海外持卡人在京东平台进行的跨境购物提供专属运费礼券，充分发挥 Visa 的优势，推动了跨境电商平台跨境交易的发展。再如，Visa 与世界领先的电子商务时尚平台 FARFETCH（发发奇）合作，为消费者/持卡人提供了包括线上平台购物的电子商务优惠，以及线下上海时装周期间的联合品牌快闪店体验和购买优惠在内的线上线下全面的体验。

由于网购市场具有互联互通的优势，包含跨境交易在内的电商交易额不断激增，电商交易占比也不断上升。自 2020 年 4 月中旬以来，跨境电商消费额（不包括旅行消费及欧盟地区内部的消费）始终保持 15% 以上的增

---

① Bank for International Settlements（BIS），"E-commerce in the Pandemic and Beyond"，Jan. 2021，https：//www. bis. org/publ/bisbull36. htm.

② Bank for International Settlements（BIS），"E-commerce in the Pandemic and Beyond"，Jan. 2021，https：//www. bis. org/publ/bisbull36. htm.

速。① 这显然意味着，企业要想保持增长和盈利，必须比以往任何时候都要重视扩大面向全球的线上销售。

图 12－3 为跨境电商同比增长情况②，图中数据为跨境电商在 2020 年黑色星期五之后的周末（11 月 28～29 日）相比 2019 年实现的同比增长。

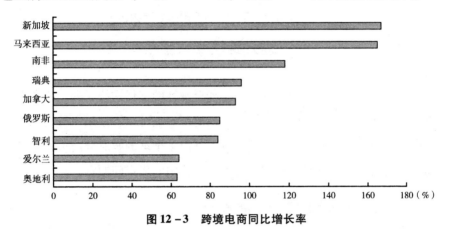

图 12－3　跨境电商同比增长率

2019 年 8～9 月进行的"Visa 全球商户电子商务研究"（"Visa GME 研究"）发现，缺乏资源、经验和机会是小型企业把握跨境电商发展机遇的绊脚石。研究显示，71% 的小型企业、90% 的中型企业和 100% 的大型企业已着手开拓新市场。③ 越来越多的企业高管逐渐认识到，企业要想通过提高市场份额和竞争优势、提升品牌美誉度、丰富产品线和服务业务范围来扩大长期发展商机，就必须进军跨境电商领域。Visa 经济赋能研究所（VEEI）开展的一项调研显示，在新冠肺炎疫情暴发之前和期间开展了电商和跨境销售的企业，与那些始终依赖于面对面交易的企业相比，通常能够更好地渡过危机，并且这些企业对未来持更加乐观的态度。④ 对于小型企业而言，开拓国际市场是实现商品和服务业务增长的最好机会。虽然科技进步已经让向其他

① Visa 2020 财年第三季度财报会议。

② https：//www.eshopworld.com/.

③ "Visa Global Merchant e－Commerce Study"，Oct. 2019.

④ Visa Economic Empowerment Institute（VEEI），"Small Business in the Digital Age：Recommendations for Recovery and Resilience"，Jan. 2021.

市场的客户在线销售产品变得前所未有的容易，但其中仍具有一些挑战。Visa 拥有一个全球化的支付网络，可以帮助小型企业寻找和接触到全球的34 亿客户，为他们带去非常舒适的购买体验。

四　公共部门如何帮助私营部门
提升跨境支付服务

如前文所述，私营部门中的公司，如全球性的支付网络 Visa，正在致力于解决跨境支付中的痛点问题。同时，政府部门也可以积极采取行动以更好地解决当前跨境支付所面临的问题。以下列出了全球的政府部门可以参考采用的一些做法，助力不断创新并解决跨境支付中的痛点问题。

（一）更好地了解私营机构的能力

公共部门会发现，在许多跨境支付应用场景中，利用私营部门现有的全球化支付平台作为现成的支付基础设施可以提高效率。例如，跨境支付的用户体验往往与境内支付截然不同。我们可以用手机通过在线转账服务将一笔钱从自己的借记卡中几乎实时地转到另一个人的借记卡或电子钱包中。现有的全球化支付平台，如 Visa Direct，都能够提供高效的"互连"解决方案。假如某个国家已经拥有一套现代化的账户对账户的快速支付系统并已实现了普及，那么它可以选择一家或几家金融机构接入一个全球化的多轨道支付平台，如此便可将其快速支付系统与全球相连。相较于让所有金融机构都去与该平台建立连接，这样的做法显然更高效、更快速。接入之后，该国任何拥有银行账户的人都可向全球其他地区的数十亿人汇款。这种汇款将能以快速付款的形式开启它的旅程，转入与全球化平台相连的金融机构，再经过汇聚网络的网络，通过即时付款、ACH、借记卡、预付卡或电子钱包进入境外收款人的银行账户，最终完成跨境支付。

跨境支付主管部门应结合互联互通的背景了解私营机构的能力。国家与国家之间进行定向的支付系统连接，不仅操作起来复杂，而且成本高昂。与其耗费精力和巨资去构建全新的多边支付平台来满足上述应用需求，不如充分利用现有成熟的网络并加以创新和改良。政策制定者在为解决跨境支付痛点问题而劳心策划时，应该想到组成全套解决方案的一些关键模块已经存在，可以直接利用。

（二）建立信任机制

基于国际公认的原则构建安全的数字识别系统，可以提高支付过程的效率并改善用户体验。数字识别系统也可用于跨境支付。例如，Visa 的对公连汇业务支付解决方案就具有数字识别功能，它可将敏感信息标记化后再用于完成交易流程。这样不仅可以减少发生支付欺诈的机会，而且能够避免违规。正如前文讲到的数字汇款，那些没有银行账户的人也可利用数字识别功能，享受数字优先的支付体验，从而降低他们的支付成本。政策制定者应推动建立一套基于数字识别系统或不同系统协调统一的全球信任机制。

（三）流畅化合规和管理机制

虽然技术创新让跨境支付体验实现了改进，但管理机制的不同和繁杂，给跨境支付增添了许多麻烦并带来了代价高昂的挑战。要想避免这些麻烦，必须尽可能地实现规章制度的协调统一。例如，建立协调统一的反洗钱合规机制，以提高使用由私营部门提供的跨境支付解决方案时的效率和透明度。监管者应当重点关注金融稳定委员会跨境支付规划中的重点课题 B——"管理、监管和监督机制"。[①] 虽然在全球范围内实现协调合作困难重重，但只要在这个重点课题上有所进展，现在付出再多的时间和精力都是值得的。

（四）采用智慧型的标准

要想帮助私营部门解决所面临的问题，政府部门可以与私营部门以合

---

① Financial Stability Board（FSB），"Enhancing Cross-Border Payments：Stage 3 Roadmap"，Oct. 2020.

作的方式构建基于公平竞争原则的政策框架，从而提升支付安全性和推动支付技术创新。政策框架只有推动全球互联互通的实现，才能确保按照支付系统要求发行的所有产品和业务有可能在全球范围内被接受。这将给消费者带来一致的使用体验。建立全球公认的标准对跨境支付这一领域至关重要，而标准的普及需要最大限度地实现全球互通互认，需要在物理层面和技术层面实现协调统一。标准通常应涉及支付中必不可少的领域，以及实现跨境支付所必需的构建模块，包括安全方法、业务交易、信息模型和引用数据（如货币代码）等。问题的关键是，全球性标准实施起来也有足够的灵活性，有助于让不同的支付系统之间继续维持激烈的竞争并保持差异化。

（五）产品牌照互通互认

世界经济论坛在 2020 年 6 月发表的关于跨境支付的文章①中提出了"牌照通行证"这一提议。私营部门应该把主要精力放在改进用户体验和提高转账效率上，但当前的情况是，由于需要应对不同国家截然不同的牌照要求，大量的精力和资源被用在了创新成果的市场化上。应对这些问题所付出的代价自然会转嫁到产品价格上，所以拥有流畅的发牌流程不仅能给最终用户带来益处，而且能让政策制定者看到期望的结果。

（六）与中国有关的具体政策建议

1. 加强政府与市场机构的协同合作，充分发挥市场机制的作用

正如支付与市场基础设施委员会（CPMI）的报告中所指出的，政府部门和市场机构协同合作，就提升跨境支付中的客户体验达成共同的目标并形成共同的机制，对提升跨境支付服务能够起到根本性的作用。因此，政府部门应该充分了解并发挥市场机构所长，同时发挥政府部门的宏观协调

---

① "Connecting Digital Economies：Policy Recommendations for Cross-Border Payments"，http：//www3. weforum. org/docs/WEF_ Connecting_ Digital_ Economies_ 2020. pdf.

作用，如加强合规管理、协调运营时间、推动市场机构间合作等。为此，监管者要对现有的跨境支付基础设施进行评估，充分利用好现有的设施。建立新的多边支付平台不仅复杂、成本高昂，而且充满不确定性。对现有成熟的支付设施进行优化改良是明智之举，如扩大其覆盖范围、增强不同系统间的互联互通等。报告认为，银行卡全球化网络在全球跨境支付中发挥了积极作用。例如，它可以通过手机完成从一张借记卡到另一张借记卡的跨境支付；也可以将卡组织的网络与其他网络连接，如接入国家快速支付系统，完成账户到卡的跨境支付，包括2C/2B/2G之间的各类支付场景。多数情况下，它能实现即时到账，并且成本低于联合国设定的跨境汇款费率的目标。

2. 为跨境支付提供制度便利，更好地联通国内国际市场

因为跨境支付涉及不同的国家和地区，寻求不同制度方面的协调是监管者需要面临的一项重要任务。为此，CPMI报告给出如下建议。一是通过监管部门间的协调，建立协调一致的监管框架。如本着"相同业务、相同风险、相同规则"的原则，制定AML/CFT标准。二是提高数据质量和数据处理能力，统一数据传输标准和数据交换API标准等。跨境支付对融入全球市场具有重要意义，寻求跨境支付制度方面的协调统一将有利于推动中国更好地融入全球支付体系中，这符合中国双循环新发展格局寻求更好地联通国内市场和国际市场、两个循环相互促进发展的目标。

3. 助力中国跨境电商发展的政策建议

2020年暴发的全球新冠肺炎疫情使我国传统外贸受到了严重冲击，然而跨境电商却释放出了巨大的发展潜力，显示出其对外贸创新发展的引领作用。支付是跨境电商业务的重要推手，但是目前国内零售出口跨境电商的支付业务还需进一步优化。长期以来境内银行和支付机构开展的受理境外消费者直接支付的外卡收单业务，其相关政策制定的初衷主要是考虑境外游客在境内的支付，未根据出口电商的新业态做出相应安排。

出口电商在结算币种、出口收入确认、税收优惠认定以及合理向外再支出方面不顺畅，很多需求仍需离岸开设账户由境外服务商予以满足，零售出

口跨境电商（尤其是独立站电商）的支付业务普遍未落地在境内，导致境内监管和金融机构不能掌握一手的支付业务数据，无法对支付行为进行穿透式监管。

鉴于此，我们建议针对出口电商新业态，优化相关支付和外汇业务政策，如允许开展外卡收单业务的银行和支付机构向合格的出口电商提供完整的外币计价、外币结算和国际收支申报服务，并提供合理的便利化再支出产品与服务，将"跨境电商境内外卡收单"的业务场景纳入银行和支付机构开展跨境外汇业务的许可范围。建议在出口电商业务集中的粤港澳大湾区和苏浙沪地区，在监管机构全程指导、数据透明、风险可控的前提下"先行先试"，实现政策的示范、突破和不断优化。

五　总结

双循环新发展格局的提出，意味着中国经济进入一种新的发展模式，这给跨国公司带来了发展与合作的新机遇。跨国公司的全球化网络可以促进跨境流动，从而更好地推动双循环中的国际循环部分。全球性支付网络的创新实践推动了跨境支付痛点问题的解决，公共部门可以通过进一步的政策改革，充分借助和利用现有的全球化网络，从而更好地促进私营领域发挥自身优势，提升跨境支付服务。银行、全球网络、政府等不同主体可以携起手来共同为中国民众和企业提升跨境支付服务，从而助推中国经济向更高水平发展。

附录1　实现金融稳定委员会提出的跨境支付规划的路径

多年来跨境支付备受政策制定者的关注，并在2019年底成为最受关注的焦点问题。跨境支付成本得到了更高的关注度，在很大程度上是因为Libra数字货币的发布，以及因此而对Libra进行的专项风险评估和对全球稳定币进行的总体风险评估。2019年10月，七国集团报告引发了对稳定币风险的高度关注，报告还就普惠金融和支付效率问题（正是稳定币试图解决的问题）向成员国的主管部门下达了一些"行动指令"。

七国集团工作组承认，稳定币对构建比现有网络更快速、成本更低和更具包容性的全球支付网络可能具有潜在的帮助。七国集团工作组还指出，所有的稳定币在金融诚信、支付系统安全、消费者保护和货币政策传导等关键方面都存在法律法规和监管上的挑战与风险。七国集团工作组在报告中向稳定币开发者和政府主管部门提出了应对这些挑战和风险的初步建议。

重要的是，报告建议成员国政府制定提高支付金融服务效率并降低成本的路线图，同时各成员国的央行、财政部、标准制定机构和国际组织之间应当协调行动。七国集团工作组呼吁成员国主管部门"适当地利用新技术，以全球协调一致的态度，推动建立更快速、更可靠和成本更低的境内和跨境支付系统。对于旨在推进普惠金融的行动举措，政府部门更要给予双倍的支持"。报告还要求成员国央行根据在各自国家发行数字货币的成本和收益情况，评估是否发行该国自己的央行数字货币（CBDC）。

2019 年，FSB 和 BIS 旗下的 CPMI 成立跨境支付工作组，致力于多维度地研究如何改进跨境支付。FSB 的第一阶段报告（以及技术背景报告）对跨境支付的总体情况做了评估，并在后续发表的报告中提出了一些需要解决的问题。除了强调跨境支付的重要性与日俱增之外，报告还提到了跨境支付涉及的各种问题，包括成本、时间和透明度等。[1] 在第一阶段的实况调查完成之后，第二阶段由 CPMI 开发了 19 个用于解决问题和做出改进的模块（这些模块又被分成 5 个重点课题）。在第三阶段的报告中，FSB 指派了项目负责人，绘制出甘特图，并勾画出与每个模块相对应的总体任务。该报告发表于 2020 年 10 月 13 日，从次日开始征询 G20 成员的意见。[2]

---

[1] Financial Stability Board (FSB), "Enhancing Cross-Border Payments—Stage 1: Assessment Report to the G20", Apr. 2020, https://www.fsb.org/2020/04/enhancing-cross-border-payments-stage-1-report-to-the-g20/.

[2] Financial Stability Board (FSB), "Enhancing Cross-Border Payments—Stage 3: Roadmap", Oct. 2020, https://www.fsb.org/2020/10/enhancing-cross-border-payments-stage-3-roadmap/.

图 12 - 4 给出了 19 个模块的示意图，这 19 个模块又被分成 5 个重点课题，其中有 4 个（A ~ D）主张对现有的支付生态系统进行完善，而重点课题 E 则更偏向于探索，主张尝试新兴支付基础设施和系统。每个模块都聚焦一个特定的课题，以期通过协同行动来帮助解决跨境支付中的一个或多个问题。CPMI 指出，"虽然前 16 个模块各自独立也能给跨境支付带来明显的益处，但因为它们之间是相互依赖的，如果随着时间的推移，它们都能得到协调一致的推进和实施，那么跨境支付就可能得到非常大的改进"。① 可以预计，重点课题和模块中提出的任务需要许多年的努力才能完成。

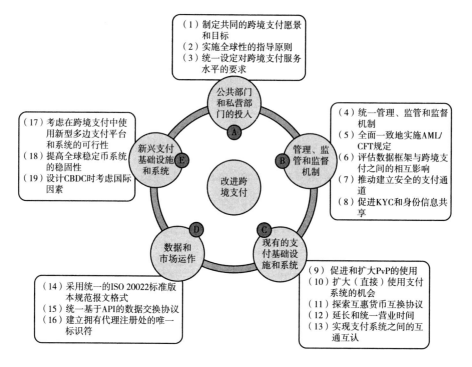

图 12 - 4　提升跨境支付的 5 个重点课题（19 个模块）

资料来源：FSB 的第三阶段跨境支付规划。

---

① Committee on Payments and Market Infrastructures（CPMI），"Enhancing Cross-Border Payments：Building Blocks of a Global Roadmap—Stage 2：Report to the G20"，Jul. 2020，https：//www. bis. org/cpmi/publ/d193. htm.

第十三章
境外移动支付的互联互通研究

程 华　陈丹丹*

摘　要：　随着移动支付的不断发展，移动支付网络的数量越来越多，
但网络间彼此不兼容的状态普遍存在，由此造成了消费者同
时持有多个移动支付网络账号的问题，网络规模、网络效应
无法实现最大化，阻碍了移动支付的发展。因此，推动移动
支付网络实现互联互通对整个经济社会发展具有重要意义。
但是由于市场所处的发展阶段、各移动支付网络的规模不同，
实现互联互通的方式和驱动力量也是多样化的。实现互联互
通的方式包括多边互联互通、双边互联互通和聚合支付，实
现互联互通的驱动力量主要来自市场和政府两方面，由此将
互联互通分为市场驱动、政府驱动和市场与政府合作实现三
种模式。

关键词：　移动支付　互联互通　驱动力量

移动支付网络互联互通是指不同移动支付网络的用户之间可以实现无障
碍的收付款。互联互通产生的经济动因是移动支付行业具有网络产业的典型

---

* 程华，中国人民大学经济学院副教授、数字经济研究中心执行主任，主要研究领域为网络产
业与平台经济学、金融科技；陈丹丹，中国人民大学经济学院硕士研究生，主要研究领域为
网络经济学。

特征，聚集在一个网络上的消费者和商家越多，用户网络规模越大，网络效应越强，支付工具的交易范围就越广。

移动支付在全球发展以来，互联网平台企业、通信服务公司、专业支付服务商、移动硬件支付商等各类非银行机构进入移动支付行业，提供各自不同的支付工具。在这种情况下，各支付平台如果不能相互兼容，消费者和商家将被分割在不同的支付网络中。这不仅给使用者造成了不便，而且会影响新型支付方式的普及，阻碍移动支付的发展。因此，无论是消费者、商家、支付服务商还是监管部门，都有实现各类移动支付网络互联互通的诉求。

但是，因为各个国家移动支付行业发展的路径不同，移动支付服务商进入市场的时间先后和已有用户规模各不相同，实现互联互通后对不同移动支付服务商造成的影响也是有差异的，因此市场力量并不总是能自发地实现互联互通，监管机构的干预甚至强制性的"自上而下"的命令可能是必需的。本章比较研究了境外市场上移动支付进行互联互通的不同方式，这些国家的做法和经验对中国未来移动支付的发展具有一定的借鉴意义。

一　移动支付网络互联互通的类型

支付网络互联互通的类型多样化，从不同的角度有不同的分类。世界银行扶贫协商小组委托 Glenbrook Partners 对全球 20 个国家的调查结果显示，20 个国家实现互联互通的方式是多样化的，包括多边互联互通、双边互联互通和聚合支付三种方式。例如，印度主要采用多边互联互通和聚合支付的方式；泰国同时采取多边互联互通与双边互联互通的方式；坦桑尼亚市场同时存在三种互联互通方式。有关 20 个国家针对不同业务实现互联互通采取的方式见表 13 - 1。

如果从驱动力量来看，互联互通的实现可以分为市场主导、政府主导和政府与市场合作三种模式。市场主导的互联互通是指市场出于追求经济利益的目的，自发形成互联互通的结果。政府主导的互联互通是指政府依靠政策

表 13 - 1　20 个国家实现互联互通的方式

国家	成年人人均活跃数字金融服务账户数水平	方式	多边	双边	第三方
孟加拉国	中	无清晰方式		×	×
巴西	中	市场化	×	×	×
科特迪瓦	高	无清晰方式		×	×
厄瓜多尔	低	市场化	×		
埃及	低	无清晰方式	×	×	×
加纳	高	无清晰方式		×	×
印度	中	市场化	×		×
印度尼西亚	低	集中式	×	×	
约旦	低	市场化	×		
肯尼亚	高	无清晰方式		×	×
马达加斯加	中	集中式	×	×	
墨西哥	中	市场化	×		×
尼日利亚	中	无清晰方式	×		×
巴基斯坦	中	无清晰方式	×		×
秘鲁	低	市场化	×	×	
菲律宾	中	无清晰方式		×	×
卢旺达	高	无清晰方式	×	×	×
斯里兰卡	中	无清晰方式		×	×
坦桑尼亚	高	集中式	×	×	×
泰国	低	集中式	×	×	

注：包括所有可操作的支付安排。
资料来源：世界银行扶贫协商小组。

发布、行政命令，或者在政府支持下联合市场上的部分企业，推出统一标准，并逐渐推广，最终实现互联互通。政府与市场合作的互联互通是指政府与市场各司其职，政府主要进行相应的监管、制度、法律建设，为互联互通提供坚实的保障；市场则通过自由协商决定互联互通实现的路径、实现过程中的利益分配以及详细部署，共同推进市场上互联互通的实现。

按照实现方式，根据国际通行的做法，通常可分为多边互联互通、双边互联互通和聚合支付三种方式。

第一，多边互联互通方式。多边互联互通是指包括三个及以上的移动支付机构，如商业银行、第三方支付机构等加入同一个网络，共同遵守一套正式的、共享的、统一的规则与标准。多边互联互通既可以是全局的，即包含市场上大部分移动支付机构，如中国银联的设立，实现了中国境内所有银行卡之间的互联互通；也可以是局部的，即只包含市场上的几家或部分移动支付机构，如美国纽约现金交易所（NYCE）成立初期只包含美国市场上的6家银行，这6家银行的 ATM 之间互联互通。多边互联互通方式见图 13 – 1。

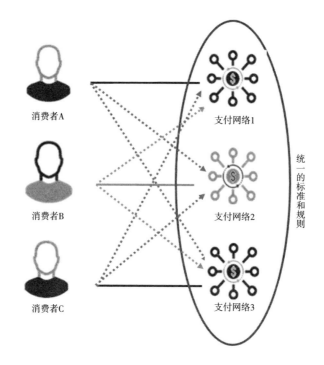

图 13 – 1　多边互联互通方式

第二，双边互联互通方式。双边互联互通由两个移动支付机构协议约定规则、价格以及其他有关互联互通的事项，实现用户在两个移动支付机构之间自由转移支付，即两两互连，如中国银联与美国 Discover 之间的网络互换，中国游客可以在美国 Discover 的商户内使用银联卡，美国游客也可以在中国银联商户内使用 Discover 卡，从而实现了双边互联互通。因为双边互联互通只涉及两家企业，因此相对容易实现。另外，由于不同的两

家企业采取的双边协议通常是有差异的，因此双边互联互通方式难以形成
规模效应。双边互联互通方式见图 13 – 2。

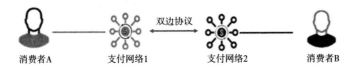

图 13 – 2　双边互联互通方式

　　第三，聚合支付方式。独立的第三方机构（如支付网关）在促进交易
中扮演了重要的角色，它自身没有为客户开立账户，通过连接两个或两个以
上移动支付机构，将最终用户与服务商联系起来，从而使服务商不需要建立
直接的关系即可实现互联互通。在某些国家，聚合器（Aggregators）充当了
这一角色。如国内的收钱吧等聚合支付机构，商家只需要拥有其二维码，即
可同时受理支付宝、微信支付、云闪付等多种支付方式。再如国外的 Adyen
和 Stripe，商家只需接入其网关，即可同时受理 Visa、Mastercard、PayPal、
支付宝等支付方式。聚合支付方式见图 13 – 3。

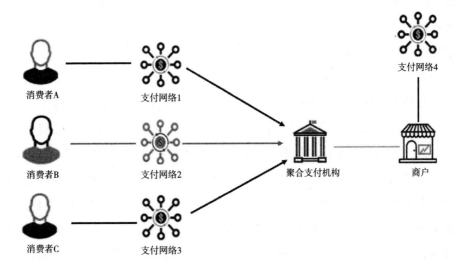

图 13 – 3　聚合支付方式

二 市场主导下的互联互通——双边 互联互通与聚合支付

市场主导下的互联互通是指市场在经济利益的驱动下，在没有政府参与的情况下，由利益相关方相互协商，自发实现互联互通的过程。由于是市场自发形成的互联互通，因此存在多种类型，甚至同一个市场会同时存在多种类型。我们分析了多个市场，发现在市场主导下，主要存在双边互联互通和聚合支付两种方式。

（一）双边互联互通——西非 MTN、Airtel 和 HomeSend

非洲市场的智能手机普及率远不及中国，消费者大多使用功能手机而非智能手机，其移动支付主要通过电话、短信等方式进行，且由当地的电信运营商所主导，因此其实现互联互通的具体方式与制定的标准二维码不同。非洲部分市场上已经出现占据优势地位的移动支付机构，如肯尼亚的 M－PESA、科特迪瓦的 MTN 等。但是科特迪瓦市场较小，为了追求更大的市场和更多的利润，MTN 积极拓展海外市场，开展国际汇款业务。MTN 将目光聚焦在科特迪瓦和布基纳法索之间的跨境汇款业务上，主要原因是科特迪瓦境内有大量来自布基纳法索的务工人员，他们迫切需要将工资等收入寄回家，科特迪瓦和布基纳法索之间的跨境汇款业务存在巨大的市场需求。

MTN 虽然是南非最大的电信运营商，且在科特迪瓦的市场上已经获得了巨大的成功，但是其在布基纳法索市场上并没有布局，因此 MTN 想要拓展布基纳法索的市场，就必须寻求合作伙伴。Airtel 在布基纳法索市场上的布局很成功，因此 MTN 选择 Airtel 作为其在布基纳法索市场上的合作伙伴。由于 MTN 和 Airtel 并不擅长跨境汇款业务，因此它们选择 HomeSend 作为中间商，进行交易跨境结算。HomeSend 是当时最成熟的汇款枢纽（Hub），为移动货币运营商（Mobile Money，指的是提供移动支付的电信运营商）提供了与外界安全可靠的连接，并通过包括银行账户、移动电话、电子钱包以及收款地点在内的各种支付渠道，提供了全球覆盖范围较大的互联互通服务。HomeSend 主要为这两家机构提供两项服务：一是实时汇款消息平台和接口；二是反洗钱活动的管理。2013 年 6 月，两家机构与 HomeSend 进行了合作，三家机构在 4 个月内完成了技术整合。MTN 和 Airtel 之间的合作尽管是跨境支付，但是由于二者所在的国家科特迪瓦和布基纳法索具有相同的中央银行——西非国家中央银行，并且采取相同的货币——西非法郎进行交易，因此可以理解为同一市场上两家移动支付机构之间的合作。

西非市场的互联互通是在市场力量的驱动下完成的，是市场的自发行为。在西非，大量的布基纳法索劳动者前往科特迪瓦务工，因此会产生将工资等收入寄回家的需求。MTN 和 Airtel 重点关注这一应用场景，关注"送钱回家"这一主题，重点向在科特迪瓦务工的布基纳法索人进行营销，从而解决了网络经济学中经典的"鸡生蛋"问题（"鸡生蛋"是指在双边市场中，用户和商家是相辅相成的，用户数量受商家数量的影响，商家数量也会受到用户数量的影响，但是对于"哪一方先加入网络是存在争议的"）。此举在布基纳法索农村地区得到了有力支持，该项业务的受益者中 60% 生活在农村地区，这主要得益于"送钱回家"的应用场景、可负担的收费和信任度的普遍提升。实现双边互联互通之后，科特迪瓦与布基纳法索之间的交易量大大增加。图 13－4 反映了不同时段科特迪瓦的 MTN 和布基纳法索的 Airtel 之间的交易量变化情况。

（二）聚合支付——美国的 Stripe

聚合支付的互联互通是指存在一类机构通过技术手段将银行、第三方支付机构等众多支付服务整合为一个整体，一方面，商家只需要一个二维码或者收款设备即可接收来自多种方式的付款；另一方面，消费者无须区分支付工具，使用任何支付工具都可以实现对多个商家的付款。成立于美国的 Stripe 为多家互联网商家提供 API（应用程序接口），帮助其连接第三方支付机构、数字银行以及金融机构，实现便捷支付和其他服务。聚合支付的主要优点在于：消费者可以根据偏好选择任意支付方式；商家可以"一站式"

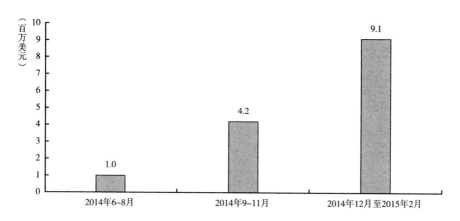

图 13-4 不同时段 MTN 和 Airtel 之间的交易量变化情况

资料来源："Mobile Money Crosses Borders：New Remittance Models in West Africa"，Claire Scharwatt and Chris Williamson，Mar. 2015。

介入多个支付网络，提高收款的效率；可以拉平各个移动支付机构的受理范围，促进公平竞争。

Stripe 是美国一家为个人和公司提供在互联网上接受付款服务的科技公司，简单来讲就是为客户提供付款解决方案服务，满足消费者通过网络购物使用信用卡或借记卡等方式付款的需求。Stripe 可以让商家通过网络接收多种货币、多种支付工具的付款，客户也不需要注册和使用多个账户，只需一张信用卡、储蓄卡或者电子支付钱包即可完成对多个商家的付款。简单来讲就是商家只需接入 Stripe 即可同时接收来自多种信用卡、储蓄卡或者电子钱包的付款，如 Visa、Mastercard、支付宝等；消费者只需拥有绑定一种支付工具，即可完成对多个商家的付款，从而形成了各个支付网络之间的互联互通（见图 13-5）。

（三）市场主导实现互联互通的启示

由前文分析可知，当市场相对成熟或者市场在金融经济中起主要作用时，市场往往会自发实现互联互通。但由于是市场力量自发作用的结果，其互联互通的实现方式是多样化的，实现结果也是不确定的。当市场上存在两

信用卡		American Express		Visa
		Mastercard		Discover网络
		Diners Club		JCB
		中国银联		Cartes Bancaires

钱包		支付宝		Apple Pay
		Click to Pay		Google Pay
		Microsoft Pay		微信支付

银行借记卡		ACH credit		ACH 借记
		Bacs Direct Debit		BECS Direct Debit
		SEPA直接借记		Visa Checkout
		Mastercard的 Masterpass		American Express Checkout

网银		Bancontact		EPS
		FPX		Giropay
		iDEAL		Multibanco
		Przelewy24		SOFORT

现金券		OXXO

先买后付		Klarna

图 13 – 5　Stripe 支持的多种支付方式

家或者有限家实力相当的移动支付服务商时，市场会自发实现双边互联互通，类似西非的实践；或者催生聚合支付机构，类似中国聚合条码支付或者扫码设备的实践经验。市场主导的优点在于适应市场需求，符合市场的发展规律，遇到的阻力较小；缺点是发展速度缓慢，发展的结果不确定，可能会出现新的风险。

第一，互联互通的实现应充分尊重市场需求。实现互联互通应该从客户需求的角度出发，无论是便利性、可负担性还是安全性等，对客户都是至关重要的，只有对客户是有价值的，才能吸引大量的用户。

第二，互联互通的实现应满足各个利益相关方的商业需求。互联互通涉及的商业银行、支付机构、聚合移动支付机构作为市场参与主体，追求经济利益是其核心目标，因此实现互联互通应通过协商一致的决定，协调不同主体的利益，这样的互联互通才是有效的、可持续的。

尽管市场主导下的互联互通是多样化的，难以准确预计其发展规律，但是通过对不同市场典型案例的对比分析，可以总结出市场主导下的互联互通实现的基本阶段存在相同之处。市场主导下的互联互通通常包含四个阶段（见图 13 - 6）。

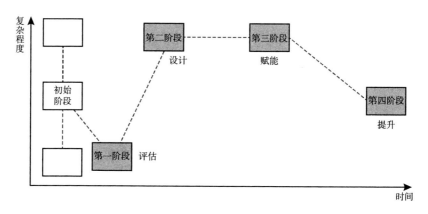

图 13 - 6　市场主导下互联互通的四个阶段及其复杂程度

资料来源："Mobile Money Crosses Borders: New Remittance Models in West Africa", Claire Scharwatt and Chris Williamson, Mar. 2015。

第一阶段，评估互联互通的利弊。通常规模较小的移动支付机构认为互联互通将带来更多的利益，但是规模较大的移动支付机构往往认为互联互通无利可图。互联互通也许会通过非竞争的作用降低成本，如有利于防控诈骗风险；还有一些只能通过合作才能实现附加价值，如提升交易量。这些将会说服规模较小的移动支付机构和规模较大的移动支付机构加入互联互通。

第二阶段，设计互联互通，包括商讨决定将采用的业务、技术和商业标准，以及与国内监管者讨论以确保合规。设计讨论涵盖参与和投票标准、业务原则、技术要求、安全要求、争端解决机制、清算与结算流程以及满足监管要求。该阶段是极具争议和复杂性的阶段，因为需要将相互竞争、争夺同一客户群体的移动支付机构聚集起来，达成共识的时间将取决于参与方的数量。

第三阶段，建造"基础设施"，推动互联互通落地。该阶段包括技术上的建设（软件和硬件）、确立监管结构和协议执行。在技术上，以特定的协议和安排实现双边或多边的联系；在管理上，协会或委员会应执行一套机制，明确惩罚机制，以确保协议标准和规则得到有效执行；所有参与方共同建立一个中心组织，负责实施日常运作和管理；建立新的品牌，以帮助消费者识别这项互联互通业务。

第四阶段，发起并积极推进。一般情况下，第三阶段已经建立了一个独特的品牌，以帮助消费者识别服务。所有参与者将参与提供市场营销服务，或提供相应的支持（如资金、人力等）。

三　政府主导下的互联互通——多边互联互通

政府主导下的互联互通是指政府通过发布政策措施、行政命令等方式，推出统一的标准，在市场上广泛推广，最终实现互联互通的过程。通过对多个国家和地区的调查分析，我们发现在东南亚以及印度市场多存在政府主导下的互联互通。例如，印度市场在印度国家支付公司（NPCI，类似中国银联）的主导下，推出了两套不同的码标准，通过市场的自由竞争，最终形成了一套相对成熟、适用范围更加广泛的码标准，进而在整个市场范围内推广。泰国在泰国央行（BOT）的引导下，通过与多个组织进行协商，共同制定支付二维码标准，并逐渐推广。东南亚和印度市场的共同点体现在：市场处于发展的早期，消费者对移动支付尤其是二维码支付的接受程度较低，政府在移动支付行业发展中占据了重要地位。下面将通过详细介绍印度和泰国两个国家的市场发展情况和实践经历，总结相关政策建议与启示。

（一）全局的多边互联互通——印度移动支付市场发展实践

印度移动支付市场的起步时间大大晚于中国。2015 年，Paytm 最早开始在印度市场布局移动支付。印度是一个主要依靠现金进行支付的国家。2016 年，随着废钞运动的开始，Paytm 迅速在印度移动支付市场上占据了重要地位，由于印度市场上银行卡的普及率相对较低，很多人虽然开立了银行账户，但是使用频率较低或者并未使用，因此 2016 年废钞运动之后，印度政府开始介入、干预移动支付领域，以期在印度市场上较快推进移动支付方式，尽快完成市场的无现金化建设，促进金融创新。

2016 年，印度国家支付公司与 Visa、Mastercard 联合开发了国家二维码支付标准（Bharat QR）；2017 年，印度国家支付公司又自行推出了基于统一支付接口（UPI）的二维码支付标准（UPI QR）。Bharat QR 主要基于卡组织的设计思路，基于 EMVCo 国际标准，但是由于印度市场上卡的数量较少，因此其发展并不成功。UPI QR 在推出早期，通过拓展政府部门的支付场景而得到较快发展，如政府强制要求相关部门/商户采用 UPI QR，包括水电费缴纳、购买火车票等，从而初步形成对 UPI QR 的需求。同时，由于 UPI QR 的设计更符合互联网思维，并且政府要求新进入印度市场的公司必须采用可互联互通的二维码标准，因此自 2017 年印度推出 UPI QR 后，进入印度市场的互联网公司（如 Amazon、Google 等）都是基于 UPI QR 建立的支付体系。随着各个机构的不断加入，加之政府部门对 UPI QR 的支持与采用，UPI QR 逐渐在印度市场上得到普及。随着 UPI QR 的发展，早期占据市场优势的 Paytm 于 2018 年开始采纳 UPI QR。基于 UPI 的移动支付规模逐年上升（见图 13 - 7），目前印度二维码支付市场上已基本实现了互联互通。

通过对印度市场实现互联互通过程的分析发现，政府在实现互联互通的过程中扮演了多重角色。

第一，明确目标，制定规划。印度政府作为互联互通的规划者和设计者，对于互联互通将实现的最终状态有相对清晰的认识，即整个市场范围内采用统一的、由政府制定标准的二维码。这项措施并非专门针对市场上已有

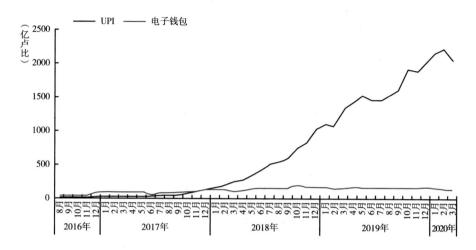

图 13 – 7　2016 年 8 月至 2020 年 3 月 UPI 主导下的移动支付

资料来源："2020 India Mobile Payments Market Report"，S&P Glogal Market Intelligence，2020。

的或者某个移动支付供应商，而是鼓励各个移动支付供应商展开积极的竞争，共同促进印度移动支付的普及和移动支付市场的发展。此外，印度政府对实现目标的过程进行了分阶段安排，采取渐进的方式逐渐扩大互联互通的范围，并最终实现整个市场范围内的互联互通。

第二，启动和培育市场。在印度移动支付市场发展早期，印度国家支付公司就已经开始推出码标准，积极布局，并且要求政府相关部门采用该码标准，从而解决了"鸡生蛋"的问题。在发展早期，培育了用户的支付习惯，占据了一定的市场优势。

第三，基础设施建设。印度央行在推进互联互通的过程中还积极建设配套设施，如建立 Aadhaar 数字身份系统、建立并推广新的支付基础设施——UPI 等，促进移动支付在印度市场的普及以及移动支付领域的科技创新。

（二）局部的多边互联互通——泰国支付二维码

泰国支付二维码（Thai QR Payment）实施的过程如下。首先是合作设立标准。在公共部门的激励下，即泰国央行的指导下，基于 EMVCo 国际标准，联合 Visa、Mastercard、American Express、银联和 JCB 共同开发二维码支付标准。其次是充分沟通协商。与利益相关方协商讨论，创造良好的金融科技生态，行业共同合作确立标准、商业规则和徽标准则等。再次是联合发布实施。2017 年 8 月 30 日，在各个利益相关方充分沟通交流和市场金融素养相对提高的基础上召开新闻发布会，宣布合作采用二维码支付标准。最后是监管支持。2017 年 8~12 月，先后有 8 家金融机构通过"监管沙盒"进行了互联互通的测试。泰国支付二维码见图 13-8。

图 13-8 泰国支付二维码

资料来源：泰国央行官网。

泰国支付二维码是一个开放的基础设施，同时是一个互联互通的支付系统。其主要特点如下。

（1）泰国支付二维码的应用大大简化了交易流程，提升了交易效率。

（2）允许所有商家使用，但是值得注意的是，泰国并未强制所有商家采用，而是采取自愿的方式。目前，已经使用泰国支付二维码的商家见图 13-9。

（3）任何移动支付供应商都可以接入，支持多样化的支付方式，包括

图 13 - 9　泰国支付二维码覆盖的商家

资料来源：Thai QR Payment 网站。

网上银行、手机支付、账单缴费、银行卡/信用卡支付、电子钱包支付等多种支付渠道（见图 13 - 10）。

图 13 - 10　泰国支付二维码支持的支付渠道

资料来源：Thai QR Payment 网站。

（4）泰国支付二维码同时支持线上和线下支付，并且可以完成跨境支付。

（5）泰国支付二维码涵盖多种应用场景，包括日常生活（如街边小店、摩托的士、商店、菜市场等）、交通（如公交车、火车、轮船等），以及政府部门、学校等。截至2017年底，已经有200万商户使用泰国支付二维码。

采用泰国支付二维码对于国家、消费者、商家和跨境支付来说都是有益的，是一个多方共赢的格局。首先，对于国家而言，可以形成开放的基础设施和互联互通的支付系统，降低电子支付成本，提升支付效率，增强卡支付的安全性，加快推动金融创新和电子支付的发展。其次，对于消费者而言，随着移动手机的普及，消费者已经适应并习惯使用移动支付，此举可以适应消费者新的消费生活方式，为消费者提供安全、高效、低价、便捷的电子支付交易服务。再次，对于商家而言，可以同时接受多种支付渠道和多种支付方式，降低业务成本，并且可以同时完成国内国际支付交易。最后，对于跨境支付而言，提升了国际用户的支付体验，有利于该地区旅游和贸易的繁荣，加强国家之间的金融交流，为将来跨境支付互联互通打下了基础、积累了经验。

（三）政府主导实现互联互通的启示

政府主导下的互联互通一般是多边互联互通方式，主要原因在于政府制定广泛适用的标准，多个移动支付机构共同参与，有利于实现规模效益，避免基础设施重复建设，减少浪费、提升效率。

从对世界各国的分析来看，政府主导下的互联互通方式主要针对市场发展初期，各企业市场占有率和市场集中度较低，企业的网络规模较小，此时由政府推进互联互通，可以快速整合市场，形成统一的品牌。其优点是：速度快，能够在市场上快速进行推广，短时间内可以打开市场，实现一定的规模效应；在市场上形成统一规范，便于监督管理。

但是在此过程中需要注意协调各方利益，通过适当的利益安排，吸引不同的市场主体参与。通过对已有研究和实践的分析总结得出，在政府主导下的多边互联互通的实现过程中可能存在一系列问题，需要提前进行相应的组织安排或者出台相应的措施。

一是互联互通目标要明确。要明确实现目标即互联互通最终希望实现的结果，只有结果明确，才能进一步设计具体的实施过程。例如，印度实现互联互通的主要目标是建设国家的金融基础设施，抓住金融科技革命的发展机会，完善国家的支付体系，减少社会资源分配过程中的浪费，打击偷税漏税等违法行为，提升经济发展质量。因此，在发展过程中，对各个企业应采取一视同仁的态度，积极发展新的金融科技。

二是实施规划要具体。实现互联互通的过程需要有清晰的规划，明确各个阶段的小目标，对于每一阶段的内容和大致持续的时间应进行尽可能详细的安排。

三是技术标准要设定。技术标准的设定应该在考虑市场参与者利益、技术进步和未来市场发展趋势的基础上慎重决定，标准既要适应当前的发展状况，也要有利于未来的技术创新，这样的标准才是可持续的。标准的设立既可以由政府主导设计，也可以由政府和市场机构合作设计。如印度的 UPI QR，在印度市场发展早期建立，并且被众多机构广泛采用，逐渐在市场上形成互联互通的网络；泰国支付二维码标准的设定由泰国央行联合 Visa、Mastercard、American Express、银联和 JCB，基于 EMVCo 国际标准，共同开发完成。

四是法律监管规则要更新。实现互联互通将出现新的商业模式，需要重新审视已有法律是否可以实现有效的制约和规范，必要时需要建立新的、更加完善的法律法规，以适应互联互通产生的新变化。有关互联互通的基本法律框架应明确、通俗易懂，并与相关法律保持一致。此外，互联互通之后支付行业会呈现新的特点，传统监管模式可能无法适应这种新的变化，因此存在是否需要建立新的监管实体、监管权限归属以及监管规则制定等问题，这些都需要做出相应的讨论和安排。例如，新加坡拟成立统一的二维码支付互联互通协会（SGQR Association）对二维码互联互通进行专业的监督管理。

五是风险要控制。市场范围内互联互通加快了风险传播的速度，扩大了风险传播的范围，如何识别风险、控制风险、降低风险变得更加重要。主要的风险类型有财务风险和结算风险等。降低结算风险要求互联互通系统内的付款结算资产不应存在任何信用风险和流动性风险，最好采用支付最终性规则，以避免交易风险的传播和扩散。此外，有关条款还应做出适当安排，管理、控制当某一实体无法履行义务时产生的风险。

六是进入退出机制要制定。推进互联互通，应该制定明确的进入标准和退出程序。进入标准应以系统的安全、效率以及更广泛的金融市场为依据，互联互通的价格设定应是非歧视性和透明的，协议中的退出规则和程序应明确。例如，印度市场上 UPI QR 对所有移动支付服务商开放，进入门槛较低，有利于促进市场竞争，并且其定价由央行决定，实行免费。

七是治理原则要完善。治理应明确和透明，促进互联互通的安全和效率提升，考虑利益相关方的目标和相关的公共利益；战略应明确，并及时向相关方披露信息；参与互联互通的机构应确保互联互通系统高效和安全地提供服务。

此外，还应密切关注相关操作风险、信息安全、共享信息等，以及出现故障时如何合作解决等问题。互联互通在实现过程中面临的风险是复杂多变的，因此必须始终保持警惕，全面考虑问题，以便及时解决各种突发问题和应对各种风险。

四　政府与市场合作实现的互联互通——双边互联互通

政府与市场合作实现的互联互通是指政府与市场各司其职，政府以支持鼓励为主，主要进行相应的监管、制度、法律建设，为互联互通提供坚实的保障；市场通过自由协商决定互联互通实现的方式、实现过程中的利益分配以及详细部署，制定并签署协议，共同推进市场上互联互通的实现。在此，我们以坦桑尼亚的改革实践为例，进行更加深入的分析。

（一）双边互联互通——坦桑尼亚

2008 年，坦桑尼亚推出移动支付服务，是世界上较早推出移动支付的国家之一。坦桑尼亚的人口有 5500 万人，不论是从面积看还是从人口看，坦桑尼亚在东非都是一个区域大国。但是坦桑尼亚并不像肯尼亚那样具有垄断的移动运营商，坦桑尼亚的市场是一个竞争相对激烈的市场，排名前三的Vodacom、Tigo 和 Airtel 的市场份额相差不大，市场份额相对较小的 Zantel和 TTCL 也在积极追赶。坦桑尼亚移动运营商之间激烈的竞争也导致了移动支付领域的激烈竞争，充分的竞争导致了较高的移动渗透率，极大地促进了移动支付的发展，但是由此带来了服务同质化严重、产品竞争过于激烈、创新动力不足等问题。在此情况下，坦桑尼亚市场上的移动支付机构有强烈的动机实现互联互通，事实上，它们也确实进行了实践。2014 年 9 月，Tigo和 Airtel 发布实现双边互联互通；2014 年 12 月，Tigo 与 Zantel 实现互联互通；2016 年 2 月，Vodacom 宣布与 Airtel 和 Tigo 建立互联互通。

政府在其中主要是起支持、鼓励和引导的作用。2013 年，坦桑尼亚银行观察到移动支付机构与银行之间正在协商进行整合之后，政府积极鼓励移动支付机构之间开展建立互联互通账户体系的协商活动。在比尔和梅琳达·盖茨基金会（Bill & Melinda Gates Foundation）以及坦桑尼亚金融部门深化信托（Financial Sector Deepening Trust in Tanzania）的支持下，国际金融公司（IFC）为促成互联互通的大多数行业讨论提供了极大的帮助。2016 年第一季度坦桑尼亚移动支付市场结构见图 13 – 11。

由于早期互联互通采取谨慎和保守的原则，坦桑尼亚的互联互通主要集中于个人转账领域，并且跨网络交易量仅占个人转账交易总量的6% ~ 8%，这一指标低于移动支付机构和银行之间平均交易量的一半，但是鉴于个人转账的优势和营销推广情况，该比例会不断上升。在实施互联互通之后的两年时间内，Tigo 的个人转账交易量月均增长 17%；2016 年 7 月，Airtel 披露互联互通的个人转账交易量增长了 2 倍，每月增长率保持在 10% 以上。

Vodacom 是较晚与 Airtel 和 Tigo 实现合作的供应商，其主要观点是：国内互联互通将会提升客户使用移动支付的便利性，因为在坦桑尼亚市场上，很多使用频率较高的用户同时拥有多个 SIM 卡，对于这些用户而言，互联互通并不会改变竞争格局，但是可以提高移动支付服务的便利性，使用户有更多的选择余地。

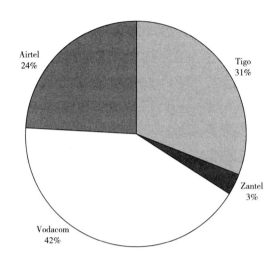

图 13 – 11　2016 年第一季度坦桑尼亚移动支付市场结构

资料来源：GSMA，"The Impact of Mobile Money Interoperability in Tanzania"，Nov. 2016。

（二）政府与市场合作实现互联互通的启示

坦桑尼亚的实践经历带来的启示有以下几个方面。

第一，技术上的互联互通是相对容易实现的，但是商业模式、营销推广等是相对困难的。坦桑尼亚的移动支付机构在 2014 年已经实现了技术上的互联互通，但是直到 2016 年，移动支付机构才开始全力支持互联互通的市场营销活动，主要原因是在业务发展初期，供应商可能会选择持观望态度，希望占据有利地位。

第二，有利的监管环境是互联互通的重要基础。移动支付机构与政策制定者进行有建设性的协商，以确保对互联互通的实现时间、利益、成本和风险等方面的理解保持一致，从而确保互联互通的实现是基于商业利益的逻辑。监管授权应避免过早介入，以防破坏市场早期的自由发展和市场增长。在实现互联互通的过程中应分别考虑应用场景和交易类型，从而确保互联互通的实现是消费者所需要的，如坦桑尼亚仅针对个人转账交易实现了互联互通，其他业务并未实现互联互通。

第三，应选择合适的时机推进互联互通。实现互联互通在技术上和商业上都是复杂的，需要大量的资源和投资，因此应在充分了解市场的基础上，选择恰当的时间实施互联互通。

第四，政府的重心是提供完善的基础设施。强大的、安全的移动支付服务运行系统不仅可以增加消费者的信任，而且可以增强合作伙伴的信心。互联互通要求供应商联合在一起并拓展其系统，因此更加需要完善、高效的运行系统，以增强合作伙伴的信心，确保互联互通之后系统可以有效运行。

第五，政府需提供配套的风险防范和管理机制。互联互通使移动支付系统变得更加复杂，风险传递更加迅速广泛，因此识别和减轻风险就变得至关重要。一方面，供应商应不断增强自身识别与消除风险的能力；另一方面，政府应保持谨慎的态度，对移动支付系统进行有效监管，避免风险产生和传播。

第六，各方应秉承以用户为中心的理念。用户的使用体验是影响互联互通实现的重要因素，互联互通的实现应以优化用户使用流程、提高移动支付服务的便利性、降低成本为重要目标。

参考文献

陈晓凌：《印度推出国家支付二维码对我国条码支付监管的启示》，《金融经济》2019 年第 18 期。

程华主编《中国条码支付发展报告（2019）》，中国人民大学数字经济研究中心，2019 年 12 月。

叶纯青：《全球三大银行卡组织推出国际二维码支付标准》，《金融科技时代》2017 年第 6 期。

张非凡：《聚合支付现状、风险研究及监管对策》，《金融科技时代》2020 年第5 期。

中国人民银行：《金融科技（FinTech）发展规划（2019～2021 年）》，2019 年 8 月。

Arabehety, P. G., Chen, G., Cook, W., and Mckay, C., "Digital Finance Interoperability & Financial Inclusion a 20-Country Scan", Global Call to Action Against Povert, 2016, 12.

Bank of Thailand, "Thai QR Code Payment Standard", 2018.

Financial Technology Department Bank of Thailand, "Report of the Committee on the

Analysis of QR（Quick Response）Code", 2020, 6.

Gilman. , L. , "The Impact of Mobile Money Interoperability in Tanzania", Global System for Mobile Communications Association, 2016, 9.

International Finance Corporation World Bank Group, "Achieving Interoperability in Mobile Financial Services: Tanzania Case Study", 2016.

International Finance Corporation World Bank Group, "User Insights in Enabling Interoperable Mobile Money Merchant Payments in Tanzania", 2016.

ITU-T Focus Group Digital Financial Services, "Payment System Interoperability and Oversight: The International Dimension", International Telecommunication Union, 2016, 11.

Metzner, D. , Reiger, R. , "Interoperability of E-Payment Schemes", Prasentation for the COGEPS Meeting in Frankfurt, 2011, 2.

Moenjak, T. , Kongprajya, A. , and Monchaitrakul, C. , "FinTech Financial Literacy, and Consumer Saving and Borrowing: The Case of Thailand", Asian Development Bank Institute Working Paper Series, 2020, 3.

Scharwatt, C. , Willianson, C. , "Mobile Money Crosses Borders: New Remittance Models in West Africa", Global System for Mobile Communications Association, 2015, 3.

第十四章
支付研究若干专题文献综述

董　昀　章苨今*

摘　要：　近年来，全球支付清算领域的数字化进程加速推进，支付清算研究呈现鲜明的问题导向和现实导向特色。本章围绕数字货币、支付体系变革与支付系统创新、移动支付与第三方支付、跨境支付、支付安全5个各界都比较关心的重大现实问题展开，对近年来上述领域的一些主要代表性文献的观点和逻辑进行归纳与梳理，以期为后续研究提供必要的资料储备。

一　引言

本团队的长期跟踪研究表明，长期以来，在一些金融从业者与监管者眼中，支付以及支付经济学似乎是一个边缘领域。但是步入21世纪以来，特别是随着新经济泡沫破灭、"9·11"事件、次贷危机、欧债危机等突发性重大事件的爆发，中央银行家们对支付清算的重要性开始有了更深的感触。在移动支付等新支付方式对经济生活发生重大影响的背景下，支付经济学正在从边缘走向舞台的中央。

从近年来的文献内容看，支付经济学的代表性文献能够较快地回应现实

---

* 董昀，经济学博士，副研究员，硕士生导师，中国社会科学院产业金融研究基地副主任兼秘书长、支付清算研究中心副主任，主要研究领域为金融科技、创新发展等；章苨今，中国社会科学院金融研究所博士后，主要研究领域为金融科技、供应链金融等。

需求，对现实中的许多重大政策问题亦能进行比较严谨规范的理论分析，论证的视角有许多新颖独到之处。本章选择数字货币、支付体系变革与支付系统创新、移动支付与第三方支付、跨境支付、支付安全5个领域的理论研究成果进行梳理和介绍。之所以选择这5个领域，主要是考虑到这些领域是现实中各国政府、金融机构和学术界关注的焦点领域，发展变革速度很快，对国家金融竞争力和金融安全有着重要影响，且具备一定的学术价值。

二　数字货币的发展与趋势：基于文献的分析

数字货币（Digital Currency），又称"数字加密货币"，是基于密码学和网络点对点技术，由计算机编程产生，并在互联网等虚拟环境发行和流通的电子货币（陈燕红等，2020）。近年来，数字货币在全球范围内逐步兴起，作为一种新生事物，它基于多种新兴技术的融合支撑，因此国际货币基金组织（IMF）、国际清算银行（BIS）、金融稳定理事会（FSB）等国际金融组织以及美联储、欧洲央行等中央银行对数字货币的界定各不相同。数字货币是否具有传统货币的价值尺度、流通手段、贮藏手段、支付手段以及世界货币等基本职能，与其所依赖的现代信息技术的发展和市场需求的变化密切相关。信息技术的高速发展推动电子支付技术不断进步，不仅丰富并便捷了日常的经济支付活动，而且提升了支付结算效率（谈俊，2021）。

国际清算银行和国际货币基金组织分别从电子货币角度对数字货币进行了界定。2015年，国际清算银行发布《数字货币》，将数字货币定义为一种电子形态的货币，其价值存储在芯片卡中或个人电脑的硬盘中，包括中央银行储备、商业银行存款等，属于广义的电子货币。2019年，国际货币基金组织发布《数字货币的崛起》，将数字货币定义为数字形态的货币，包括中央银行发行的数字货币、私人机构发行的加密货币、投资机构发行的投资货币、商业银行发行的银行货币、非银行机构发行的电子货币等。

徐策（2021）认为，数字货币构建了更为稳健且高效的支付体系。数字货币通过区块链等技术呈现一种去中心化的可编程币种，确保各类交易信息更加安全可靠，系统数据与基础更为完善，而且可追溯。第三方支付尽管在现实层面并未使用实体货币，但是从根本上讲，它是以电子账户为基础形成的一种支付形式，在线下必须通过银行账户实体进行货币交易，从根本上来讲是一种比较典型的"付款—转账—收款"支付交易模式。与第三方支付相比，数字货币省去了中间的转账环节，节约了货币流通的支付成本，构建了更为完善、稳健、高效的支付体系，区块链技术的进一步演变和网络信息体系的变革也保证了支付体系的数字化变革朝更深入、更可靠的方向发展。数字货币得益于国家顶层设计统筹规划，有效规避了不同系统之间的相容性问题，支持支付体系提升市场资金的流动效率，确保货币政策形成传导机制。数字货币使整体的支付体系和环境具有更大的活力和创新动力，对于整个行业来讲都将是巨大的变革。

孙树强（2020）提出央行数字货币已被推广为降低交易费用、促进金融普惠、便利跨境支付、鼓励以新服务和新功能为特征的创新、改善货币政策执行、减少金融犯罪以及保护数字交易隐私的一种方式。央行数字货币提供创新机制的能力在很大程度上取决于其自身的设计。

数字货币在获得社会广泛关注的同时，也引发了大众媒体与主流学界的观点分歧。程炼（2020）在研究中通过对数字货币特征、运行逻辑和文化象征意义的概念性探讨来弥合不同视角的鸿沟。该文认为，数字货币的出现并没有对现有主流货币理论构成"新"的实质性挑战，但它确实揭示了反思传统概念框架并拓展其分析视角的必要性，并且应该将数字货币折射出的各种冲突作为一条线索，来探索现代经济与社会运行的观念基础。

梁斯和范文博（2019）认为，我国央行发行数字货币的主要目的在于以下几个方面：一是有助于央行更加便捷地管理和控制货币发行与流通，在实现现金替代后能够降低央行维护货币流通的成本；二是推动货币管理更加高效便捷，通过数字货币的可追踪性，能够有效地监督各类违法犯罪行为；三是数字货币的出现有助于丰富央行的工具箱，在经济萧条时可以突破"零利率"下限克服经济衰退，在经济上行期可以通过"存款竞争"抑制通货膨胀。

新技术的应用推动了全球各国对法定数字货币的研发。国际清算银行的报告指出，2020年是央行数字货币的崛起之年，截至2020年7月中旬，全球至少有36家央行发布了数字货币计划。央行数字货币和Libra的面世，使得传统货币真正实现了数字化，但也给国际金融体系带来了巨大的冲击。数字货币能否承担交易媒介、价值尺度、贮藏手段等货币职能，既取决于其发行主体的法律地位，也取决于数字货币自身价值的稳定性。因此，国际货币基金组织在研究探讨数字货币的影响时，关注的对象集中在央行数字货币和互联网巨头推出的全球稳定币（谢端纯、苗启虎，2021）。

三 支付体系变革与支付系统创新

在全球数字货币实践步伐逐步加快的背景下，全球货币治理体系不断调整，以适应数字货币的创新发展。谈俊（2021）认为，数字货币的上线使全球金融系统在支付清算、资本流动等诸多方面发生变化。同时，全球货币治理体系也需进行调整，以反映数字货币发展带来的新变化。一是进一步调整和完善现有跨境流动资本风险防范机制，以应对数字货币发展带来的新的跨境资本流动风险。二是改善国际宏观经济政策协调机制，充分反映数字货币对各国货币政策的影响，减少跨国政策套利现象。三是将数字货币纳入全球金融监管体系。

杨涛和程炼（2018）研究发现，中国支付体系中结算账户增速与结构变化的背后，是支付市场主要参与主体间的竞合。一方面，非银行支付机构的Ⅱ、Ⅲ类账户以及与支付产业相关的行业类商户的账户，依托云闪付实现线下场景的渗透，必将参与到对传统银行账户的用户争夺中；银行等传统金融机构的基本面逐渐改善，其对支付等中间业务的投入也会增多，结合已经实施的银行账户分类，商业银行将发挥自身的优势，推出更多基于账户类的支付产品。另一方面，监管机构明确界定了市场中各参与主体的职能，市场参与主体的多元化和支付场景的多样化，将使机构间的合作逐渐增多。

支付是一种涉及价值的给予和接收行为，通常在涉及若干中介的过程中构成一个支付系统。支付体系是重要的金融基础设施，包含结算账户、支付工具、支付方式、支付系统、支付组织和支付机制等，主要服务于实体经济运行中交易、清算和结算的有机整体（吴心弘、裴平，2020）。曼宁等（2013）认为大额实时支付系统的风险来源于信用风险、流动性风险、操作风险和业务风险，并提出中央银行应该对支付系统进行公共政策干预，以维护一国的金融稳定。

我国支付方式的改变体现了不同时期支付体系的变革。自20世纪50年代购物票证开始，粮票、布票等票据构成了特殊的支付体系；20世纪90年代改革开放下经济的快速增长促使现金支付成为主流；千禧年银行卡时代下的卡支付取代了大量现金支付；随着互联网等的普及与应用，线上电子支付逐渐实现；智能手机、互联网技术等在逐步改变人们的日常生活的同时，支付体系已被移动支付所覆盖，成为当下日常消费的常态（于长祥、李蕊，2020）。

Philipp（2017）提出金融科技在支付领域的创新或可彻底改变现有的支付及转账方式。Stefan（2006）将支付信息放在一个支付系统中，支付系统包括启动支付、转账以及清算和结算，认为现有的支付系统是由特定的制度原则定义的，这些原则服务于商业目标，但更重要的是为用户和决策者提供公共产品和公共利益目标。

根据世界银行集团（WBG）的预测数据，到2020年，全球将有10亿没有银行存款的成年人可以使用交易账户或电子工具来存储资金、收发款项。金融准入是迈向更广泛的金融包容性的第一步，个人和企业可以安全地使用一系列适当的金融服务，包括支付、储蓄、信贷和保险（Dimitrios，Anne-Laure，2020）。

徐忠和邹传伟（2021）从账户体系的视角梳理支付、清算、结算以及证券登记、托管和交易后处理等方面的金融基础设施，讨论了货币支付和证券交易涉及的记账清算问题，并提出和分析了三个重要问题：一是支付现代化和数字货币；二是由支付账户衍生出的金融业务；三是隐私保护和市场竞争问题。支付是数字经济和数字金融的入口，是线上信任关系的基础。

董希淼（2021）认为，我国移动支付市场规模巨大、增长迅速，支付方式和产品推陈出新，在支付服务水平不断提升的同时，非银行支付市场形成双寡头格局，大型支付机构垄断数据和场景，大量交易在其体系内封闭循环，使得监管部门难以有效实施监管，不利于公平竞争和金融风险防范。

杨涛（2017）的观点是支付清算组织的发展离不开对治理机制、产权结构的考量。就产权结构来看，欧美国家的清算组织大多是自下而上地在长期市场竞争中依托需求逐渐发展起来的，而且大多是民营组织。我国则需要在较短时间内快速解决支付清算基础设施的空白与不足问题，因此采取了自上而下地大多由央行和国有清算组织提供服务的建设路径。

随着我国支付清算市场参与者的日益多样化，市场开放程度不断提高，也需要进一步探讨市场规则的完善与优化问题。杨涛（2020）认为在发展金融"新基建"的过程中，需注意自主可控与开放共赢、政府主导与市场治理、行政（市场）垄断与市场竞争、多头建设与统筹安排、效率优先与安全优先、规模重要与质量重要等矛盾的破解。

四　移动支付与第三方支付

近年来，在新技术和消费者偏好变化的推动下，支付服务发生了相当大的变化，即时零售支付解决方案已在多个国家得以实现。欧洲央行在报告中提出移动支付的便捷性体现在可直接通过手机等移动端进行操作，如在销售场景中，谷歌支付（Google Pay）和苹果支付（Apple Pay）等第三方支付机构可通过使用非接触式技术实现快捷支付，在特定的场景中如手机 App 上使用扫码拍照的方式进行付款（European Central Bank，2019）。

随着场景、硬件的日益成熟和居民对移动支付认可度的快速提高，我国移动支付市场的交易规模迎来爆发式增长。《2020 年中国第三方支付行业发展趋势洞察》报告中提到，2015～2017 年，我国移动支付市场交易规模增速连续三年超过 100%，2017 年的交易规模增速达到 208.7%。①

---

① 易观：《2020 年中国第三方支付行业发展趋势洞察》，2020 年 12 月。

林昕（2020）提出在移动支付方式下，单位或个人通过移动设备、互联网或者近距离传感向银行金融机构发送支付指令，从而实现货币支付与资金转移的功能。与现金支付相比，移动支付具有一个关键的优势，它降低了成本，减轻了经济交易中的摩擦。通过消除携带现金的需求，移动支付提高了消费者的便捷性。相比之下，商家尤其是现金依赖型企业，从现金处理成本的降低中获益颇多。降低成本的好处累积起来，能够对实体经济产生更深刻的影响，可以减少经营上的摩擦，促进业务增长，更重要的是，可以促进那些因现金处理成本高而望而却步的企业进入。移动支付给消费者带来了便捷性，因此被消费者广泛采用。

较低的交易成本增强了消费者的消费能力，刺激了消费者对更多产品和服务的需求。因此，消费者对移动支付的采用和消费需求的增长，强化了移动支付给商家的直接利益，为商家的业务增长创造了更有利的动力。值得注意的是，移动支付技术带来的好处可能更多地惠及中小企业，因为中小企业对处理现金的成本和需求状况更为敏感。由于小型企业是经济的重要组成部分，长期以来一直被认为是经济增长的关键引擎（Hause，Gunnar，1984），移动支付技术可以通过促进企业特别是小型企业的增长产生相当大的影响。

目前，大多数国家在日常经济活动中严重依赖现金，信用卡仍是优先选择的支付方式。一方面，与信用卡相比，商家更青睐移动支付，因为后者的设置和维护成本更高，而且支付给信用卡支付服务提供商的佣金基于交易。另一方面，消费者在移动支付和信用卡之间的偏好顺序仍然不明晰，因为两种支付方式都避开了处理现金的麻烦，也因为一些消费者可能享受信用卡的优势，如资金的灵活性使用。此外，信用卡是银行重要的收入来源。尽管推动移动支付取代成本高昂的现金支付服务对银行最有利，但追求利润最大化的银行将同时努力维持其信用卡业务的市场份额。这些抵消因素可能会阻碍移动支付的积极使用，削弱其对小型业务增长的影响。因此，移动支付收益的大小和分配是一个开放的问题（Nofie，2018）。

Merritt（2011）认为，移动支付能够打破地理边界的限制，扩大现有的金融产品和服务。移动支付具有非接触、数字化的特点，可以有效降低交易成本，提高社会资金配置效率。Kliestik 等（2021）分析和评估了全球化背景下不同国家零售支付的发展趋势。其中，主要研究了各个国家支付系统的不同环节，揭示了全球零售支付发展的主要创新，并分析了全球化背景下各国零售支付在主要银行业务中的发展程度。

随着我国金融开放、普惠金融与金融科技的发展，金融零售支付产业正在由高速度增长向高质量增长转型升级，当前金融零售支付风险呈现更加复杂的态势。近年来随着移动支付渗透率的快速上升，各类支付场景带来的优势逐一显现。2020 年以来，在新冠肺炎疫情下，支付业务交易规模受到不同程度的影响。不论是支付机构还是支付客户群体，传统模式不断被金融科技手段所更新、迭代。周皓和柴洪峰（2020）认为新冠肺炎疫情的出现改变了人们的日常消费和支付习惯，但也给金融零售支付风险的控制带来了新的挑战。

中国人民银行廊坊市中心支行课题组（2021）认为疫情防控常态化背景下，以手机支付为代表的移动支付迎来发展新机遇，但移动支付风险与支付发展相伴而生，移动支付面临技术安全性、行业规范性与监管要求不断提高等挑战，进而提出推进数字技术与支付服务和支付监管的深度融合、提高支付科技智能化水平及风险防控能力等有效建议。

王越（2020）认为在新冠肺炎疫情之下，移动支付提升了交易效率，促进了线上业务发展，为线下"非接触式"支付提供了便利，并提升了客户的使用体验。但移动支付规模的快速增长可能会面临运营限制、网络诈骗、数据隐私安全和"数字鸿沟"等潜在风险，有待持续研究并制定应对策略。

在全球主要经济体中，我国移动钱包消费占比达到 70% 以上，在所有国家中排名第一，英国、德国、美国则紧随其后。随着移动支付的广泛使用，第三方支付体系也呈现多元化态势。支付宝在市场中的使用率为55.1%，财付通在市场中的使用率为38.9%，其他如京东支付、银联商务、苏宁支付等在市场中的使用率总计为6%（沐光雨、李钊金，2021）。

徐超（2013）将第三方支付体系界定为提供支付渠道、实现资金由用户转移至商户的一种资金清算和支付方式。任曙明等（2013）认为第三方支付是信用中介服务和支付托管行为，通过过渡账户的设立和先发货后付款的流程设计，减少了转账导致的道德欺诈和信用风险，有效促进了支付行业的发展。温孝卿和张健（2015）将第三方支付平台界定为包括电子商务、信用评估、支付中介等多项职能，提供转账、安全验证、财富增值等多项业务的综合性电子金融服务平台。

蒋先玲和徐晓兰（2014）指出，利用自身的信息技术以及客户群体的优势，银行外包服务企业或者电子商务平台扮演了第三方支付平台的角色，为用户提供支付服务。董俊峰（2013）认为，随着第三方支付模式的发展，第三方平台的业务不再局限于转移支付，目前第三方支付平台的业务已经覆盖了转账汇款、代缴费、基金销售和小额融资等金融服务领域以及基金、保险、理财等银行的个人金融业务领域。

第三方支付在支付体系中作为中介支付服务商，其赢利模式主要是收取支付服务费用和交易手续费。第三方支付凭借其支付便捷性和在用户体验、产品创新等方面的优势，已成为我国零售支付领域最主要的支付方式，同时也是零售场景重要的金融基础设施。在我国，由于支付宝和微信支付等第三方支付平台的发展较为成熟，中国移动支付产品的成熟度在全球范围内具有领先优势（林昕，2020）。

袁秀挺（2021）研究提出，我国第三方支付向资金配置等金融领域逐步渗透。随着第三方支付平台介入金融业务市场的广度和深度不断加深，第三方支付平台除提供支付中转服务外，还逐渐涉足客户资金配置、风险管理等金融领域，并尝试支付叠加金融的普惠金融模式。该研究同时指出，第三方支付的行业特性决定了其拥有特殊的产业链和细分市场，从而导致第三方支付市场中多元复杂的竞争态势。

五　跨境支付

支付清算数据在经济主体所发生的交易中产生，蕴含经济主体的资金流运转状况、交易网络状况等大量真实的富有价值的信息。我国跨境支付市场主体在运用区块链等金融科技推动跨境支付创新发展方面的措施相对较少，需要在有效控制风险的前提下，深入运用现代金融科技，解决跨境支付领域的难点、痛点问题，助力跨境支付行业提质增效（孙华荣，2020）。

金融科技的发展是一个明显的趋势。例如，普华永道认为，金融科技是金融服务和技术部门交叉的一个动态部门，以技术为重点的初创企业和新市场进入者对目前由传统金融服务业提供的产品和服务进行创新。

金融科技应用于许多领域的金融服务中，从产品到服务再到市场（Cœuré，2019），其中许多方面可能属于"破坏性创新"，这在鲍尔和克里斯坦森的框架中是指创造新市场和价值网——作品最终破坏了现有的市场和价值网络，取代市场领导者，最终联盟成立（Bower，Christensen，1995）。国际货币基金组织将重点置于跨境支付和国际货币体系稳定，指出分布式账本技术具有改进服务和节约成本的潜力，并可能打破由于跨境支付的规模经济和网络效应而产生的进入壁垒（He et al.，2017）。

谢端纯和苗启虎（2021）研究指出，数字货币不受时间和空间的限制，能够快捷方便且低成本地实现境内外资金的快速转移。数字货币创新性地运用分布式账本，省去中介机构就可以实现电子价值在支付方与收款方之间进行点对点交易，跨境汇款同境内支付一样，实现业务交易的即时性。

尽管数字货币在根本上冲击了第三方支付传统业务，但是也为第三方支付提供了更为健全完善的金融基础设施，这样能够突破第三方支付过于依赖电子银行账户和网关接口的困境，使第三方支付平台有更为广阔的、全新的市场空间，特别是目前电子商务快速发展，国际化进程加快推进，跨境电商运营过程中存在较多的复杂流程和环节，其中的支付环节对其跨越式发展形成较大的制约，通过数字货币的有效应用，可以打造全球化的巨型支付数据库，能够进一步消除地域、时间等方面的限制，通过一种共识机制，确保跨境支付更加便捷高效（徐策，2021）。第三方支付应针对数字货币体系的优势进行充分的挖掘和利用，把用户感受作为首要目标导向，利用新技术、新服务模式，确保整个产业转型升级，进一步研究增值业务与数字货币应用场景，推进业务的转型升级与市场拓展。

目前，一些国家的央行、私营企业、国际组织已经开始尝试构建分布式跨境支付网络，其中真正展现出这种新型跨境支付网络巨大潜力的还是Libra 网络。许多国家和地区已经就分布式跨境支付安排展开合作，如加拿大央行和新加坡金融管理局、日本央行和欧洲央行、泰国央行和香港金融管理局等。美国摩根大通公司的稳定币项目 JPM Coin 将跨境支付作为重要场景，而其打造的区块链银行间信息网络（Interbank Information Network，IIN）已有 400 多家银行签约。IBM 也宣布推出区块链支付网络（Blockchain World Wire，BWW），以近实时方式完成对跨境支付资金的清算与结算。环球同业银行金融电讯协会（SWIFT）一直将分布式账本技术作为优先战略，已经与 34 家参与银行共同完成了分布式账本系统的概念证明。在外部监管压力下，Libra 协会在 2.0 版白皮书中弱化了"币"的概念，进一步强调了"网"的功能，将其使命描述为"打造一套简单的全球通用支付系统和金融基础设施，为数十亿人服务"。相较于创造一种全球货币，打造服务于数十亿人的金融基础设施，显然是更加务实的目标。Libra 的分布式支付网络有望与 Facebook 公司的社交网络产生协同效应，在全球形成"货币互联网"（刘东民、宋爽，2020）。

Libra 主要运用于快捷支付与结算方面，Facebook 拥有 27 亿海量用户做潜在投资者背景支持，并对以往数字货币的技术进行发展创新（张晓芃，2020）。梁斯（2020）从货币本质角度理解 Libra，认为 Libra 的信用基础是Facebook，是代表"私人信用"的货币。根据 Facebook 的表述，Libra 的用途是纯粹的交易媒介，是为了帮助客户更好地完成跨境交易，降低交易成本。

六　支付安全

郭树清（2021）认为科技变革有利于发展普惠金融、提升服务效率，但也使金融风险的形态、路径和安全边界发生重大变化。2020 年 6 月，国际清算银行公布了年度报告中"数字时代的央行和支付"（Central Banks and Payments in the Digital Era）的主要内容，指出央行数字货币可以提供一种新型、安全、可信和广泛使用的数字支付方式。但其影响可能会更深远，因为它可以促进私营部门中介机构之间的竞争，为安全性设定高标准，并在支付、金融和整体商业方面成为持续创新的催化剂。

对支付进行监督，目的是通过采用一种全面、灵活和实用的方法，使现有的欧元体系对支付工具、计划和安排的监管框架具有前瞻性。根据其授权，欧洲央行和欧元体系的央行正准备将其支付系统监管框架应用于创新项目，包括稳定币安排。

沐光雨和李钊金（2021）认为，第三方支付平台在实名注册和支付验证等环节过于简单，容易导致第三方支付平台隐私泄露，平台账户资金也会出现安全问题，如账户资金被盗或资金入错账户等因素造成的账户内资金出现异常情况，将无法按正常流程将资金送达需求方。徐策（2021）认为，数字货币本身具备的独特优势使其市场公信力更高、应用场景更多，充分弥补了第三方支付存在的缺陷，数字货币的法偿属性又确保了支付过程更加安全可信、支付流程充分简化，能够更加有效地释放人力、物力，提升整体工作效率，进而形成全新的业务模式。

随着数字货币的兴起，其底层的分布式账本技术受到关注，被视为下一代支付基础设施的核心技术。支付与市场基础设施委员会（CPMI）指出，分布式账本技术可能通过以下途径改造金融服务和市场：①降低复杂性；②加快端到端的处理速度；③减少传统模式的对账需要；④提高交易记录的透明度和不可篡改性；⑤增强网络韧性；⑥降低运营和财务风险（CPMI，2017）。国际货币体系按照通用金融信息标准运作，分布式账本技术可能会带来挑战，如互操作性问题，因此需建立相关的国际公认通信程序和标准。考虑到合规性和其他监管要求，只有许可型的分布式账本网络才适用于金融市场基础设施（Shabsigh et al.，2020）。

周夕崇和胡慧丽（2020）认为分布式账本技术凭借其可信任、可溯源、不可抵赖、难篡改等特征属性，天然具有适用于支付风险监管的优势。一是能高效解决数据孤岛问题，促进多方数据融合，便于监管机构全面把握系统风险；二是可优化数据结构，采用分布式共识算法对数据进行维护与更新，并引入监管机构作为监管节点参与数据共享，有助于监管机构随时、及时地获取关键数据；三是可追溯支付过程，并完整展现支付流程，进而解决支付形式掩盖业务实质的创新监管难题。

移动支付平台应当最大限度地保障移动支付的安全性，采取多种技术手段降低支付安全风险。陈晓伟（2020）从移动支付的独特性出发，通过改进层次分析法（AHP）建立层次评价目标体系，并确定影响移动支付安全风险因素的权重，在AHP算法判断矩阵的构建中，采用三尺度法代替传统的九尺度法，并与传统的九尺度法进行比较。研究结果表明，改进的方法克服了专家在传统的AHP中难以掌握判断尺度的问题。评估指标结构和改进的AHP的采用，可为移动支付提供有效的安全支付风险评估，提高移动支付安全风险评估的效率和准确性，具有较强的实用性。

林昕（2020）认为由于移动支付的发展时间不长，规范移动支付行业发展的相关法律法规还不完善。目前主要有《电子银行业务管理办法》《电子签名法》等法规中的相关条款对移动支付进行规范，但这些法规的层级较低，也缺乏对移动支付的系统性规范，因此为促进移动支付的进一步发展，需要一部完善、统一的法律提供指导。

陈燕红等（2020）认为网络安全问题在支付清算结算领域屡见不鲜。对于央行数字货币而言，网络安全问题对其造成的冲击和影响更大，一旦不法分子攻破安全系统，就有可能瞬间转移大量数字货币，造成巨大损失。因此，金融监管部门应审慎建立和完善针对网络安全风险的缓释方法和预警机制，加强央行数字货币系统安全性防备，提高系统可信度。

七　结语

总体而言，国内外支付研究文献与现实世界中的支付清算创新变革高度关联，基本可以反映出支付清算发展进程中的重大现实问题。但同时也要看到，由于全球范围内支付经济学的发展依然处于初级阶段，缺乏有效的理论内核与分析框架，因此大多数成果仍停留在就事论事、描述事实的阶段。

放眼未来，中国经济学界在充分学习和借鉴西方学界在支付经济学领域的最新研究成果的同时，中国的支付经济学更要注重立足中国经济发展和体制转轨的重大现实问题，提炼中国事实，解释中国现象。不必拘泥于"就支付论支付"的窠臼，而应在充分借鉴主流支付经济学理论成果、系统研究中国支付体系运行机制的基础上，更加注重依托体制转轨与经济发展的大背景，从我国支付清算体系发展的现象中提炼出一些典型事实，为我国支付经济学的创建与发展提供基石。

参考文献

陈晓伟：《基于改进 AHP 算法的移动安全支付风险评估模型》，《计算机与现代化》2020 年第 11 期。

陈雪：《国际清算银行：跨境支付发展模式、主要问题及措施建议》，《金融会计》2020 年第 5 期。

陈燕红、于建忠、李真：《中国央行数字货币：系统架构、影响机制与治理路径》，《社会科学文摘》2020 年第 11 期。

程炼：《数字货币：从经济到社会》，《社会科学战线》2020 年第 6 期。

董俊峰：《实现银行与第三方支付的良性互动》，《中国金融》2013 年第 20 期。

董希淼：《数字人民币优化我国货币支付体系》，《经济参考报》2021 年 2 月 5 日，第 1 版。

郭树清：《切实解决好金融科技发展面临的新挑战》，《金融博览》2021 年第 1 期。

蒋先玲、徐晓兰：《第三方支付态势与监管：自互联网金融观察》，《改革》2014 年第 6 期。

梁斯：《信用货币制度下对货币创造和货币本质的再认识》，《金融理论与实践》2020 年第 5 期。

梁斯、范文博：《对发行法定数字货币的思考》，《清华金融评论》2019 年第 8 期。

林昕：《我国移动支付发展中的风险及应对措施——以微信支付为例》，《现代商业》2020 年第 26 期。

刘东民、宋爽：《数字货币、跨境支付与国际货币体系变革》，《金融论坛》2020 年第 11 期。

罗刚：《人民币跨境清算模式及银行对策研究》，《时代金融》2020 年第 3 期。

沐光雨、李钊金：《互联网金融第三方支付风险传导及防范措施研究》，《无线互联科技》2021 年第 3 期。

庞佳璇、郝惠泽：《基于区块链技术跨境支付模式分析及监管探析》，《经济师》2020 年第 6 期。

任曙明、张静、赵立强：《第三方支付产业的内涵、特征与分类》，《商业研究》2013 年第 3 期。

孙华荣：《银行跨境支付业务发展及监管策略研究——以山东省为例》，《金融理论与实践》2020 年第12 期。

孙树强：《央行数字货币的作用：一个比较分析框架》，《当代金融家》2020 年第12 期。

谈俊：《全球数字货币发展前景展望与中国应对》，《开放导报》2021 年第 1 期。

王瑜：《第三方支付平台资金理财投资风险管理》，《财经问题研究》2018 年第7 期。

王越：《疫情视角下的移动支付：市场机遇与潜在挑战》，《西部金融》2020 年第 10 期。

温孝卿、张健：《我国第三方支付市场平台商定价研究——基于平台经济特征的探析》，《价格理论与实践》2015 年第 11 期。

吴心弘、裴平：《中国支付体系发展对金融稳定的影响研究》，《新金融》2020 年第 4 期。

谢端纯、苗启虎：《数字货币对跨境资金流动管理的影响与对策》，《海南金融》2021 年第 2 期。

徐策：《数字货币对传统银行业及微信、支付宝等互联网支付平台的影响》，《商展经济》2021 年第 4 期。

徐超：《第三方支付体系：兴起、宏观效应及国际监管》，《经济问题》2013 年第 12 期。

徐忠、邹传伟：《金融科技：前沿与趋势》，中信出版社，2021。

杨涛：《推动支付清算基础设施双向开放》，《中国金融》2020 年第 22 期。

杨涛：《网联与支付清算体系变革》，《中国金融》2017 年第 21 期。

杨涛、程炼：《支付清算体系差异化发展》，《中国金融》2018 年第 20 期。

〔英〕曼宁等编著《大额支付结算的经济学分析：中央银行视角的理论与政策》，田海山等译，中国金融出版社，2013。

于长祥、李蕊：《移动支付对我国货币供应量的影响研究》，上海外国语大学硕士学位论文，2020。

袁秀挺：《互联网第三方支付市场的发展与规制》，《人民论坛》2021 年第 7 期。

张晓芃：《数字货币——从 BTC 到 Libra》，《时代金融》2020 年第 15 期。

中国人民银行廊坊市中心支行课题组：《新冠肺炎疫情影响下移动支付的发展》，《河北金融》2021 年第 1 期。

周皓、柴洪峰：《金融零售支付风险控制的现状、挑战与对策研究》，《中国工程科学》2020 年第 6 期。

周夕崇、胡慧丽：《分布式跨平台安全支付监管的解决方案探讨》，《中国金融电脑》2020 年第 12 期。

Bower, J. L., Christensen, C. M., "Disruptive Technologies: Catching the Wave", *Harvard Business Review*, Jan. 1995.

Chiu, Iris H-Y, "A New Era in FinTech Payment Innovations? A Perspective from the Institutions and Regulation of Payment Systems", *Law, Innovation and Technology*, 2017, 9 (2).

Chiu, Iris H-Y, "FinTech and Disruptive Business Models in Financial Products, Intermediation and Markets: Policy Implications for Financial Regulators", *21 Journal of Technology Law and Policy*, 2016.

Christensen, C. M., Raynor, M. E., *The Innovator's Solution*, Harvard Business School Press, 2003.

CPMI, "Distributed Ledger Technology in Payment, Clearing and Settlement: An Analytical Framework", Feb. 2017.

Cœuré, B. "Towards the Retail Payments of Tomorrow: A European Strategy", Speech at the Joint Conference of the ECB and the National Bank of Belgium on "Crossing the Chasm to the Retail Payments of Tomorrow", Brussels, Nov. 26, 2019.

Dimitrios, S., Anne-Laure, M., "FinTech: Harnessing Innovation for Financial Inclusion", 2020.

European Central Bank, "Financial Innovation for Inclusive Growth—A European Approach", 2019.

Frost, J., Gambacorta, L., Huang Y., Shin, H., Zbinden, P., "BigTech and the Changing Structure of Financial Intermediation", BIS Working Papers, No. 779, Bank for International Settlements, Apr. 2019.

Hause, J. C., Gunnar, D. R., "Entry, Industry Growth, and the Micro–dynamics of Industry Supply", *Journal of Political Economy*, 1984, 92 (4).

He, D. et al., "FinTech and Financial Services: Initial Considerations", IMF Staff Discussion Note (SDN), Jun. 2017.

Kliestik, T., Yakimova, E., Ershova, I., "Analysis of Global Trends in the Development of Retail Payment Services in the Global Economy", *SHS Web of Conferences*, 2021, 92.

Merritt, C., "Mobile Money Transfer Services: The Next Phase in the Evolution of Person-to-Person Payments", *Journal of Payments Strategy & Systems*, 2011, 11 (1).

Nofie, I., "Is Mobile Payment still Relevant in the Fintech Era?", *Lectronic Commerce Research and Applications*, 2018, 30.

Philipp, P., "The Governance of Blockchain Financial Networks", *Modern Law Review*, 2017, 80 (6).

Shabsigh, G. et al., "Distributed Ledger Technology Experiments in Payments and Settlements", IMF FinTech Note/20/01, Jun. 2020.

Stefan, W. S., "The Political Economy of Institutional Change in the Payment System and Monetary Policy", Nov. 14, 2006.

图书在版编目（CIP）数据

中国支付清算发展报告. 2021 / 杨涛，程炼主编
. -- 北京：社会科学文献出版社，2021. 7
ISBN 978 - 7 - 5201 - 8707 - 7

Ⅰ. ①中… Ⅱ. ①杨… ②程… Ⅲ. ①支付方式 - 研
究报告 - 中国 - 2021 ②货币结算 - 研究报告 - 中国 -
2021 Ⅳ. ①F832. 6

中国版本图书馆 CIP 数据核字（2021）第 146122 号

中国支付清算发展报告（2021）

主　　编／杨　涛　程　炼
副 主 编／周莉萍　董　昀

出 版 人／王利民
组稿编辑／恽　薇
责任编辑／冯咏梅

出　　　版／社会科学文献出版社·经济与管理分社（010）59367226
　　　　　　地址：北京市北三环中路甲 29 号院华龙大厦　邮编：100029
　　　　　　网址：www. ssap. com. cn
发　　　行／市场营销中心（010）59367081　　59367083
印　　　装／三河市东方印刷有限公司

规　　　格／开本：787mm × 1092mm　1/16
　　　　　　印张：16.25　字数：248 千字
版　　　次／2021 年 7 月第 1 版　　2021 年 7 月第 1 次印刷
书　　　号／ISBN 978 - 7 - 5201 - 8707 - 7
定　　　价／128.00 元

本书如有印装质量问题，请与读者服务中心（010 - 59367028）联系